大数据提高餐厅利润

黄川怀　著

北京希望电子出版社
Beijing Hope Electronic Press
www.bhp.com.cn

内 容 简 介

这是一本餐厅经营者、餐饮创业者必读书，既有从人类社会学视角对饮食的思考，又有用认知神经学对口味的剖析，更有大数据思维对餐厅管理的探寻。不仅通俗易懂，而且自成体系。

图书在版编目（CIP）数据

大数据提高餐厅利润/黄川怀著．—北京：北京希望电子出版社，2017.7

ISBN 978-7-83002-495-6

Ⅰ.①大…　Ⅱ.①黄…　Ⅲ.①餐馆－经营管理　Ⅳ.①F719.3

中国版本图书馆 CIP 数据核字（2017）第 141136 号

出版：北京希望电子出版社
地址：北京市海淀区中关村大街
22 号中科大厦 A 座 9 层
邮编：100190
网址：www.bhp.com.cn
电话：010-62978181
传真：010-82702698
经销：各地新华书店

封面：无极书装
编辑：全卫
校对：安源
开本：787mm×1092mm 1/16
印张：12.75
字数：285 千字
印刷：合肥市广源印务有限公司
版次：2017 年 6 月 1 版 1 次印刷

定价：38.00 元

逼自己一下，你才知道自己有多优秀

——谨以此书献给开餐厅或准备开餐厅的朋友们

序

端午节前夕，书稿终审毕。编辑要我补篇序言，竟觉踌躇。书房踱步之间，打开音乐，听着物理学家陈涌海自弹自唱《将进酒》，遂一气呵成。

餐饮是古老的行业，是勤行。从业者各种辛苦，自是不必说。我经历过工业企业质量实践，体会过餐饮企业五味杂陈，始觉管理方是不变基石。在大数据时代，更是要自觉运用大数据提高餐厅利润。遂专心餐饮大数据领域，发心用商业智能（BI）和人工智能（AI）的力量来帮助餐厅改进管理，从而推动餐饮业发展。大家看到的这本书，只是实践的一份总结。

大数据并不复杂也不抽象。

例如用户数据。对任何一家餐厅来说，提高并巩固复购率都是保证营业额的重中之重，在大数据时代之前，缺乏有效的价值挖掘和管理手段，尤其是会员管理。而现在，用户来餐厅消费金额、消费频率、所点菜品、评价分享，甚至宴请类型，都可以通过收银、会员卡、人脸识别、微信来收集数据，在海量数据基础上运用数据驱动办法建立管理模型，对低频客户赠送优惠券等措施刺激就餐意愿，对高频顾客采取“满减”等方法增加消费额，扩大会员群体和提升复购率。

又如单一味型问题，往往被餐厅经营者忽略。我们在餐厅菜品海量数据基础上运用数据驱动办法建立味型分析模型，可以让经营者很清晰地知道每类味型的占比情况，进而采取改进措施。

后厨一直是餐厅经营的重点和难点。我们运用质量管理思想和大数据思维，建立移动档口管理模型，不仅实现每日盘存、报单、清点，而且对各个档口收入、库存、毛利进行分析，提供比对数据和绩效挂钩，有效调动后堂厨师积极性。

以上说的管理分析模型就是商业智能。

餐厅的绝大多数问题都是出在定位、团队、成本、菜品和会员五大块上。这五个方面都成系统，且互为关联。一家餐厅经营的好与坏，一定是各系统共力的结果。因此我们建立一种商业智能模式用于这些模块的管理。

AlphGo下哭柯洁，一定让大家感受了到人工智能的威力。未来，所有的餐厅都将是科技餐厅。我们迭代了餐厅点餐人工智能，当顾客来到餐桌，就可以与点餐机器互动，完成点餐。我们也正在验货机器人和迎宾机器人领域作深度研究。

趋势为王。没有人可以对抗趋势。餐饮行业趋势演化的力量永远是顾客需求。而推动顾客需求变化的因素，则是消费升级和技术进步。大数据时代需要餐厅经营者自觉建立大数据思维，大数据思维其实也并不神秘，一言以蔽之，就是收集数据、有效决策和高效执行。海量数据已经不能让我们仅仅依靠经验管理就可以驾驭餐厅管理，必须要借助大数据来实现科学管理。

餐厅是以菜品为媒介的社交场所。

餐厅核心竞争力是什么？我们认为就是赢得顾客忠诚度的能力。但顾客的忠诚永远不会是对某家餐厅某个人，只会是针对更好的产品和更好的服务。因此，创造更好的价值满足顾客需求，是餐饮人不变的金刚心，也是我们服务餐饮业的初心。

不忘初心，方得始终。我们坚信，未来餐厅必将是科技餐厅、数据餐厅和智慧餐厅。我们立志数据驱动解放餐饮人、大数据提高餐厅利润的远景使命一定会实现。前进道路上，更离不开您的支持帮助！

这里，我要感谢一路陪伴的家人，感谢一路携手的叶嘉桓和冷保密先生，感谢一路支持的何鸣老师，感谢书香文化公司谢长江先生，感谢北京希望电子出版社，感谢出版编辑张娅女士。对书中延伸阅读引用的知乎APP，混沌研习社APP以及其他内容提供商一并致谢！

凡事往往，皆为序章。

是以为序。

黄川怀

2017年5月28日于合肥

目　录

第一章 缘 起

“人们并不想买一个四分之一英寸的钻头，他们想要的是四分之一英寸的孔。”

——哈佛商学院教授莱维特

餐饮一直让人敬畏。俗语讲：“三辈子学穿，五辈子学吃”，魏文帝曹丕《与群臣论被服书》中说：“三世长者知被服，五世长者知饮食。”可见，饭菜人人天天吃，但不是人人都可以成为知味者或美食家。一方面美食让人快乐，餐饮行业是个好玩的行业。人吃饱后，体内葡萄糖的含量会上升，人的情绪会比较稳定，做事情也更有耐心，尤其是含有葡萄糖的甜食，能够迅速提升人的注意力。烹饪作为人类一项伟大的创造，业已成为一门艺术。钱学森把烹饪和小说杂文、诗词歌赋、建筑、园林、美术绘画、音乐、技术美术、戏剧电影、服饰美容一起，同列为文学艺术的十大类。烹饪不仅是物质上满足口福的技术，还是精神上供人享受的艺术。因此，餐饮行业的工作者没有理由不为自己的工作而自豪。我们和诗人、画家、演员一样，都是为人民服务的艺术工作者。另一方面问题让人沮丧，餐饮行业是个迷失的行业。高失败率和高增长率并存，全行业没有统一标准，缺少理论指导。“地沟油”“僵尸肉”“黑外卖”等问题高频发生。食品安全已经连续四年登上“最受关注的十大焦点问题”榜首位置。在官方查处的天津独流调料造假窝点案件中，发现用工业用盐加色素勾兑出酱油，殊不知工业用盐含有大量杂质和很多有害成分，如亚硝酸盐是致癌物，还有一些重金属会伤害肝脏、肾脏。甜蜜素、苯甲酸钠、山梨酸钾虽然可以作为食品添加剂，但是须严格按相关标准添加，过量的话也会对人体产生危害。比如苯甲酸钠，作为一种防腐剂，虽然有防止食物变质发酸，延长保质期的效果，但用量过多会对人体肝脏产生危害，甚至致癌。难怪连马云都在世界互联网大会上呐喊：“不管你获得了多少财富，如果你发现你的食物是不安全的，就一点意义也没有，手机再好又有什么用呢？”因此，我们需要建设食物和人类的美好关系，需要在新的时代背景下探索创新餐饮业餐厅经营管理的理论体系。

一、餐饮新时代

每每分析餐厅失败的案例，感受创业者的悲情感伤，我都会想起这句话：“你没有错，是我飞蛾扑火”。通俗的讲，餐饮行业没有错，只是你的餐厅出了错。走在大街小巷，往昔满眼尽是服装店的场景已经不在，取而代之的是各类餐厅；城市综合体里，人声鼎沸热闹非凡的都是餐饮楼层。

试看，明星开餐厅，海量粉丝直接转化成价值：

赵薇开了“乐福餐厅”，红火一时，也是电影《花木兰》新闻发布会所在地。

郭德纲占地3000平米开了“郭家菜”酒楼，有鲁菜、天津菜和郭家菜，定期有相声表演。

高圆圆开了“蜜桃餐厅”。

任泉开的“蜀地香天下火锅”已红遍京城，又与黄晓明、李冰冰合伙开了“热辣壹号”。

试看，互联网思维开餐厅：

“雕爷牛腩”一家只做12道菜的餐厅，“食神牛腩”配方号称500万购得秘方，曾经估值一度达到4个亿。创始人一句“味蕾没有打开”曾在网上沸成一片。

“西少爷肉夹馍”号称中国互联网餐饮第一品牌，开业一周估值达4000万元，后创业团队分崩离析。

“黄太吉煎饼”一度红遍中国，如今走下神坛，最高估值曾达12亿元，北京开店30家已成明日黄花。

“张天一米粉”北大前有陆步轩卖猪肉，后有张天一卖米粉，把卖米粉作为人生修行。

明星开餐厅以及互联网餐厅的出现，使得跨界经营、降维攻势、爆品销售、众筹餐厅、资本运作等概念与模式接踵而至，不仅让传统餐厅经营管理者眼睛一亮，随之而来的也有深深的焦虑和恐惧。在走访近万家餐厅的过程中，很多餐厅老板都感慨时代变化太快，都不知道自己该怎么玩了。我们仅仅看到餐饮行业现金流强大，却看不到餐饮是高门槛行业；我们仅仅看到餐厅的人流涌动，却看不到餐饮是失败率最高的行业。开餐厅和做餐饮，本质上是两个维度的事情。

下面是一位文艺范的餐厅创业者失败之后的总结。

据说餐饮业的月倒闭率是 10%，年复合倒闭率就超过 100%了，北京更高。不管怎么计算，估计餐饮业倒闭率应该在所有行业排名第一。你看一个餐厅还算红火，结果一算会发现根本不挣钱，这中间可能都已经换了好几个老板了，例如妻弟转给姐夫，或者连人带招牌盘给下家。

倒闭率这么高，我觉得原因主要有以下 7 点：

（1）一手房价高歌猛进，导致租赁市场也开始水涨船高。一年高达 500 多万的房租，于是国贸的星巴克关门了。一个餐厅看上去很火，往往是给房东打工。

（2）服务业人口红利开始大幅下降，餐饮从业人员工资大幅提升，人员素质和效率反而下降。餐厅的所有人员基本来自 58 和赶集上的招聘，但是往往从网上来的求职人员，薪水都会比较高。与此同时，网络的发达，让一个厨师跳槽变得更加容易。

（3）缺乏工匠精神。不管花多少钱，你会发现很难找到能用心做事、手艺精湛、精益求精的人。大多数厨师比起我们的父辈，脑子灵活了，但是吃苦耐劳的精神少了，干活糙了，传统的手艺面临失传的危险。古代的工匠并不是仅仅有“一把力气”的代名词，不管是厨师、石匠，还是木工，都属于技术工人的范畴。他们懂计算，会计量，有研究精神，正是这些技工造就了一个又一个各行各业的奇迹。想要精益求精，凭借的不仅仅是经验，更多的是研究精神。没有研究精神，只能算是工，而不能叫匠。厨师这个行业在很多国家属于艺术家范畴，但是在中国只有极少的人能算，即使算的那几个人，更多是追求的外形而非内心，真有功力的大师少之又少。没有了工匠精神的餐馆，你吃的更多是徒有其名、质量和卫生不能保证的饭菜。人们把功夫更多地放到了装修和宣传上。

（4）行业缺乏底线。整个餐饮行业的卫生状况令人堪忧。地沟油和各种添加剂的使用状况，肯定超过一些人的想象。

（5）行业管理落后，黑洞多。餐饮业如果不是自己人收银和管理财务，那么一个月下来谁都不知道收入多少、毛利多少、利润多少，这也就导致了夫妻店盛行。有钱的出了钱，得不到利益保证，小股东永远被大股东欺负。

（6）中餐难以标准化。相比洋快餐而言，中餐靠的是心传，更多依仗的是人的经验而非基于器具的标准化。

（7）税负过重。要知道餐饮业采购的很多东西都是初级农产品，都没有发票。这就导致了几乎无法抵扣任何税票。

以上 7 点总结下来，就让大家吃饭变得困难了。真正的美食王国，应该是随便一条小街的任何一家小馆子，各家都有各家的风味。

林语堂说过：“一个美好的清晨，躺在床上，屈指算算生活中真正令人快乐的事情时，一个聪明人会发现，食是第一样的。”或许，如林老先生所言，这真是一个只有聪明人才可以做的行业。

日本餐饮市场一年新增8.7万家，倒闭7.5万家，倒闭率接近87%。在我国没有查到官方公布的数字，从平台和搜索数据来看，年复合倒闭率应该在100%之上。我们必须要知道一个事实：我国集团企业的平均寿命是7至8年，中小企业的平均寿命是2至5年，而餐饮企业的平均寿命仅1年。从中国烹饪协会发布的公开的数字看，2015年餐饮百强企业的平均利润率只有4.8%，而企业各项成本中，房租同比增幅最高，达到50%以上，营业成本、人工费用、能源费用等增幅也都远超营业收入增幅。A股发展26年，2900多家上市公司，餐饮企业仅仅只有两家半，还只剩下团购业务。在上海、深圳、香港特区、台湾地区、美国、新加坡各股票交易所中，仅有16家中餐企业。新三板发展2年多，8000家企业，餐饮企业13家。可以看出餐饮企业占上市公司0.1%，占新三板0.16%，而餐饮企业行业2016年有3.5万亿的收入，同比增长11%。

第一个问题：如此高失败率的行业，为什么还呈现出10%以上的高增长？

这个问题实际上问到了餐饮行业的发展趋势。趋势是什么？简单讲是事物发展方向。经济学讲是路径依赖。第一个特点是方向，增长的、下降的、持平的；第二个特点是在一定方向上连续延伸的时间和空间。趋势就像一匹马，你永远追不上，只有骑上它，你才可能走在最前列。

餐饮行业发展趋势呈现高速增长的特点。高速增长，是和GDP增速相比较而言。在中国经济转型时，餐饮业增速仍然呈现两位数，究其原因，认为来自消费升级和技术进步两大动力。这几年餐饮行业谈的最多的是互联网＋餐饮或是餐饮＋互联网，其实不管前者还是后者，这种对趋势的认识都是落后的。餐饮行业的未来趋势是在消费升级和技术进步的背景下，是餐饮＋大数据＋人工智能。

消费升级。现在，中国正在发生一场举世瞩目的消费大升级。已经富起来的中国人不再需要低质低价的商品，而是演变为对高质高价的追求。海外血拼、出境旅游、轻奢盛行、互联网品牌崛起，都是中国消费大升级的深刻映射。再看看日本、韩国、等国家和台湾地区，都经历过类似的过程，这不是以人的意志来转移的。这场消费大升级，甚至被世界认为是下一个全球经济增长的重要引擎。人均 GDP8000 美元和发达国家 4 万美元的差距，两个一百年的中国梦，都决定这消费升级将是一个持续发生的过程。

前不久，财政部副部长朱光耀在一个公开论坛上表示，到 2020 年中国人均 GDP 将超过 1 万美元。根据各省统计局发布的数据，目前已经有北京、上海、广东、天津、江苏、浙江等 9 个省市的人均 GDP 超过了 1 万美元，覆盖了大约 1.5 亿人口。根据历史经验来看，1 万美元是个非常重要的里程碑，它标志着中国的消费升级将会提速。中国互联网数据研究中心发布的报告认为，这一轮消费升级将会呈现以下特点：

（1）有钱＋有闲＝服务消费崛起，居民的消费结构随收入增长呈现“先商品后服务”的阶段性特征。

（2）互联网下的“Y 一代”步入消费巅峰，他们具有较高的消费倾向和超前消费意愿，追求在产品形成和消费中的参与感。

（3）诞生万亿级的女性消费产业。

（4）基于情感互动的参与感消费或将超过消耗性消费。

（5）多样化消费呈阶梯状分布，二三线城市复制着一线城市的消费潮流，“80 后”“90 后”成为消费主体。

技术进步。技术是人类在认识和改造自然、社会活动中，创造或发明的各种物质手段及方式方法的总和。当技术进步表现为对原有技术和技术体系的改革创新，或在原有技术原理或组织原则的范围内发明创造新技术和新的技术体系时，这种进步称为技术进化。比如，机床与电脑相结合，制成数控机床；黑白电视机进化到彩色电视机等。当技术进步表现为技术或技术体系发生质的变革时，就称其为技术革命，如蒸汽机技术、电力技术和自动化技术等。据国外媒体报道，人类即将进入第四次工业革命，这将带来此前人类从未体验过的巨大变化。与这场全新的工业革命密切相关的技术有人工智能、物联网、生物打印、基因编辑、自主驾驶汽车、机器人等。数据驱动成为现在核心经济发展的动力，如果我们把第三次技术革命分成两个阶段，现在可以看成第四次技术革命的开始。

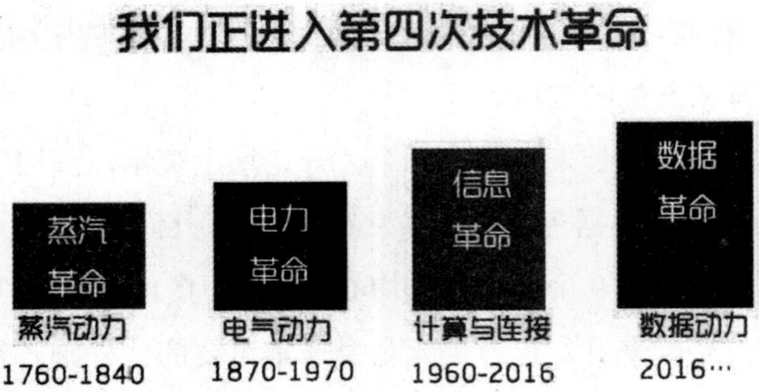

第一次工业革命和第二次工业革命本质是能源革命。第三次工业革命和第四次工业革命与量子物理有关。农业时代延续了成千上万年，前两次工业革命 200 年，第三次工业革命只有 50 年。霍金甚至认为，人工智能对人类政治经济生活的改变已经发生。特朗普当选美国总统、英国脱欧的事件发生，可能都有人工智能与自动化的因素。人们普遍认为在过去几年里，智能手机给人类社会带来了巨大变化，智能手机发挥了集媒体、通信、社交和传感器于一体的优势，但殊不知智能手机产生的技术基础是量子物理。吴军在《智能时代》中提出：所有的智能问题都是数据问题，资本和机械能是全球近代化的推动力，数据是智能革命的核心动力。大数据的科学基础是信息论，它的本质就是利用信息消除不确定性。

张瑞敏说：“没有成功的企业，只有时代的企业。”我们要对餐饮行业未来趋势有基本研判：

（1）跨界餐饮。越来越多其他行业精英进入餐饮行业，将极大改变餐饮行业的知识水准和竞争水平。随着明星、互联网人的加入，也出现了新的业态，例如零售店＋餐厅，超市＋餐厅。肯德基跨界做餐饮＋娱乐，同《奇葩来了》的合作引领了一股“一人吃鸡，全家光荣”的“全家桶”新潮流，借助上海美影厂的美猴王形象让猴年大圣桶卖到脱销，跨界时装周的全家桶包包和爷爷表情包一度成为时尚标杆。最近和东方梦工厂的战略合作，肯德基的跨界动作越来越多，而跨界的方向则指向拥有巨大市场空间的泛娱乐产业。

（2）场景餐厅。各种符合“80 后”“90 后”情感逻辑的餐厅将加速迭代，餐厅讲文化、讲故事，VR、SR 技术得到应用。

（3）智能餐厅。随着机器人时代到来，加之餐饮企业人员流失严重，餐饮企业需要承受日益上涨的高人工成本，人员的流动，未来餐饮机器人将得到广泛应用。

（4）小微餐厅。随着人工、房租成本的刚性上升，小微餐厅增长不可逆转，有极致品类的餐厅更有竞争力。如“57 度湘”的小猪猪餐厅，“苏浙汇”的苏浙小品餐厅。所谓小而美，小就是小格局、小情怀和小运营，美就是格调之美，布局之美和运营之美。

（5）连锁餐厅。连锁餐厅是餐饮业发展到一定程度的产物，连锁经营不仅可以提高效率、降低成本，更能帮助餐厅突破发展中的管理瓶颈，具有成本、价格、品牌等优势。餐饮业整体由价格、产品质量的竞争，发展到产品、品牌、文化的竞争；由单店、单一业态竞争，发展到多业态、连锁化、集团化、大规模的竞争。

（6）抢占支付。一个行业是否有价值，火不火，其中一个指标就是资本进入情况。进入 2016 年以来，阿里入股百胜集团，上市成为最大的餐饮企业；联想控股入股和合谷快餐集团，其核心都是抢占支付入口。

第二个问题：创业者为什么会前赴后继杀入餐饮这片红海，面对危险而不恐惧呢？

餐饮行业始终涌动着关店潮和开店潮。据统计，北上广深 2016 年下半年有近十五万家关店，有二十万家店开业。餐饮业的现代化程度落后于其他行业，一个几千亿市场的行业可以出现上千亿市值的公司，而餐饮业却看不到实现不了，但这也恰恰是表明存在着机会。同时，增量市场的竞争和存量市场的竞争方式不一样，消费升级技术进步过程中餐厅顾客需求和市场状况都会发生很大变化，变化就孕育着机会：

（1）餐厅品类分化比例提升。当一个行业变得成熟和规模化的时候，特色消费将比大众消费更受欢迎，这就是营销学专家克里斯所提出的长尾理论。这一变化十年前已经在美国发生。通俗的讲，即过去我们都买大众化的品牌，现在我们更可能买小众的、符合自己个性的东西。特色并不局限于唯一性，特色还具备另一种属性，叫做差异化。打造特色餐厅是为了区别其他餐厅，便于人们识别、记忆、加深印象。最终的目的是为了使餐厅更有竞争力和吸引力。

Top 50餐饮品牌

排名	品牌名称	排名	品牌名称	排名	品牌名称	排名	品牌名称	排名	品牌名称
1	必胜客	11	蓉李记成都名小吃	21	麦当劳	31	正新鸡排	41	味千拉面
2	星巴克	12	西树泡芙	22	满记甜品	32	周黑鸭	42	港丽餐厅
3	肯德基	13	汉堡王	23	云海肴云南菜	33	永和大王	43	江边城外烤全鱼
4	外婆家	14	海底捞	24	很高兴遇见你	34	弹丸滋地	44	上海小南国
5	黄记煌三汁焖锅	15	小辉哥火锅	25	炉鱼	35	萨莉亚	45	玛喜达韩国年糕料理
6	哈根达斯	16	面包新语	26	蜀江烤鱼	36	真功夫	46	避风塘
7	西贝莜面村	17	禾绿回转寿司	27	太兴餐厅	37	食其家	47	豪客来牛排
8	望湘园	18	摩提工房	28	绿茶	38	南京大牌档	48	鹿港小镇
9	汉拿山	19	许留山	29	麻辣诱惑	39	西堤厚牛排	49	重庆德庄火锅
10	阿香米线	20	美珍香	30	太平洋咖啡	40	大邻洞首尔炸鸡	50	呷哺呷哺

我们过去买手机，靠谱、好用、价格便宜就行，后来智能机出现了，我们要追求网络和上网体验，再后来以苹果为代表的高端智能机出现了，我们开始追求不一般的时尚格调和社交增值，每一次新的品类被切分出来，都会历经一次品类逻辑的洗脑。过去是功能性住房，现在是改善性住房，这是购房消费的品类升级。过去吃沙拉，现在要吃减肥沙拉；过去吃豆浆油条，现在要享受精致的早餐。过去买衣服好看就行，现在得是欧美风范，不能是大路货；过去买家具挑质量好的，现在要智能家具，设计要冷淡风，LOGO 不能太明显，低调奢华有内涵……总之，你只要能让消费者相信，他们消费的某一领域有一个更高档次、更有个性的品类，而你是这个品类的代表，把这个品类逻辑潜移默化地影响他们吧。同样，一个餐厅具备的菜品风味、服务、环境、文化、主题、定位等诸多方面，这些方面无论哪一项都可以成为实现差异化的载体。在一个元素上如果与众不同，就有可能甩开别人几条街。

（2）口红效应消费比例增强。这也是在美国发生过的社会现象。人们发现在经济出现下滑的时候，女性购买口红的消费反而比以前多了。这是因为消费能力虽然减弱，但是人们对于面子的需求可能会更加旺盛。许多消费者或许没有太多的资金去购买房子和车子，但是他们愿意花这个钱去吃、去享受、去娱乐。

（3）信息传播方式发生变化。现在互联网正在迅速地消灭信息不对称，在消灭一个个中心的同时，也在构建着一个个属于自己的中心。现在想知道某一家餐厅，了解某一道菜品，你只需要点点手指就可以了。传统媒体的单向传播变为数字互动式传播，传播的方式变了，传播的内容也发生了变化。用户成为内容传播者和内容制造者，并出现了意见领袖，逐渐影响其他用户。

（4）升级的是用户消费逻辑。简言之就是消费决策中的侧重点和估价的方法。

前面已经说过，在消费升级的背景下，人们更看重功能体验之上的附加价值，品质、健康、社交、仪式感和参与感、个性化与定制化，这种侧重往往会达到“一白遮千丑”的效果，对商品的其他方面会选择性失明。消费升级并不是人有了钱就变傻，而是消费更加精明，依然是本着一个“性价比”的逻辑，只不过性能和价格的内涵发生了改变。性能方面，过去更多是讲产品的质量性能、功能体验。而现在，人们更强调产品之上的附加价值；价格方面，过去更多是强调便宜实惠，而现在，人们更注重的是限时限量特价带来的稀缺感和得便宜的满足感，是通过各种信息渠道节省自己挑选商品的时间精力成本。而具体的价格，正如《无价》一书所言，人们永远无法判断一个商品的绝对价值，只能在不断比较和参照中大致判断商品的主观价格。你不需要知道 LV 或者爱马仕的包包为何卖那么贵，你只要知道，它们摆在那里、都是那么贵，这就是锚定。

在消费升级和技术进步面前，一些传统餐厅往往因不能迅速适应和满足市场而被淘汰。在增量市场中失败，究其原因是落后的思维方式和管理方式所造成的。众多失败的餐厅经营管理者都和诺基亚老总总结的一样：我们并没有做错什么，但不知为什么，我们输了。败，不是败在变化上，而是败在跟不上变化；败，不是败在时间上，而是败在跟不上时间。

也正是这些机会，吸引更多创业者进入餐饮行业，都信奉餐饮市场永不饱和，只会重新分配的硬道理，坚信自己可以赢得市场。创业者永远要被尊重和鼓励，因为创业不仅是一件很艰难的事情，同时也是一件需要勇气的事情。但一些创业者进入餐饮行业之后，常常因比较思维而出错。人都会习惯去比较别人，殊不知别人的成功，别人的优势，别人的方法，别人的机会和你一点关系都没有，所谓成功是不能被复制的。

很容易犯熟悉的错。我们信奉不熟不做，眼见为实的道理。吃，人人会，天生会，无非是“吃货”和美食家的区别。因此，创业者因熟悉感而产生自信，因会点评菜、会做菜而萌发开餐厅的念头不在少数。殊不知，会吃会讲会做不等于会管，更不等于会开好餐厅。熟悉，让创业者失去分析力。

很容易犯现金的错。餐厅是前后门生意，前面收取顾客的都是现金，后面付给供应商的都是账期。只要一开张，就有钞票入账，这感觉是激动的，甚至在没有开业之前，酒水等供应商都会提前打款。短期充沛的现金流，极容易让创业者忽视自己的管理。很多创业者，只看收入数据，从不关心客户数据、库存数据，更不会对菜品进行分析。一旦陷入粗放式管理，离倒闭就是咫尺之遥。现金，让创业者失去控制力。

很容易犯繁荣的错。尝新鲜看热闹图便宜，是人性。新餐厅一开业，大都是热闹非凡，客流不息。短期繁荣，极容易让创业者忽略产品质量。殊不知，顾客对产品质量是用脚投票的。当创业者从收入数据发现客户流失的时候，大都会陷入削减成本的怪圈。一个餐厅没有一年以上的持续繁荣，则不能长久。繁荣，让创业者失去洞察力。

很容易犯简单的错。创业者开餐厅往往想着：开餐厅不是很简单，选个好地方，弄点情调装修，请好厨师做特色菜肴，自己有很多朋友圈，还愁没生意么！简单的对比，也让创业者失去判断。看着周遭的餐饮店生意好，或者自己去过的餐饮店人气旺，便萌发开餐厅的想法。简单的背后是复杂。简单，让创业者失去坚持力。

二、意志力和方法论缺一不可

事情总像硬币一样，一面是问题，另外一面就是机会。在看到失败的同时，也必须看到成功是什么。持续经营十年的经营者管理都是隐秘富豪，但机会总是给有准备的人准备的，这也是餐饮创业者需要面对的问题。

格拉德威尔在《异类》一书中指出：人们眼中的天才之所以卓越非凡，并非天资超人一等，而是付出了持续不断的努力。1 万小时的锤炼是任何人从平凡变成超凡的必要条件。他将此称为“一万小时定律”。要成为某个领域的专家，需要 1 万小时，按比例计算就是：如果每天工作八个小时，一周工作五天，那么成为一个领域的专家至少需要五年。这就是一万小时定律。心理学家西蒙研究提出了十年法则，他认为基本上在每一个领域，大多数人开始学习得非常快，然后慢下来以至于完全停止进步。但也有少数人会持续进步数年十年，从而成为优秀者。这就是十年法则，研究表明十年不是平均值，而是最小值。换言之，一个人要想在自己的领域有成就，需要十年的前期投资。

无论是 1 万小时定律还是十年法则，都警示我们开好餐厅非一时之功，需要付出更多的艰辛。一入餐饮深似海，十年生死两茫茫。“俏江南”创始人张兰讲过：“开好餐厅连自己的儿子也教不会，全看悟性和忍耐力，三年方入门，十年才小成。”

在总结诸多案例的基础上，笔者认为开好餐厅，其经营者需具备两个条件：①持续的意志力；②正确的方法论。

究其原因，第一，餐厅的管理链条长，涉及的学科知识多，工作时间长，没有强大的意志力是无法做到持续专注的。有人把开餐厅形容为 007 行业，一周无休，每天16小时工作制。凌晨三四点去市场询价，下雨下雪天是否可以坚持？每天清晨要验货，是否可以每天坚持如一？晚间盘存，是否可以做到天天检查？是否可以保持对味型的探访和追求？是否保持对成堆的数据保持分析的热情？凡此种，都需要创业者要有持续的意志力，掌握正确的方法论。我邻居是一对夫妻，经营6个包间的餐厅，做的很是辛苦。丈夫每日3、4点钟去买菜，妻子管店，常年不得休息。认识一个从事建筑行业的朋友，之前无任何餐饮经验，创业开了家龙虾店，第一家店只有7张桌子，服务员加上他三人，半年后第二家店开业，店面4层，在商圈中做到排行第一，如今大概每月纯利50万。但自从他开了餐厅，基本每天凌晨4点左右睡觉，白天困了也仅是在包厢椅子上打个盹。马云曾经告诫创业者：起早贪黑，睡眠不足，身心俱疲，如果你觉得这是辛苦，那你趁早放弃创业。这段话，一样适用告诫餐饮创业者。日本著名作家村上春树大学毕业就开了一家餐馆，他曾经谈到其中的辛苦："工作很是辛苦，清晨就开始干活，一直干到深夜，累的精疲力尽。也曾遭遇种种严峻的局面，也曾抱头苦思却痛无良策，也曾多少次饱尝失望的滋味。"不愧为作家，三个"也曾"，排比句式道出了村上春树当年创业的个中辛酸。第二，开餐厅的学问，姑且称之为餐厅学。没有一所大学开设了这个专业，教授这门学问。行业内依靠的是口口相传，需要个体的感悟。对于毫无经验的新人，是件头大的事情。知识涉及范围广，且无师可拜，因此，餐饮业成功大都是一家小门店做起，积数年之功才逐步做强做大。如果你一开始就开大，很犯忌讳，几乎是开业之日就被宣判死刑了。但无论一个问题多么复杂，如果能以正确的方法去看待认知，它就会变得简单起来。

我们所讨论的意志力，是方向明确之后的坚持精神。心理学一般不将意志力作为一种特殊心理机能来假定，不作为对行为的解释，通常用自我控制或者冲动控制来代替意志力。但在日常生活中，我们常常使用这个词汇。假如你没有持续的意志力，笔者给出的建议是放弃餐饮业。乔布斯也曾说过："创业时你把你的生命投入进去，而碰到的坎坷真的难逾越，你会感觉生命在被摧毁，所以大部分人在创业中放弃是可以理解的。"放弃是一种勇敢，更是一种智慧。假如你有持续的意志力，没有正确的方法论，那不要紧，请认真阅读这本书，积极实践，用大数据提高餐厅利润。

数据是伴随着人类社会而出现，是可以被测量、收集、分析和报告的信息或知识。在移动互联网、物联网、云计算等技术应用背景下，数据具有体量大、多维度、完备性和时效性等特点，被称之为大数据。说起餐厅大数据，往往会被很多人质疑，一个餐厅的数据是大数据么？餐厅数据的维度非常多，一个菜品有食材、调味、价格、营养、毛利、销量、味型等若干属性，仅食材又有产地、保质时间、储存方法、搭配等若干属性。还有用户、员工、所在商圈、每日营业收入等，又可以不断的细分。这些数据随着时间的变量叠加在一起，不可不谓大数据。过去，这些数据也可以通过手工记录统计来实现，但成本高、效率低以及准确度低。云计算出现之前，餐厅使用的计算机系统收集的数据也非常有限，数据维度也非常少。云计算出现之后，特别是智能手机的应用，餐厅可以收集之前不可想象的数据。比如说，后厨档口每一个厨师实现的销售收入、毛利润、每日库存等数据可以通过手机自动库存系统来完成，顾客来餐厅消费的次数、年龄等数据都可以通过人脸识别会员系统收集。总之，技术进步使得一个餐厅的数据量比过去大了非常多，量变产生质变，也要求创业者的思维方式和管理方法都要随之改变。

餐厅大数据可以分成统计、分析、预测、洞察和认知五个阶段，认知实际上是让数据能够真正指导餐厅的行为，而不只是给餐厅一个预测或一份洞察，真正让它把认知建立起循环，不断提升餐厅竞争能力。

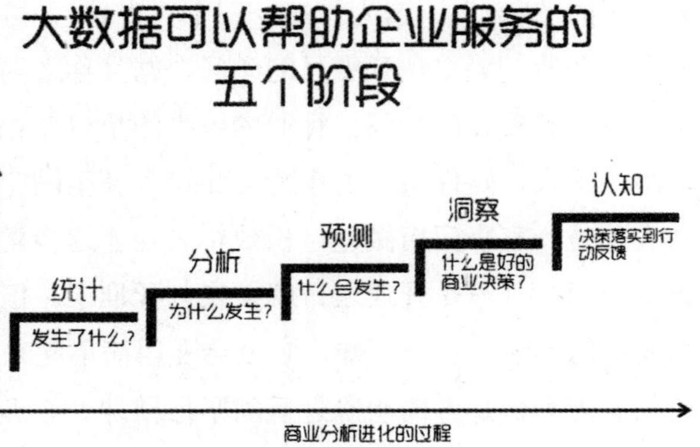

大数据最为重要的是思维方式的改变，餐厅经营管理者需要从大量的数据中挖掘相关性，直接应用于菜品和服务。相关性是什么？这是区别于因果性来说的。人类发展到今天，有机械思维和大数据思维两种，机械思维侧重因果，大数据思维侧重相关性。机械思维，比如说餐厅经营管理者常常认为只要味道好，生意就会好；只要我的服务好，生意就会好；只要装修好，生意就会好。这些都是从因果出发推论结论，看似确定却不确定。大数据思维，则是从餐厅顾客、菜品、商圈、营收、库存等多维度众多数据的分析中，找出影响生意的关键因素，进而改进和迭代产品，更加精准的为顾客创造价值。这些都是从相关性、交互信息出发做出判断，看似不确定其实很确定。

餐饮＋大数据＋人工智能＝餐饮新时代

1. 收益率

张三的餐厅投资额200万，年销售额400万，利润70万；李四的餐厅投资额500万，年销售额800万，利润100万。请问，哪家餐厅更赚钱？

收益率＝利润÷投资额×100%

从收益率角度看，张三的餐厅收益率是35%，李四的餐厅收益率是20%，即张三的餐厅具有更高的盈利能力和投资回报率。中餐厅投资回报率一般在3年，优秀的在一年六个月，特别突出的也有八个月左右的。收益率反应出资本回收率，张三的餐厅在2.9年回收投资，也就是接近3年的时间才可以回本。李四的餐厅则需要5年。所以，我们不能拘泥于表面的销售额和利润，必须要进行数据分析。开餐厅，不想赚钱是假话。我们可以根据收益率来确定餐厅利润计划，分解到每个季度每个月每一天。

2. 利润、销售额、成本

餐厅要生存和发展，必须保持持续盈利。管理中不能采取以利润为目标来控制支出的方法（销售额－支出＝利润），会陷入看到销售额下降，就削减支出，比如减少人员、降低工资，该提供的服务不再提供的状况中，因为餐厅性价比降低，必然再次导致销售额下降，又不得不进一步削减支出，这是恶性循环。无论采用何种办法控制成本都不能影响顾客体验舒适度。比如在冬夏季，餐厅会在饭点前半小时开空调，如果一味为了节省而直到大批客人来才开空调，那么就会让客人感觉不适，得不偿失。究其原因，是会计思维所导致。我们要坚持经营思维，即利润＋支出＝销售额，经营计划从确定收益率来设定利润，确定必要的支出费用，得出符合实际的目标销售额。

从销售额中减去原材料成本就是毛利润，毛利率＝毛利润÷销售额×100%，毛利润＝销售额—变动成本＝固定成本＋利润。

成本分为固定成本和变动成本，有个老师讲课的时候把餐厅在休息的时候产生的成本比喻为固定成本，工作的时候产生的成本比喻为变动成本，很好理解。固定成本，在一定的经营范围内是不变的，就是说销售额无论是上升还是下降，其金额都不会发生变化的费用，比如说房租，按年支付的软件系统费用等。变动成本是指随着销售量的变动而按比例增减的成本，比如食材原料成本，临时用工的工资等。

3. 盈亏平衡点销售额

盈亏平衡点销售额，又称保本点，零利润点，就是餐厅不赔不赚时的销售额，即每天最少卖多少才能不赔钱。也就是说在这个点上是不赔钱也不赚钱的，高于这个点就赚钱，低于这个点则赔钱。

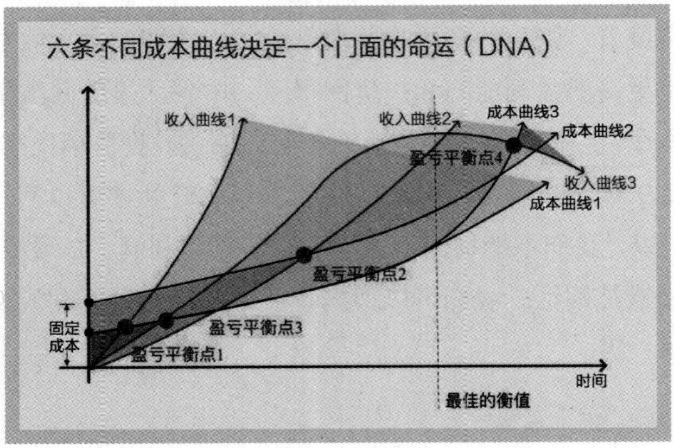

例如张三又拓展了一家大型中餐厅，情况如下：

前期装修等固定的一次性投入为1200万元，按照五年进行分摊折旧，则分摊到每月为1200万÷5年÷12月＝20万/月。

员工工资：35万元/月。

房屋租金：10万元/月。

能耗费：3万元/月。

其他固定费用：3万元/月。

已知变动成本率为45%。

固定成本＝装修摊销＋员工工资＋房屋租金＋能耗费用＋其他＝20＋35＋10＋3＋3＝71（万元/月）。

则此连锁店的盈亏平衡点（保本点）为：固定成本÷1－变动成本率＝71÷55%＝129（万/月）。

盈亏平衡点销售额＝固定成本÷边际收益率

边际收益率＝1－变动成本率

变动成本率＝变动成本÷销售额×100%

张三开餐厅的案例中，是根据固定成本和变动成本来计算盈亏平衡点销售额，设定的利润是零。一家中餐厅各成本合理占比：房租成本占营收5%～10%，人力成本占10%～20%，水电煤占3%～6%，其他费用各家餐厅情况不同。学界把一个餐厅的房租成本、人力成本和食材成本称为FLR成本，认为应该控制在70%以下，其他费用支出在20%以内，这样才有10%的利润。

我们可以根据自己的收益率预期来设定目标利润，按照下面的公式来计算出目标销售额。

目标销售额=（固定成本+目标利润）÷边际收益率

三、理解饭局，才好做餐饮

开餐厅，不是给自己吃的，而是服务于顾客，首先要懂顾客需求。食、色，性也。饮食是人的基本生理需求之一，但随着社会的发展，它已经被人们赋予多重功能，从而成为一种独特的文化现象。根据不同的主导功能，我们可以将饮食分为三类：消除饥渴的饮食，享受美食的饮食，社交聚会的饮食。当人类告别食物短缺时代，物质极大丰富，餐厅不再是一个填饱肚子的地方，更多的是满足聚会、约会、宴请的需要。钱钟书先生就说过："吃饭还有很多社交的功能，譬如联络感情，谈生意经。"

饮食社交的主要表现是饭局。饭局互动之所以在当今的社交领域非常盛行，其主要原因不仅是在为互动者提供了交流聊天的场所，而且借助菜品美食打造互动情景，带来良好的互动效果。一场饭局，既能是亲朋故交之间的沟通交流，也是生意对手间的交锋谈判。所谓人脉，圈子，社会关系，资源，社交能量，友谊，生意和交易，最后都绕不开饭局。所谓饭局之妙，不在饭而尽在局，饭局千古事，得失寸唇知。据说，饭局一词是宋代人发明的，距今已有上千年历史。宋人把饭与局连成一体，玄妙尽显。对于商人来说，吃饭是个严肃的社交游戏。王中军说起华谊兄弟和马云、江南春的合作，总是轻描淡写："就是一块吃顿饭喝喝茶，也不用多说，事情就谈成了。"

易中天在《闲话中国人》中说："政治即吃饭，会不会吃、懂不懂吃、善不善于处理饮食问题，就关系到会不会做人，会不会做官，会不会打仗，甚至能不能得天下。"饭局即人生，一个饭局看似简单，实则不同的饭局却可能会产生不同的结果。饭局点菜不过三碗面：商务宴请要场面，别人埋单要情面，自己做东要体面。

在中国，整个历史都和饭局联系在一起。刘邦和项羽的鸿门宴，赵匡胤的杯酒释兵权，乾隆的千叟宴。鲁迅曾经讲过："中国不过是一个巨大的厨房。"我们讲人情、面子、关系、圈子的文化基因，决定着我们把饭局摆在社交的核心位置，联络感情改善关系的最佳方式永远是饭局。无论是过去、现在还是将来，还没有一种社交方式其普遍性和重要性可以和饭局社交相提并论。如同《新周刊》的生动描述："一个完美的中国式饭局，设局人、局精、局托儿、陪客、花瓶众角色一个都不能少。有组织，有派系，有结交，有承诺，有阴渫，有称兄道弟，有一起大碗喝酒大块吃肉，有真心话与大冒险。"

饭局的场景地就是餐厅，餐厅为饭局而生。安排饭局，会考虑位置，出行是否方便；菜品，味道是否好吃；价格，性价比如何；装修，档次是否匹配等。这就涉及餐厅的选址、装修、菜品、服务和营销。理解了饭局，其实是参透了顾客的就餐消费心理。顾客的需要和需求是两码事。乔布斯有一句名言：消费者不知道自己的需求是什么。福特汽车创始人曾说过："如果你问你的顾客需要什么，他们会说需要一辆更快的马车。因为在看到汽车之前，没人知道自己需要一辆汽车。"柯达一度辉煌，是全世界胶卷界的带头大哥，但一直困扰于用户是要胶卷还是数码技术之中，没有寻找用户的真正需求，最终走向衰败。顾客到餐厅就餐的需求是什么，看起来是饭局的需要，但骨子里的需求是面子，一句话，性价比。

四、性价比战略的实现基础

一个餐厅没有菜品，就不会是饭局的目的地；一个餐厅的菜品没有竞争力，也不会成为饭局的二次选择地；一个餐厅的环境不适合宴请对象，也不会成为饭局的选择地点。虽然餐厅是菜品、服务和环境的综合体，但菜品对餐厅来讲是 1，位置、装修、服务、营销都是后面的 0，没有菜品这个 1，其他都没有存在的意义。这是餐厅区别其他服务业的特质，比如和咖啡厅、歌厅的区别。餐厅是以菜品为媒介的社交场所，即使菜品地位如此突出，但顾客选择餐厅，菜品不是唯一的理由，客户有自己的综合考量。就餐的社交属性决定性价比战略永远是餐厅的第一战略。性价比，简而言之，就是好吃、便宜、有面子。

例如：西贝多次的调整，最终还是回到性价比战略上来。从 2010 年开始，西贝从最初的莜面村，到西北民间菜，到西贝西北菜，再到烹羊专家，最后又回归到西贝莜面村。折腾来折腾去，都离不开性价比这个王道。不管西贝怎么说他的核心竞争力，今天讲健康属性，明天说莜面，根本还是性价比。第一，进行休闲餐厅的改造升级，满足目标客户群的迭代，抓住高势能消费人群，推出好吃有点贵的菜品，满足消费需求的多元升级；第二，融合西北菜的品类特征，做到品类不变，特色不变，经典不变，产品结构变；第三，突出经典杂粮主食作为核心产品，推陈出新，打造爆品如黄老汉黄馍馍、张爷爷空心挂面等，在性价比中注入健康元素；第四，突出西北蒙古新疆地区的羊肉类菜品，打造酸奶、面筋、功夫鱼等必点的精品菜；第五，坚持品质优先，精心筛选的西北经典菜，突出品类特色，保持菜品丰富度，强化消费认知。

例如：生意不好时候，是保价、提价还是降价？生意不好，餐饮经营管理者最先的选择就是：降价！日本知名的餐饮顾问大久保一彦说：他研究过无数倒掉的餐饮店铺，都倒在这一条上！相反，起死回生的店铺选择的几乎都是，要么保价、要么提价！很多生意不好的餐饮店，都被毛利率束缚住了，完全是按部就班的竞争，陷入到低价竞争的漩涡之中。他们出于控制毛利的需要，使得饭菜的质量也无法保证，饭菜质量差导致生意更差，一步一步的进入到恶性循环之中。只有提价才能摆脱低级别的竞争。在提高价格的同时，推出更好品质的产品，这样用户才会上门，而且让用户摆脱固有印象而刮目相看。没有什么能比让顾客感觉到餐厅的性价比更重要的了。所以，不能孤立的考虑价格，就价格谈价格没有出路。

如何管理好菜品，实现性价比战略，则需要正确的方法论，离不开管理。学问之道，先知而后行。从经验管理到科学管理，是管理发展的不二路径。

经验管理是依赖于管理者的经验判断，选择、实施各种措施以达成管理目标的管理方式。管理者的经验有丰富与匮乏的区别，经验也有其适用的范围，有时正确，有时又可能错误。正如我们去看中医，有的大夫经验丰富，很容易就能对症下药，对症后见效很快，但是有时也看不准，如果不对症，吃了 3 天后可以进行调整，如果调整仍然不到位，说明经验失效了，这个病不是这个大夫所能应对的。有的大夫经验不够，难以对症下药，下药后见效慢或者无效。中医看病也有其一套推理的规则，这套规则可以称为经验法则、启发式规则或统计推断，从 A 推理出 B，并非是 100%成立，这只是一种可能，或者是很可能，是一种概率比较大的事件。经验管理也是同理。

科学管理是依赖于各种度量数据推导出管理结论，识别出管理的措施以达成管理目标的管理方式。实施科学管理时根据现象度量出对现象的数字刻画，从这些数字之间的关系中推导出背后的道理，从而识别出管理的措施，这种推理是一种确定性推理。正如我们去看西医，大夫往往让你去做各种化验，通过各种检查得到一个具体的象或数字，定位到病因，确定你的病症，然后实施各种治疗方案。在病症、治疗方案的确定方面虽然也有经验的区别，但是总体来讲，各个大夫的诊断是相差不大的，误判的概率比较小。

我们来学习一个案例：

2005年，日本罗森总部派遣了技术指导前往片江工厂指导如何蒸制米饭。当时，工人采购大米时只知道看米够不够白，而罗森的技术指导则要求减少米饭的碎米率。如此要求的原因在于，碎米会在蒸饭过程中先熟，使其余的米变黏而影响口感。每百粒米的碎米率，超市里是15%至20%，而罗森要求在4%以下。控制碎米率后，片江工厂蒸出来的米饭仍旧没有满足罗森的要求。原因是不同季节的环境温度影响了火力。随后，罗森又为代工厂提供电脑测试系统，用以监测烧饭时锅的底层、中间和空气中的温度。同时，规定了蒸饭的水需要在几分钟内烧开，米饭需要焖制的时间。最终，片江工厂做出了合格的米饭。

在质量管理、精细化管理上，要学习日本人。为了做出合格的米饭，不仅有严格的碎米率数据，而且还研发电脑测试系统。典型的过程管控思想，每一个过程都得到有效控制。而在国内的餐饮行业，管理大都停留在经验管理的阶段，例如定位管理。餐厅经营者大都把做什么菜系当作为自己的定位，把周围的餐厅做什么菜分析以后，就决定自己这个餐厅以后是做川菜还是徽菜，做海鲜还是土菜，或者什么样的搭配关系，这属于典型的从经验出发。定位不是选择菜系，定位最为关键的是来餐厅就餐的顾客，而不是餐厅提供的菜品。例如成本管理，餐厅经营管理者都很重视采购环节，大都会亲力亲为，但是从食材入库到菜品制成，这个过程往往缺乏有效的管控。好一点的餐厅，有职责、流程和作业文件，有和厨师长挂钩的毛利率考核，但都依赖于厨师长的经验判断。不能把成本控制责任明确到各个档口单元，实现绩效挂钩，不能把各个档口单元库存每日自动清点盘存，不能把每日的成本差异透明化；不能形成各个时间段最有效的库存周期，不能实现库存预警。很多餐厅，今天掉只鸡，明天少条鱼属于正常现象，更不要说调味品了，老板更是不知道。你要问老板，你的后堂今天还剩下多少斤排骨，多少斤酱油，没有个把小时是回答不上来的。很少餐厅做到对菜品的周分析，旬分析，大都是月度或者根据季节来调整一些菜品。出新品时，很少经营管理者会对自己餐厅所在商圈开展调研，把自己的菜品分类管理，大都是交给厨师长安排给厨师，或者是外出学习看到的简单复制就上。淘汰菜品，大都是根据菜品的销售业绩和毛利来开展，很少餐厅经营管理者会通过对食材占比、味型占比、价格占比来深入分析。经验管理最大的特点是不喜欢数据，不喜欢分析，看不到现象背后的东西。其实，现象背后的东西最为重要，数据是餐厅最为重要的资产，远远比座椅板凳等实物资产重要。我们知道，数据常被比喻成新大陆和石油。利用好了数据，就会发现以前不曾发现的商业规律，就像发现了新大陆，开采到了深海的石油。技术进步的今天，互联网、云计算和大数据技术日趋成熟，它们的相互结合就是以互联网、数据和计算为基础的计算经济。餐厅管理也要与时俱进，通过互联网、云计算和大数据技术收集顾客的数据，了解顾客需求，然后改进管理决策，不断迭代，提高科学管理水平。人对于模糊的事物，无法捕捉的事物是缺乏判断力的，只有排除主观臆断和经验感情用事，依据数据、相信数据才会找到解决问题的办法。

延伸阅读

韩国餐饮大佬分析多个国家的经营案例，让你茅塞顿开！

导读：一般餐企的成长过程都是由萌动期到成长期到成熟期到衰退期，但中国的餐企很特殊，我们面临着同时经历成长期和成熟期，甚至有一些企业已经进入了衰退期的局面，餐企需要兼顾利润与价值，连锁企业、地方菜和健康食品同时受到消费者的追逐。

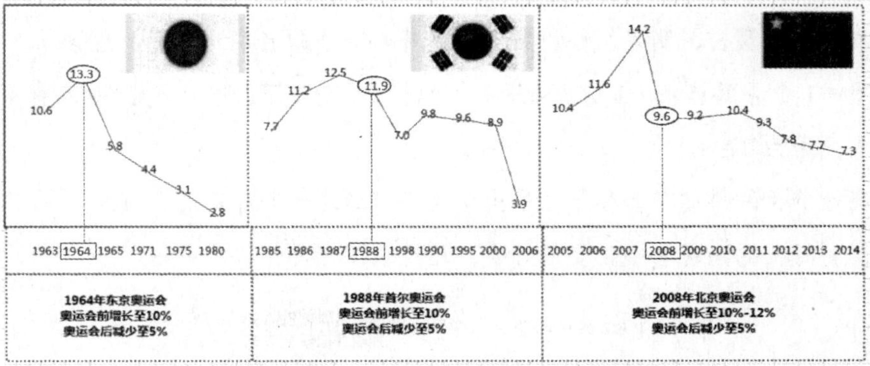

中国餐饮几种发展趋势

目前，经济增长势头趋缓，导致消费下降；大餐饮经营困难；无序竞争；成本上涨（原材料、人工费、租赁费等）；招聘困难；商超化导致商圈移动；海外品牌的大肆入驻。

除此之外，消费者的消费趋势也产生了变化，要求餐企必须进行改革。在经济状况不好时，顾客就更容易对价格敏感，要求更低价的产品。

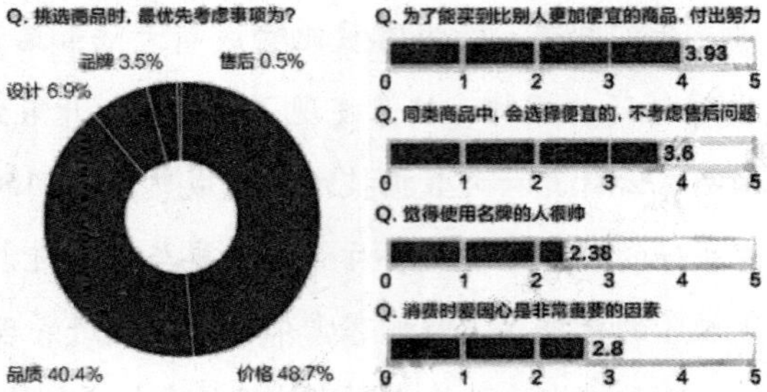

与此同时，越来越精明的消费者不止对“量”有要求，对“质”也有很高标准，追求性价比。顾客要的不止是便宜，还要好吃、量足、环境好、舒适、服务好……

例：月销 100 万份的套餐

在韩国，快餐巨头肯德基被当地炸鸡餐厅挤压到只有 40 多家门店，却在这种情况发起绝地反击，制定出桑德斯（肯德基老爷爷的名字）套餐，包含 1 个香辣鸡腿堡＋1 个香酥鸡块＋1 份薯条＋1 杯可乐＋1 个布丁，售价只要 5000 韩币，折合成人民币为 27 元。

高性价比的桑德斯套餐一经推出就火爆市场，一个月卖出了 100 万份。足以证明，新时代的消费者不止要求好吃，还要求便宜。

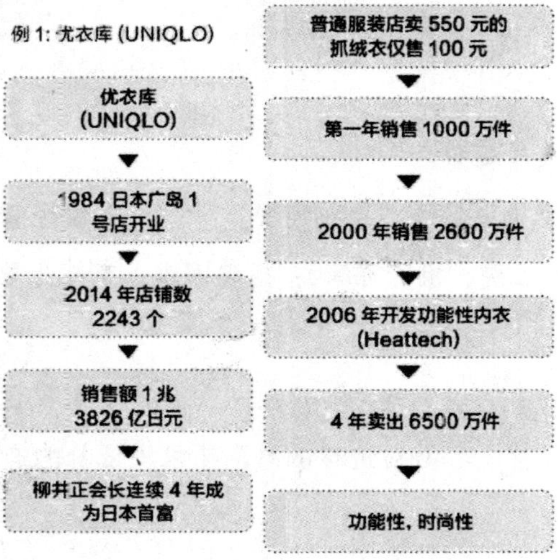

餐饮业的经营环境不断恶化，在市场景气时，店铺经营间的差距还不明显，但现在，一个小小的失误也可能导致一家企业的失败。只有真正的强者才能生存下去。迅速变化的市场中，餐企该如何改变呢？

餐饮人如何顺应趋势变化

在不断变化的时代，餐饮人必须关注变化的趋势，关注变化从哪里开始，又将走向哪里。餐企要做出改变，就必须同时做好改善、研发、创新。

目前的低速增长期，因为市场本身发展的滞缓，销售额会越来越少，相比销售额，企业会更加注重利润，在这一时期，企业往往面临着品质过剩、技能过剩、模型过剩的困境，因此必须进行改革。

企业需要通过价值革新、成本革新，提高创新性、生产性，进行成本革命。

餐饮业的成功秘诀就是创造价值，餐企应该通过提供更好味道、更好服务、更好设施和氛围、更低价格的产品创造价值，要不断探索如何用更低的价格提供给顾客更多产品。

在实行低价战略之前，企业必须具备高品质，再便宜的东西，如果没有人吃就没有价值，比起削减成本，要使销售最大化，通过提高生产力，打造细节和根本，提高销售额。

餐企要抢占最流行、最先进的定位，吸引优秀人才，选择优质食材，并改变营销手段，实现产销融合。

持续成长需要创造竞争力

持续盈利是企业的根本，企业想生存必须得有利润，第一个目标就是让店铺可持续发展。在经济发展速度放缓、消费者改变观点、竞争对手增加的环境下，再坚持原来的方式就是死亡之路。

系统到达极限，团队、员工都产生了惰性，怎么去成功地改变我们的管理系统？这时候经营者管理的判断就很重要，错误的决策、迟来的决策、过早的决定都不行，判断需要及时，要适应变化的速度，要知道改变在哪里。

21 世纪的经营核心是管理不确定性。经营管理者需要解决四个课题，将危机转为机遇：用系统的方法减少不必要的费用；果断地推进困难的抉择；推进根本性的变化；摒弃活动的惰性。

例：高品质低价格的代名词——萨莉亚的成功战略

成功战略【1】为了提高生产性引进人时生产性概念

所谓人时生产性，就是工作人员一人一小时，所能赚取的营业总利（毛利润），也是一小时劳动生产性的指标。

$$人时生产性=\frac{总营业额}{总劳动时间}$$

成功战略【2】垂直营销及降低成本

从原材料的采购制作、流通、销售等过程均由企业完成。

成功战略【3】保持新鲜度，根据指标直接采购以降低成本

为了提供新鲜的沙拉，构建了当天凌晨采摘的球生菜当天送货的体系。

蔬菜的保鲜温度：货车、水果蔬菜物流中心（保持4℃），为保持新鲜度做出最大的努力。

加工白色调味汁、乳制品的澳大利亚工厂，指定奶牛与饲料品种。

橄榄油、意面、红酒等食材是通过专门进口这些的公司来采购，降低成本（单价270日元/kg，直接采购后130日元/kg）。

成功战略【4】为节约初期费用的选址战略

创业初期开始，选址方法是选择B、C等级的地方，或因营业状况不佳而关门的店铺，以节省初期投资费用。

餐企最大竞争力是：人

例：日航十个月扭亏为盈，解密企业最大竞争力的来源

在高速增长时期，日本航空公司缺乏对费用的概念，失去了对成本的控制；来自精英团队的员工没有危机意识，对公司发展前景过于乐观；公司没有营销目标，甚至连营销战略都没有。

最终，日本航空公司因负债2兆3千亿日元宣布破产。后期，稻盛和夫临危受命，出任日航董事长。他上任之后的第一件工作竟然是对日航高层管理者下达培训指令：请参加共17课时的领导能力培训。

领导培训内容是人生观与哲学观等与实际工作毫无关联的内容，很多管理者起初非常不满，但两个月后，培训开始发挥效用了，因大规模裁员，高层管理者的工作量加大，公司却形成了支持降低成本、改善企业文化的氛围，形成了“为一个目标相互协助配合”的企业文化。

宣布破产十个月后，日航扭亏为盈，2 年 8 个月后，日航再次上市。在日航的改革奇迹中，我们窥见了企业竞争力的秘诀：人。

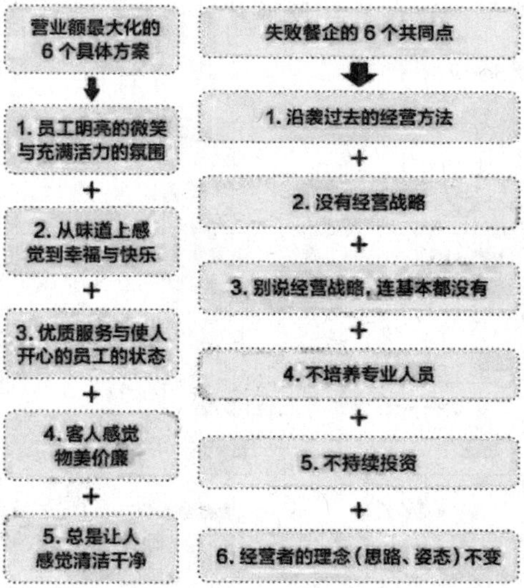

营业额（销售额）＝顾客数×客单价，要提高营业额就要增加顾客数，提高客单价，这两方面都要由优秀的员工来打造。

经济不景气时，顾客对价格比较敏感，然而只靠价格竞争的话，同样会走向失败。价格便宜的同时，还要提供顾客期望值以上的服务，给顾客带来感动和信赖。

获得感动和信赖的顾客会再次光临，成为回头客，这些顾客再次光临的原因绝不是因为便宜，而是因为他们感受到了企业的魅力。

打造忠诚顾客

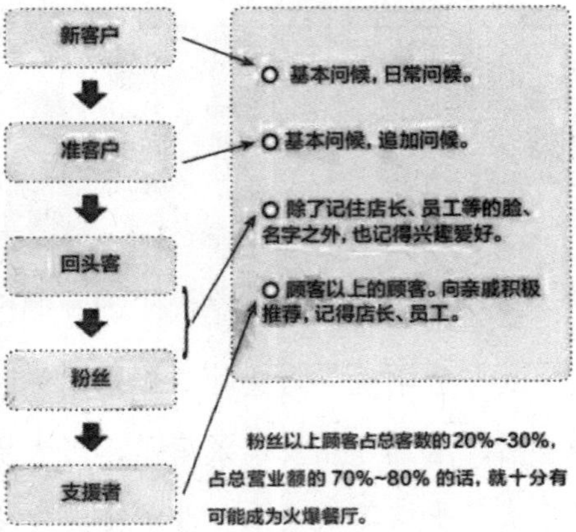

从前的服务技能培训是微笑、问候、礼貌训练，现在则是高品质的服务培训，通过这些实现营业额、纯利润、粉丝顾客的增加。现在，店铺的最高价值是由与客人直接接触的员工创造的。

作为餐企经营管理者，应该具备挖掘员工潜在能力、发掘优秀员工的能力，提高他们的积极性，发扬协作精神。

成功企业（店铺）的关键词

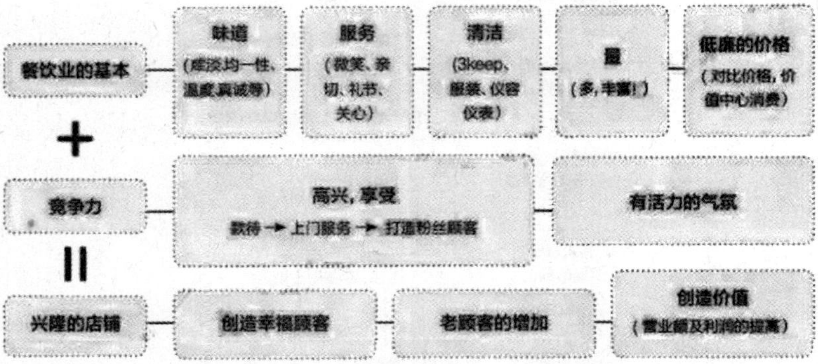

员工的成就感来源于自身的成长和工作业绩的突出，管理者要分配好工作，并以奖励的方式提升员工达成目标的能力。

中国餐饮业的前景

即将到来的时代是一个我们没有经历过的时代，我们所说的新常态时代是一个新秩序、中低增长、多元化的时代，在这个时代，中国餐饮业的前景是怎样的呢？

前景一：两极化进一步扩大

前景二：竞争力差距逐步扩大

前景三：消费趋势的巨大变化

前景四：企业并购的普遍化

前景五：多行业、多品牌时代到来

前景六：海外品牌处于下风，传统品牌势头强劲

前景七：餐饮经营环境更加恶化

企业的成功与失败取决于经营者的姿态，面对这样的发展前景，餐企经营管理者应该如何应对呢？

首先，企业要加强竞争力，高度重视基础和细节，通过持续的培训和锻炼打造忠诚员工，持续进行改善、开发、创新、变化，打造企业独特的企业文化。

其次，要灵活运用营销技巧，制定符合时代的，长期、持续的营销战略。

持续发展的基础

1.要提高最基础的要素

2.以创造力与思考力打造朝气蓬勃的氛围

3.打造被顾客信赖的企业文化

摘自微信自媒体《参谋长聊餐饮》

第二章
菜品定位结构

什么是思维？简而言之，它是针对那些并不存在于即时环境中的事物所创造出的心理表征。看见一堵绿色的墙，这不是思维，但是，想象那堵墙如果被漆成蓝色会是什么样子，这就是思维。

——摘自《不确定性世界的理性选择》

一、菜品思维

思维方式是人们在思维过程中体现出来的一种思想模式，它具有一定的思维定势。比如一般认为西方人的思维方式重视信仰和逻辑，中国人的思维方式重视历史和觉悟。思维方式的重要性在于，思维方式决定行动方式，所谓思路决定出路。菜品思维是餐厅经营管理者在菜品思维过程中体现出来的思想模式。我总结了菜品思维的八个核心要义，通过理解这些要义，我们才能更好的认识菜品，更好地管理好菜品。

1. 菜品是餐厅的生命

菜品和餐厅的关系是什么？对这个问题的思考直接决定菜品重要性。作为餐厅经营的物质基础，菜品的重要意义怎么强调都不为过。任何一家餐饮企业，不管品牌有多响、服务有多好、环境有多美，也不会有顾客愿意为这些因素单独付费，但他们却会心甘情愿地把这部分费用附加在菜品上。因此，餐厅管理要围绕菜品展开，菜品是餐厅的生命。生命，就是没有了菜品，餐厅就没有存在的意义，不卖菜品的餐厅只能是其他的商业业态。但餐厅的本质不是菜品，而是性价比，没有性价比的餐厅就没有市场，没有市场的餐厅存在的价值又是什么呢？只能是资源的浪费！本质的概念是从顾客角度来思考的问题，如果我们认为餐厅的本质是菜品，那么极其容易陷入对菜品味道的过度追求。固然餐厅要对菜品的美味精益求精，持续追求，但一道菜品怎么样才是美味，从来就没有标准答案。我们问每位顾客到一家餐厅用餐如何，大都会用好吃与不好吃来回答，其实，顾客心口是不一的，影响他们决策的不是美味而是性价比。有人提出餐厅的本质是社交，诚然餐厅为饭局而生，但顾客有什么样的饭局，需要选择什么样的餐厅，最为重要的因素还是性价比，好吃、便宜、有面子。概括地说，没有菜品，餐厅就活不下去；但有了菜品，餐厅也不一定活得好。

麦当劳倡导餐饮企业的基本功 QSCV，即质量、服务、清洁和价值。

Quality　保证一流的服务

Service　周到的服务

Cleanliness　清洁的环境

Value　让顾客感受到物有所值

让顾客感受到物有所值，其实就是我们谈到的性价比。

菜品是餐厅的生命，生命之树开出的花朵是多样的。从来没有恒定不变的菜品，变化性是菜品的突出特征。所谓物无定味，适口者珍。宋代大文豪欧阳修提出“饮食四方异宜”，说的都是顾客对菜品的变化要求。唐鲁孙在《天下味》中谈到：“口之于味，是随时有变动的，拿三十年前的台北来说吧，首先是广州菜大行其道，四川菜随后跟进，陕西的牛肉泡馍居然也插上一脚，湖南菜闹腾一阵之后，云南的大薄片、湖南的珍珠丸子、福州的红糟海鲜，都曾经煊赫一时。大家吃多了汤汤水水的清淡菜后，又想换换口味吃点膏腴肥浓的档口菜，于是江浙馆又乘时而起。最近我去台北，发现大家吃的目标好似又指向扬镇一带的吃食了。”从中我们不难看出，台北一个城市的菜系都是这家唱罢那家登场，充分说明顾客群体的口味变化多样。

2. 菜品定位从商圈调研开始

开餐厅就是做生意，必然要论及竞争。离开餐厅所在的商圈讨论菜品没有意义，因为一个餐厅是不可能满足所有人群的需求。每个餐厅都有自己的顾客人群，地理位置起到很重要的作用，餐厅地理位置就是我们所说的商圈。同样的菜品放在不同的商圈经营，结果是不一样的。同时，不同商圈的顾客人群不同，竞争对手不同。异地开餐厅，连锁餐厅会出现 A 地火爆 B 地萧条的现场，菜品是一样的，结果却不同。餐厅的菜品定位要认真分析所在商圈的具体情况，寻找最优的差异化和匹配度。不进行商圈调研或者方法不得当，是创业者容易犯的毛病之一。商圈调研需要看地图、走现场、算总量，创业者往往问题就出在算字上，只算人流量，不对人流量进行具体画像；只看餐厅人气，不看餐厅多维数据。商圈调研不到位，必然会给后期调整带来诸多困难。

开餐厅，实质上是要在菜品质量得到保持的基础上，通过深层次地满足顾客需求，确立餐厅的核心价值，进而围绕着顾客深层次需求，有针对性开发适应环境的设备、服务等，进而长期黏住目标顾客群，将成为餐厅能否在未来获得成功的核心因素。因此，商圈调研就是要弄清楚自己的目标群，竞争对手群。有空白点和差异点最好，没有就要正面竞争。所谓黄金选址，是指餐厅和所在商圈用户饮食需求的匹配度。

我们确定商圈，先要确定商圈的轴心点。餐厅所在的位置就是商圈的轴心点，应该了解轴心点所在街区的情况、交通状况和具体位置。仅有圆心而无半径，圆是无法画出的。为了由地点定位繁衍出区域定位，必须通过半径标志，准确地画出各层商圈，即以店铺位置为轴心，以习惯性的一定距离为半径，画出商圈。

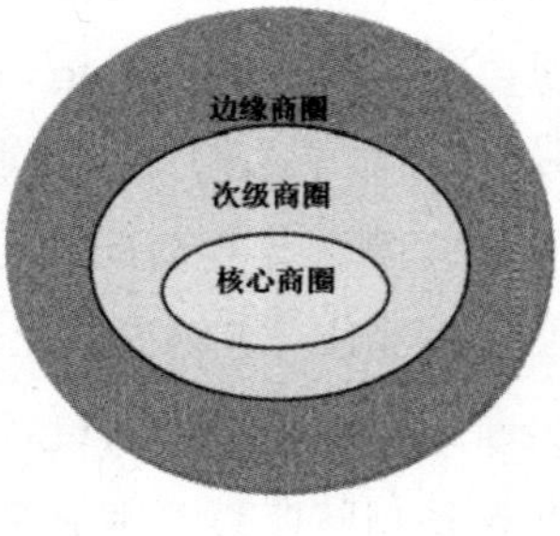

对处在不同地区的餐厅来说，商圈的半径距离各有不同，要受当地人口密度、附近竞争餐厅、餐厅供应的菜肴差别、交通方式、餐厅声誉等因素的影响。在大城市的市中心，餐厅的商圈半径通常只有两三条街道的距离；在市郊，则可能是10多公里的距离。另外，对于不同地区的餐厅，不同商圈顾客市场的份额不同。

	交通工具特征	距离半径（米）	时间（分）	时速（公里）
核心商圈	徒步圈	600	10	4
次级商圈	自行车圈	1300	10	8
边缘商圈	汽车圈	6000	10	40

有实力的自然选择一流商圈一流地段，谨慎的会选择二流商圈一流地段。商圈的选择是一门学问，新开餐厅可以选择专业的第三方机构合作，获得帮助。餐厅已经运营的，要对自己所在的商圈做进一步的调研：

*所在商圈餐厅数量和分布，同类餐厅的数量和分布。

*同类餐厅的主打菜系菜品，找出其中的空白区域。

*对比餐厅的价格分布阈值，统计出人均消费。

*对比餐厅的味型分布、食材分布和菜品分布。

*对比餐厅不同时间段的顾客流量，顾客画像。

事实上，如果将开餐厅比作一场战役，商圈调研就是开战前的细致的战场侦察。试想，要是在战前没有收集到情报，又或者收集到的是错误情报与假情报，这场战役想必是难打了。因此，建议餐厅创业者在开店之前和开店后，都有必要不断进行商圈调研进行情报收集，至少每季度一次，不断调整战术，优化调整自己的菜品、服务、环境等“弹药武器”，打好持久战。商圈调研的真正含义在于，永远要从顾客的视角分析问题，去深入了解他们，只有真正了解他们的深层次需求，才有可能获取足够的利润。商圈调研除了在顾客需求端为我们指明了菜品定位的方向外，其外延要大的多，提供的价值也非常多元化。

3. 菜品结构决定餐厅效率

一般餐厅经营管理者往往总认为自己店里面什么菜都有，让顾客点啥都有。在成本急剧上升的从业环境下，一种“单品至上”走极简路线的观点也获得很多人的推崇。其实，这两种观点都有失偏颇，菜品的数量多少与餐厅的面积有一个比值，菜品的种类数量低于这个比值，营业收入会受影响，但一旦超过这个比值，短期来看，也许利润会提高，但长期来看，则利润会受影响。因为餐厅的边际利润会随着菜品种类的增加而下降。所以，我们不能简单地说加或者减菜品数量就是好或坏。什么样的比值是合理有效的，要根据自己的资源和实践优化，也要根据大数据找出不确定性中的确定性。以中餐厅为例，营业面积与菜品数量的合理关系如下：

餐厅面积（平米）	菜品种类数量（道）		备注		
	下限	上限			
100	30	40			
200	40	50			
…	…	…			
1000	80	100			
1000 以上		150	不管餐厅面积多大，一旦超过这个上限，综合毛利一定会受影响		

任何数量的菜品都自然形成菜品结构。菜品结构直接决定餐厅效率，很多餐厅经营管理者认为效率来自人，这没有错，但是如果菜品结构不合理，和顾客的真实需求不吻合的话，会做很多无用功。首先，数量决定餐厅资源的使用，菜品数量多自然管理难度大，食材多、用工多品控点也多，最优菜品数量点对餐厅十分重要；其次，菜品结构不会静止在餐厅管理者设计的结构上，菜品主角和配角之间的匹配关系都是顾客通过点单消费自然形成的。顾客根据什么因素来点击，决策的维度是多方面的，对餐厅来说，只能通过数据分析、与顾客沟通和同业调研来改进优化自己的菜品结构，就是根据调研分析结果定期淘汰菜品补充新品，不断调整权重比例，改善菜品结构。这是一个不断循环持续改进的过程，没有终点，也不可能达到最优点，只能是永远接近最优点。

什么样的菜品结构是最为科学的？笔者的观点是把菜品分为诱客菜、招牌菜、主力菜和高利菜四类，经过一定周期的菜品销售之后，根据销售和毛利呈现的正态分布曲线就是最优的菜品结构。

4. 一维菜品数据对利润分析价值有限

餐厅利润主要来自菜品。经营管理者要根据盈亏平衡点、投资回报点来持续分析菜品，进而优化改进。菜品具有多维度属性，单纯的销量、销售金额、毛利率的对比研究对菜品利润研究的价值有限，在菜品的分析中，我们要立足相关性来寻找因果性。例如：某个餐厅有道米粉肉价格为 58 元，毛利率为 65%，十月份销量是 4200 份。这个数据只能分析出米粉肉月度毛利润，价值有限。如果我们和之前月份的销售数据比对，进而分析以肉类为食材菜品数量和销量，分析咸鲜味菜品的数量和销量，分析米粉肉价格在菜品价格结构中的位置，就会得出更有价值的意见。

多维度的认知是符合大数据思维的。大数据优于传统数据的地方，不光是体量大，还有两个重要特征：多维度和时效性。如何理解菜品大数据多维度呢？菜品的数据维度很多，不光涉及菜品的做法、吃法、成分、价格、销量、毛利，还有一些隐含信息。比如某一道菜品是哪一个厨师做的？是哪一个包间消费的？消费菜品的顾客性别、年龄、爱好等？预定餐厅包间用的是手机还是电脑，用什么浏览器？通过数据分析就可以了解不同年龄、性别和文化背景的人的饮食习惯。也就是说，我们需要把菜品的显性维度和隐形维度展开来分析，把原来看上去没关系的维度联系起来，经过挖掘、加工和整理，就能得出有意义的统计规律。

比如说我们经常可以听到餐厅经营管理者要求后厨开发出一些赚钱的菜品让

前厅去促销，单纯从利润这个维度实现很简单。但是，几道菜品利润的提升，是不是带动整体利润的增加呢？不一定。因为推出的菜品如果挤占了原有的味型、价格、食材空间，必然导致其他的销量和利润的下降。高利菜的开发是件危险的事情，不坚持多维度思考的话，就会此起彼落。更为严重的是伤害顾客，造成顾客流失。又如餐厅在招聘厨师的时候，大都是通过考察经历经验以及试菜来判断，这也是单维度认知。一个厨师技艺好会做些精致的菜品，不代表他的菜品卖得好；一个厨师菜品卖得好，也不代表他给餐厅带来的利润就高。只有把厨师的菜品销量、毛利、库存综合统计，进而分析味型、价格、食材，自然激发厨师围绕顾客来优化菜品的积极性，这才是王道。

5. 菜品竞争力来自持续分析优化

菜品竞争力不是餐厅竞争力，只是餐厅竞争力的一部分而已。在大多数餐厅，是最为重要的核心，没有菜品竞争力也就没有了餐厅竞争力。这个观点理解起来可能会费劲，但是慢慢就会理解。我反复强调，餐厅竞争力是性价比，它的命门在于差异化和匹配度。菜品竞争力是什么？一样是性价比，它的命门在于差异化和匹配度。很多人会质疑这个观点，说不要菜品的味道么？好吃才是菜品竞争力呢！我们要知道，味道是菜品基础。所谓基础，就是大家都要达到的水准，不再是相互竞争的因素。不否认会有餐厅的某些菜品味道大大高于其他餐厅，但一定不会持久。在万物互联的今天，菜品味道不再是竞争工具了，是入场竞争的门票而已。

菜品需要保持相对的稳定性，但不是一成不变，必须在销售中不断迭代。定期对菜品进行一定比例的淘汰，对保留菜肴要分类分析，系统优化。菜品结构在一定的时间节点要开展分析优化，在变化之中寻找不变，不断贴近顾客的需求。菜品竞争力是多因素变量，只有根据大数据迭代，在差异化和匹配度上着力，让顾客真真切切感受到高性价比，才会形成持续的竞争优势。原因有三：一是顾客对食物追求存在多样性和差异性。味觉，是一种非常容易朽坏的感觉，是大脑激励架构中的非常古老的部分。一口肉一勺汤带来的快乐其实都是一种动机推进，一种行为奖励。我们不能将快乐与味道分离，虽然它们并不是同一回事。人们往往追求糖、盐和脂肪“罪恶”的三合一食物，一些添加了味道浓重、让人回味的调料品的菜品也备受欢迎。二是食物给顾客带来的快感存在边际递减。任何持续处于超载状态的系统最终都出问题，这与成瘾类似。如果长时间过量吃同样的东西，在相同的份量下味道就会变得没有以前那么好了。食物带来的快乐随着情况的不同时高时低。三是顾客对价格和就餐环境、服务以及位置的匹配度有严格要求。也就是说顾客对就餐目的性很明确，但往往表达出来的只是某一个点而已，比如这家餐厅什么菜好吃，那家餐厅服务还挺不错。

曾经有人分析粤菜保持持续生命力的原因，最为主要的就是粤菜精致烹调对于顾客需求的满足和烹调多样性对于顾客需求的开发。粤菜烹调精致，早已脍炙人口，像鱼翅、鲍鱼、信丰鸡等，有口皆碑，不必细说，几样炒菜，不仅味鲜可口，即使颜色之美，亦令人垂涎欲滴。几个名手厨师，更是花样百出，假如每天去吃四样，在一个月内，绝不炒“冷饭”。开餐厅，很容易犯的毛病就是炒“冷饭”，菜式长久不变，吃来吃去就那些菜，即使变化也不知道往什么味型、什么食材、什么价格区间方向变化。对顾客需求不仅仅是满足，更多的还有开发。经营管理者一定要牢固树立持续方向分析优化的意识，持续就是不能间断，要制度化。

6. 菜品价格取决于库存管理能力

价格永远是个调节按钮。很多人说，我的餐厅菜品便宜，想不火都不行。其实不尽然，顾客选择餐厅，是有自己的心理研判和认知的，价格只是其中的一个因素。在其他条件趋同的情况下，价格竞争就十分重要。虽然从表象上看，顾客似乎在忽略其他的因素，其实顾客在潜意识里已经做出了选择。选择高档、中档还是低档餐厅，顾客心里有数，不同的餐厅顾客就有不同的要求。餐厅的竞争不是和所有的餐厅竞争，而是和自己同商圈同类的餐厅竞争。价格是餐厅性价比的核心要素，也是竞争的有力武器。

不同的人均消费定位决定着不同的目标人群，把餐厅所有的菜品价格之和除以菜品的种类数，可以简单衡量餐厅的目标价格定位。但是，价美物廉是顾客永恒的追求，谁不喜欢既好吃又便宜的菜品呢！特别是餐饮进入大众购买时代，顾客对价格更为敏感。顾客需要实惠的价格体系，餐厅需要一定的利润保证，这些都依赖餐厅的库存管理能力。因此，库存管理能力直接反映餐厅的管理水平，库存管理不好的餐厅往往是热闹不赚钱。优秀的餐厅实现的零库存目标，化繁为简，对每一个单元都做到过程管理，做到日盘存监控和修正关键 KPI 指标。

或许有人问采购不重要么？采购很重要，但是在采购环节的浪费远远不及库存管理环节可能出现的问题。因为，现在的食材价格已十分透明，配送体系又十分发达，加上餐厅经营管理者对采购工作又是十分的重视，因此在采购环节出现的问题已经很少，反而是在食材验收、分配、使用等环节出现诸多问题。究其原因，还是不能做到每日盘存。目前餐厅的月度盘存任务落在财务部门，每日盘存任务落在厨师长。每日盘存任务没有进一步分解到各个档口，做不到精细化，同时由于餐厅的信息技术手段落后，都采取传统的纸质纪录传递，效率低下，不能实现每日盘存的准确性和持续性。

7. 菜品数据会算命

通过分析餐厅菜品的历史数据，我们可以知晓餐厅经营好坏，能够预测餐厅的生命周期，菜品数据不会说谎。因此，经营管理者要熟悉数据，不能漠视数据，只有和数据做朋友，才可以做好餐饮。

数据不仅仅是反映餐厅的走势，同样数据在烹饪制作过程中也是十分重要。日本料理家小山裕久在《日本料理神髓》中谈到："数据的积累也可以当作是学习的目标。举例来说，萝卜切丝之后，可以试着咬咬看剩下的部分。另外，如果是熬高汤，添加柴鱼片两秒钟后、三秒钟后、五秒钟后，所呈现出来的色泽、香气和味道，都各有不同。如果能将每一个阶段会产生怎样的结果都记录下来，直到有一天，只要一闻到高汤的气味，就可以清楚地知道高汤熬煮的状态。此外，如果想要调制某种特定的味道，就可以推算出究竟该用多少分量、熬多长的时间，结果应该不会差太远。"之所以美味技艺习惯于口口相传，和数据记载的缺失也是相关联的。

8. 菜品的本质是人

餐饮行业是幸福制造业，要给顾客创造价值，提供更好的体验。菜品为顾客而生，没有人吃的菜品是垃圾，餐厅追求的不是工艺品，更不是雕刻品。菜品制作依赖厨师来完成，服务也依赖前厅人员来实现，只有餐厅厨师和服务人员的内心热情充分调动，菜品才会更好的为顾客所用。香港食神戴龙说："一个真正好的厨师，考验的不是用名贵食材炫技，恰恰是最平凡的食材，做出淳朴而又令人心醉的味道，应该是吃完之后，数月乃至数年过去，还能念念不忘的味道。"日本料理匠人曾经讲："眼睛、鼻子、嘴巴、耳朵、双手，身体带领我感知与食物的一切关联。食材生长的环境、四季气候的变化、烹饪时的指尖温度，都有可能影响最后的味蕾体验。带着感恩的心，感知食物所蕴含的一切关联，在自己的理解下以简单的方式呈现给客人。"试想，餐厅有这样的厨师力量，何愁开不好餐厅呢！因此，如何把人的热情点燃，永远是门大学问。

如果你是一家餐厅的管理者，不管是何种规模的餐厅，你都可能会遇到这样的难题：

*要做什么样的菜，才更受顾客的欢迎？

*面对成本加大，菜品数量究竟是增加或者减少？

*如何提高出新菜的质量？

*高薪厨师每个月出菜的收入毛利低于个人工资，如何处理？

*研发出品的菜品销售不畅如何处理？

*为什么顾客谈起自己餐厅的菜品，总是说不出记得住的菜品？

*当竞争餐厅开始降价活动的时候，如何应对？

*经常出现食材不能及时销售造成损失，怎么解决前后堂沟通问题？

*厨师队伍不稳定，忙闲不均，怎么建立一套有效的绩效管理办法？

餐厅管理过程中，会面临各种各样的问题。这些问题的分析和处理，需要我们随时决策决断。在解决问题的时候，需要我们要有指导自己分析问题、解决问题、做出决策的心智模式，也就是我们前面所讨论的正确的方法论。无论一个问题多么复杂，如果能以正确的方法去看待，它都会变得简单起来。通俗的讲，盲人摸象和直线归因就是缺乏系统思考和大数据思维的表现。当餐厅生意不好或者即将倒闭的时候，经营管理者往往认为是自己选址不好或者厨师没有找好，甚至是运气不好，当然还有其他的原因说法。这就是盲人摸象和直线归因，一个餐厅生意的好与坏，不是一个单一原因可以造成的。用一句最简单的话说明白，过去我们思考问题是割裂的、分解的、个体的，未来我们更应该注重整体的、全面的、联系的、综合的思考。过去是西医式思考把整体看成各个部分的简单相加，所以认为分解后属性不变，现在我们是一种中医式的思考，讲究整体合一，整体不是部分的简单叠加，整体具有很多部分不具有的属性，这叫涌现特性。把一头大象切开你不可能得到两头小象。

什么是系统？系统是一组相互连接的事物，在一定时间内，以特定的行为模式相互影响。餐厅本身是个大系统，菜品是个小系统；餐厅在其所在的商圈是一个小系统，城市和地域商圈又是个大系统。系统会受到外力的触发、驱动、冲击或限制，而系统对外力影响的反馈方式就是系统的特征。现实中，这些反馈十分复杂。我们说餐厅是一个系统，当旁边出现了一个同类餐厅，这时竞争者可以理解为“外力”；当气温突然发生变化，这时候的气温变化就是“外力”。我们在实践中会发现，很多问题通常不是孤立的，而是相互影响、动态变化的。比如说餐厅附近写字楼的上班族选择中午吃什么？比如吃饭的方式是自带还是外卖还是堂食？他选择的食物以什么为主？等等。系统就是这组相互连接的事物，在一定时间内，以特定的行为模式相互影响。当我们明白了系统的原理，就可以在恰当的地方施加干预，找到一个有效行为的杠杆点，从而获得期望的转变，使得系统优化。比如餐厅会因为某一道招牌菜而实现品牌传播和顾客流量激增。比如外卖平台就很好地利用上班族不想外出吃饭、不想带饭、不想买饭的心理，引入一个送餐机制，最终撬动了一个巨大的市场，改变了吃饭这件小事。这里说的杠杆效应，就是系统思维。在某个关键节点巧妙地施加影响就能够影响整个系统的运转，进时能够改变整个系统的走向，所以，一个普通人的某个看似普通事件影响整个国家并不是痴人说梦。同样，餐厅某一个爆发点会改变餐厅的命运也是可能的。系统思维就是能够将一系列零散的问题进行有序整理，并以全面的、整体的视角分析问题的思维方法。

我们在研究分析餐厅菜品的时候，一定要把菜品作为一个系统来思考。一个系统有三个要件，即要素、连接、功能或目标。餐厅菜品的要素包括人员、成本、菜品的开发与定价、激励措施、财务管理方式等。这些要素并不是孤立存在的，而是存在着复杂的联系。比如牛肉采购成本高了，菜品价格如果不变，那么利润就降低。如果给大厨减工资，菜品质量就下降，客人会减少，利润也就下降。

我们谈论菜品思维，应始终贯彻系统思考和大数据思维方法。

系统思考和大数据思维缺乏有以下症状：

*只见树木，不见森林。

*只看眼前，不看长远。

*只看现象，不见本质。

*头痛医头，脚痛医脚。

*本位主义，局限思考。

我们要掌握以下的智慧：

*多维度动态认知餐厅问题。

*跟上菜品系统变化的节拍。

二、定位是第一步，不是全部

选择知乎里面网友提供的案例供大家思考：

2011 年，我们公司搬到望京，公司附近有一个中等规模的商业中心。这个商业中心靠近五环，附近没有地铁，但在公共汽车四站范围内有几个居民区、公寓楼、一所中学和一大排写字楼。附近隔街还有一个六佰本和乐天玛特。乐天玛特有班车定时接送，覆盖范围不出望京。

除了食堂，附近没有任何餐馆，所以员工在中午会搭乘公司的短途班车前往商业中心就餐，固定时间往返各两班，或者坐公共汽车三站，但等候时间比较长，或者打车。春夏还可以骑公司出租的自行车去，大约要骑十分钟。

商业中心一楼的快餐店更换比较频繁。大约在 2011 年底，我去吃饭的时候，发现在里面新开了一家店，名字叫 London Pie，里面卖的是英式 Pie。店面大约是 35 平米，三分之一是柜台，三分之二摆放着不锈钢就餐桌椅。

我看到这个店，非常高兴。因为我曾经在新西兰留学，每天早上都会在附近买一个 Pie 当早餐，特别喜欢这种食物。回国以后，一直没什么机会吃到。北京虽然也有，但犯不上特意去吃。现在居然在公司附近发现有这东西卖，我自然欣喜若狂。我进去店里，点了一个派，十五块钱，如果多加一杯饮料，则需要多交两块，总共算下来十七块。不算便宜，但也不算贵。不过派的味道非常正，起酥极棒，就是我在新西兰吃的那种味道。

我一边吃一边观察环境，店里除了我几乎没人。服务员有两个，但柜台后只有冰箱和微波炉，没有任何厨房设备。

第二天我又去了一次，店里还是没人，服务员百无聊赖地闲聊着，柜台后多了一个跟我年纪差不多大的男性。我照例买了一个派加一杯饮料，坐下来慢慢吃。那位男性走出来，跟我闲聊。我这才知道，他就是这家店的老板，曾经在英国留学，和我一样，回国以后他也怀念 Pie 的味道，所以特意投资开了这么一家店。店里没地方摆厨房，Pie 都是在别处做好运过来的。我问他这是连锁店？他说不是。

两个星期之后，我发现了一个危险的事实。每次我去的时候都是中午，但这家店除了我却几乎没客人，我意识到，如果继续放任店主这么经营下去的话，我将会失去它。接下来的一周，我趁着店主在店里，跟他进行了一次谈话。店主看起来也很苦恼，他坦诚地说开业以来，几乎没什么生意，而且像我这样的回头客基本没有。

他开店的初衷想的很好，Pie 很好吃，而且无论是里面的馅儿还是起酥皮，都挺符合中国人的口味。开业以后，大家一定觉得又新鲜又好吃，蜂拥而来。但现实比他想象残酷得多。“你太一厢情愿了。”我直接指出他的错误。这个错误是许多开餐饮店和做市场营销的人最经常犯的：依据自己的好恶进行目标群体分析。

他没有对目标群体做任何分析，甚至不知道自己的目标群体是什么，只是一厢情愿地认为所有人都会和他、和我一样对 Pie 有着痴迷。而且从他的介绍里，我又看出另外一个错误，这个错误也是许多做市场营销的人最爱犯的错误：认为产品特点目标群体都认可。

我听他讲了十多分钟开店理念，其中大部分时间是在分析他的产品。这个 Pie 的起酥有多棒，这个 Pie 的馅有多好，这个 Pie 的烘焙是请的名师云云。

是的，产品特点很重要，这是一切的本源。但是如果产品特点和目标群体完全不搭配的话，再完美也没意义。有一句话：“媚眼抛给瞎子看。”

我告诉他：“你的开店理念，就是在抛媚眼给瞎子看。”他有点不服气。我指了指空荡荡的店里：“这就是证明。”出于对他做出美味 Pie 的敬意，我为他做了一次免费的营销咨询分析。

首先从大环境来说。这个商业中心属于准 CBD 商圈+小居民区的封闭式复合环境。它以写字楼和工业园为主体，附近居民区不少，但规模都不大。也就是说，中午白领将是光顾这里的绝对主力，到了晚上，居民会占到大头。“封闭”的意思是，在商业中心方圆两公里的范围内，没有地铁，公车线路也不多，走路出去太远，打车出去到望京商业街或嘉茂这两个商业点，又有些浪费。当然，白领会有私家车，但每一家公司的停车位都非常紧张，很少有人愿意为了一顿中午的工作餐把车开出去，舍弃宝贵的停车位。换句话说，区域内消费者缺乏离开的意愿，离开的方式要么麻烦，要么不经济，外出圈外就餐的意愿不会特别强烈。他们只愿意步行五分钟或者坐公车三、四站——恰好是一个人外出工作餐所愿意承受的时间与麻烦成本的极限。在这个距离内，商业中心只有一个对手六佰本，而且后者的入口和商铺排列位置非常不友善——这让它形成一个小小的垄断。“这很好啊，说明消费者忠诚。” 店主说。但我打断了他的美梦，纠正了他的第三个常见错误：以为地段决定一切。

地段很重要，但单独指望地段能带来收益，纯属妄想。那种“无论卖什么都火”的地段是不存在的。他需要的是进一步市场细分。这个商业中心的布局很精妙。它分成五层，顶层四层是中、高档餐厅比如“毛家菜”“渝湘汇”等，三层、二层是家乐福，一层是一圈快餐性质的店如“汉堡王”“味千”“小火锅”“南粥北面”“木桶三国”等。地下一层是电影院，电影院旁边是一圈冰淇淋店和甜品店。一、二、三层还夹杂着一些小商铺。这里每一层的目标客户都是经过细分的。附近公司如果想找一个体面的地方招待客户，可以选择四层，有电梯直通。白领的工作餐都是去一层，附近居民买东西都去家乐福，情侣们约会的，可以直接下地下一层，不必担心被其他层的顾客打扰到。

你的目标客户大群，应该是这些吃工作餐的白领。他们收入适中，愿意承受贵一点的价格，而且对西式食物接受度很高。更重要的是，他们的数量是最大的。这一个客户群体中午就餐的选择，有四个标准：一是快速，二是美味，三是经济，四是方便。（我经常在公司听到的对话是：A：走，哥儿几个中午哪吃去？B：×××吧，那儿有地方，咱们都能坐下。）Longdon Pie 面临的竞争是非常残酷的。一层的快餐店非常多，在这个弱肉强食的世界，这四个标准是生死存亡之道，满足的越多，生存能力越强。“我的 Pie 从下单到顾客吃到，只要一分钟。这是我的优势。”店主开始自作主张地分析。我点头，赞同他的意见。“而且我的 Pie 很好吃，美味这个标准也有了。”我很快打破了他的美梦：“你觉得有多少中国人喜欢吃 Pie？不，是有多少中国人吃过 Pie？不，是有多少中国人知道有 Pie 这么个东西？”他回答不出来。这是他的第四个错误：只推产品而忽略市场培育。

中国人不了解 Pie 是什么东西，像我和他这样的狂热爱好者算是少数。我向我的同事推荐这家店的时候，他们的第一反应往往是“那是什么东西？”对于餐饮业来说，熟吃永远比生吃好。一个人的饮食习惯是很难改变的，大部分人总是倾向于选择自己熟悉的馆子和食物，追求猎奇食物只是少数勇敢者的游戏。最不能理解的是，店主自己居然没有采取任何活动来介绍、来宣传，只是枯坐在店里等着人主动上门。这家店别说“美味”，就连“认知（aware）”这个标准都没达到，门可罗雀实在是再正常不过。推广和营销，永远不可以只和产品相关，要从大处着眼，才能培育出接受度高的市场。然后我继续打击他。你的价格定位也有问题。我花十五块买一块派，OK，这个价格我可以接受，但这一块派我吃不饱，可吃两块我就要花三十块，这就有点贵了，何况我又吃不下两块，剩下的部分又没法分给别人吃。你为什么不设置一些套餐优惠呢？可我的店很方便吧？很容易找到座位跟朋友一起吃啊。我伸出三根手指：①你的方便只是假象，本质上是因为生意不好。②你的椅子是高脚硬面还没靠背，坐着不舒服，纯不锈钢的色泽又特别冷，一副不愿意让人坐久的嘴脸。③你居然不准备餐巾纸。Pie 的表皮是起酥，起酥好吃，但会掉落大量的酥渣，一个 Pie 吃完，桌面上会落一层，弄得衣服上手上全都是。没餐巾纸擦，你让顾客怎怎么办？

我又竖起一根：我忘了说了，你还犯了一个错误，服务员居然从来不问我你是堂吃还是带走。Pie 是适合外带的食物，你把这家店当成一个完全的堂食店，这完全违背消费者心理。我坐下来吃饭，那肯定得要吃些正式的东西，而 Pie 这种东西看起来根本就不够正式。几个人围坐在桌子上捧着 Pie 吃，是件挺傻的事。你的店铺定位和你的食物特点根本弄拧了。可肯德基麦当劳和汉堡王也是这么做的呀。他试图争辩。没错，只要你有那么多钱和那么多耐心。他不说话了。我顺势开始给他提出建议：所以你首先要调整的，是店面。你现在的店面装潢就是个低档次的快餐店，在这个层面，你是没办法跟其他人竞争的。你要把它打造成一个高端时尚西点店。类似于贝尔爸爸或DQ那种，泡芙也不是中国人所熟知的东西，但贝尔爸爸走的风格就很有范儿，实际价格却不算贵。你给消费者灌输的心理预期，不是来这里哄饱肚子，而是来这里体验一下异国风情食物。London Pie这个名字又难听又冷漠，和英国人差不多，要改个名字，还要带一句口号。

定位决定了，你最要紧的工作，就是迅速打出符合这个定位的知名度，让大家对Pie有所认知。印制一些宣传单页，宣传的主基调是英伦风，哈利波特风，但绝不要明确提英国。两个字——那只会起到反作用——而是强调国际化。这些宣传的发行渠道有两条。最重要的一条是公司门口。你不能等公司白领上门，而是主动出击。商业中心附近的写字楼每天早上八点一刻到九点之间，会有大量班车抵达。这段时间是白领们最集中而且最饥饿的时候，找人拿着宣传单页等在班车点，车来了，就站在车门旁边发，效果最好。二是地下电影院。去看电影的以情侣居多，他们一般没时间坐下来慢慢吃。女方可能会买冰淇淋爆米花，男方需要的是一些耐饿好吃又快速的东西。而且跟女朋友约会，去吃肉夹馍有点掉价，如果是英伦西点的话，感觉就大不同了。所以你的店虽然在一楼，但在电影院和商业中心门口一定要摆出牌子来，写明特点和位置，让所有看电影的人都知道你的存在。当然，其他一些常规的小手段是必不可少的。比如在每一栋写字楼外搞一次试吃活动，或者赠送一些免费券。另外这附近外企多，外国人很多，职位不低，针对他们做进一步市场细分，可以制订专属的英文宣传计划。他们不仅自己对Pie的接受度高，因为是家乡的食物，而且还会介绍许多中国下属前来。

然后我建议他取消堂食，改成外带，只保留柜台就够了。Pie这种东西，从本质上来说就不是正襟危坐吃的东西，取消堂食一来可以削减成本，二来可以让特色更鲜明一些。当然，可以稍微摆几张小桌椅在附近，但不必特意设置。省下来的成本，可以适当考虑递送外卖。商业中心辐射范围两公里内的外卖需求非常多，大多是公司中午开会临时叫餐，递送距离又短，非常适合这种模式。另外菜式可以再增加一些，让顾客感觉选择余地更多。主食不用动，目前店里的Pie有七、八种，已经足够了，可加些比如沙拉、烤肠、洋葱圈、马芬什么的简单小吃，但切记别做杂了。烤羊肉串、驴打滚什么的别卖，否则顾客对这家店的认知就混乱了。还有，别忘了送餐巾纸……

我跟他拉拉杂杂说了半天，没用什么工具，也没画什么图表或PPT，但中心意思只有一个：不分析清楚目标群体的行为模式，一切都是白扯。我是真心想帮他，因为我爱吃Pie，我怕它倒了。如果是一部电影，接下来应该是店主幡然醒悟，依计而行，终获成功。我不确定我的方案会不会大热，但至少会比现状好许多。

可惜现实没电影戏剧性那么强。我说完以后，店主点头称是，但在接下来的一个月内，我没看到什任何改变的迹象。紧接着我出了一次长差，回来以后，看到这家店和店主一起消失了，被一家叫做“找茶”的店铺取代。

这时候，我发现我也犯了市场营销人员最经常犯的一个错误：如果你不负责执行的话，不要跟产品的负责人讲太多，他们总不会听。

文中提到店主犯了四个错误：

（1）依据自己的好恶进行目标用户分析。将自己对食物的偏好，推而广之认为每个人都和自己一样。我在书中会反复强调，人和人之间的食物感知是不一样的，美味没有统一的标准，只有人性才有共性。当你发现或者掌握了一种餐饮的品类，比如酸菜鱼，你想做以酸菜鱼为主打菜的餐厅，不要认为这样就可以开餐厅成功。假如不能贯彻菜品思维，都会失败。定位中切忌出现心理学说的锤子效应——手里有锤子，满眼都是钉子。

（2）以为产品特点目标用户都认可。文中用了一句幽默语言，媚眼抛给瞎子看。简单的讲，我们有再强大的菜品，但如果该菜品不是餐厅所在商圈用户需要的，那么注定就是失败的命运。菜品不是餐厅的本质，菜品竞争力不是餐厅竞争力。

（3）地段不能决定一切。只要地段好，生意一定好，这是开餐厅者的主流想法。其实，好地段卖什么都火的时代已经过去，那是商品短缺时代的思维。原因之一，物质极大丰富的时代让地段的竞争力减弱。没有差异化，没有特色的产品在再好的地段也不能开花结果。原因之二，互联网技术进步，汽车工业发展，进一步削弱了地段的重要性。原因之三，产品和用户必须要有匹配度，没有匹配度的产品在任何地段都是死亡。

（4）只推产品而忽略市场培育。好的产品会说话，好酒不怕巷子深的时代已经过去，互联网让商业步入了体验经济时代。菜品是餐厅最重要的一环，但不是唯一，顾客在餐厅消费的不再是单纯的菜品，而是包含服务在内的一种体验。换言之，餐厅最重要的资本是顾客。餐厅每一次的菜品分析优化都是战战兢兢的试错，我们需要和更多的顾客沟通。

三、竞争力来自差异化和匹配度

餐饮行业是个管理理论应用相对落后的传统行业，当别的行业将定位、精益管理、互联网思维已经运用纯熟的时候，餐饮行业才开始好奇。究其原因，与我们的文化有关系。几千年饮食文化，传承下来的是美食家的食评文章和关于菜品的记载，而关于商业规律的探究一片空白。自古以来，我们都是一个抑商的社会，我们所学习的定位理论来自西方。

餐厅菜品的定位核心是差异化和匹配度，综合表达是性价比。

差异化，是菜品在用户心目中的位置，也就是自己餐厅和其他餐厅菜品的不同之处，是餐厅和竞争对手之间的不同。餐厅之间的不同是必须的，而这种不同首先需要体现在菜品差异化上。菜品差异化，很多人容易简单理解为菜品类别的不同。准确地讲，菜品差异化是深度差异化，体现在食材、价格、味型、盘式等诸多方面。比如说，每一个商圈餐厅都有自己的畅销菜品，那么你的餐厅进入该商圈，就需要选取部分畅销菜品进行差异化定价。形象的总结，差异化就是人无我有，人有我优，人优我廉，人廉我变。当“80 后”“90 后”成为消费主力，差异化更能彰显个性，形成营销学上的吐槽点，新颖独特才会在朋友圈传播。科特勒说过：“要想赢得市场领导地位，就必须能设想出新的产品、服务、生活方式以及提高生活水平的各种方法。提供人人皆有的产品与创造出甚至从未想像过的新产品和服务价值的公司有着天壤之别。”这段话深刻阐述了差异化的价值。杰克·韦尔奇在《商业的本质》中讲到：“营销的第一步总是对现有产品进行不断改进或是发明让人无法抵抗、欲罢不能的新产品，赋予它们真正有意义的特点和长处。”营销始于产品，起点也是差异化。

广州有家餐厅叫做太二酸菜鱼，在店招里写着：

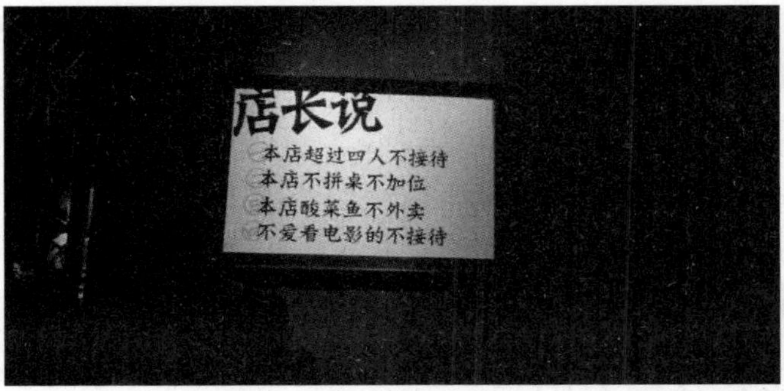

这种个性，差异化没有因为规矩多而得罪顾客，反而受到追捧。加之酸菜鱼确实做得很好，名气和口碑一下就上来了。

匹配度，是指菜品和餐厅所在商圈、目标客户、装修、资源之间的切合情况，说的是餐厅自身的统一协调。匹配度，即给顾客的心理感受，也称“味外之味”，主要有美食与美名、美食与美器、美食与美境等方面。比如同样是包子，在街边店可能会叫做张记大包，在私房菜馆会叫龙眼包子。每个菜品的名称，不仅纪录一段历史，也表达着艺术情趣。合理配饰菜品装盘的器皿，以对比、烘托、线条、修饰、意境等手法，使菜品和器皿相得益彰，和谐统一，可以给顾客更多的审美感受。袁枚的《随园食单》就提到："唯是宜碗者碗，宜盘者盘，宜大者大，宜小者小，参差其间，方觉生色"。菜品和器皿好的搭配，就会有和谐之美、精巧之美和古朴之美。一个好的用餐环境更为重要，如果是个街边土菜馆，硬是要卖鲍鱼，显然是不匹配。在什么山头唱什么歌，菜品不是单一呈现给顾客的，而是由名称、器皿、环境、服务等综合因素系统组合，效率最高的系统组合即为匹配度。在消费升级背景下，餐厅的设计越来越被重视，80后、90后消费人群更加追求体验感。很多餐厅不仅追求视觉感受，还运用新的技术让顾客的美食体验更加立体、丰富和多元化。

例如：宾馆餐饮一直是难题，做的好的很少。特别是进入民宴时代。调整和转型之中，很多宾馆餐饮就开始做本地土菜，但是效果却不是很好。为什么？因为顾客对餐厅的认知是综合性的，就好比穿着西装去健身，是不匹配的。宾馆餐饮的菜品要和宾馆的自身身份匹配，需要坚持菜品的精致和装盘，需要调整的是降低客单价。在江苏宜兴竹海有家会议中心酒店，按说在旅游景点，餐饮是竞争不过周围农家菜的，但是这家酒店餐饮生意火爆，就是因为它的菜品价格和外面的农家菜一样，但是环境、服务和菜品却上了几个等级。顾客不会因为你是星级酒店，菜品价格亲民而抱怨，只会因为你的菜品质量下降和价格高而不满。管理学认为，研究塑造产品价值，就要在产品卖点与目标顾客需求的匹配度上做文章。不同顾客对餐厅、对菜品的需求都不一样，那餐厅的选址、装修、服务等都要与顾客的需求匹配。

性价比是顾客的主观体验，也是差异化和匹配度在顾客心目中的占位。我们在这里讨论的是菜品的定位或者说是菜品竞争力，其实也是餐厅竞争力与定位，二者并无二致。

四、菜品定位的五条军规

（1）菜品结构呈正态分布。不管菜品如何搭配，只要多个菜品累加，就会形成菜品结构。菜品上架销售，又会在不同的时间节点上形成不同的结构形态。有人说，菜品盈利结构为王，也不无道理。合理的结构可以提高后堂的人效，提高重复购买率，提高顾客满意度，提高竞争力。没有一成不变的结构，菜品结构永远在变化，餐厅管理者只能根据数据分析，不断迭代，以促使菜品结构向最优化目标前进。一旦某个餐厅的菜品结构固化不变了，也就是该餐厅死掉的开始。餐厅菜品合理结构是招牌菜、主力菜、诱客菜、高利菜呈正态分布。

正态分布是重要的方法论。为什么许多变量可以用正态分布很好的描述？ 教科书上通常的说法是，若一个指标受到许多因素的影响，并且其中任何一个因素都不对其产生决定性的影响，那么该指标的值很可能近似于正态分布。正态分布最早是为了简便地计算二项系数产生的，后来天文物理学家发现它很适合用来描述测量误差分布。再后来人们发现它同样可以极好地刻画人类社会中的其他变量，如身高、体重和智商。

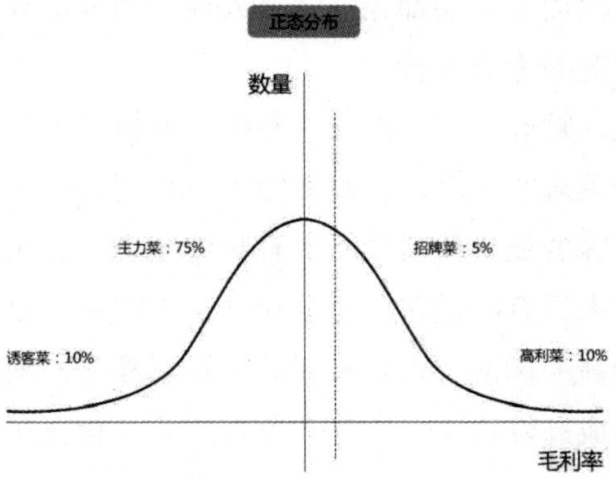

（2）菜品线需满足丰富性。丰富性是相对的，既是菜品种类数量的体现，也是菜品味型的表达。餐厅菜品的种类多少，取决于匹配度，由餐厅的面积和厨师资源决定。但在既定的菜品种类中，要做到食材、味型的丰富性。为什么川菜可以横扫江湖，甚至成为国家名片，而其他菜系却日渐式微？根本原因在于川菜的味型丰富，选择食材广泛。前段时间，餐饮行业刮起压缩菜品线的风潮，所谓的产品极简主义，我一直持反对的态度，从一个极端到另一个极端都是错误的，菜品的多与少，要根据餐厅的实际，顾客群特征和自身资源情况。极简的做法，是把所有聚焦点都放在菜品上，优势在于产品研发和流程管理上可以更专心，劣势在于忽视匹配度导致经营风险增大。这是一条冒险的路线，违背餐厅性价比战略，也缺乏实践成功案例。

（3）单品爆款建立在多品类的基础上。品牌名＋品类的定位，是产品主义的回归，本身没有错。比如说何记酸菜鱼，何记是品牌，酸菜鱼是品类。但很多人认为单品爆款，就是仅仅把一个菜品做到极致，这是误区。单品不是指只有一个菜品，他应该是指单一的细分品类，有招牌爆品，当然也可以有补充型的菜品。

单品≠单个菜品，单品=垂直细分的品类。国人社交是饭局社交，以席按桌来点菜，如果菜品仅仅是单品爆款，又如何搭配呢？

（4）快速迭代才能保持菜品生命力。菜品如何应对顾客的需求变化，只有通过快速迭代。餐厅根本没有能一劳永逸的菜品，更没有所谓的正确菜品，菜品是一个有机的生命体，需要不断地发展变化。成功的餐厅菜品体系品就像一场蜕变，在蜕变的过程中越显完美。其他行业的商业实践给我们很多启发，例如：服装品牌 ZARA，一个产品从设计到上市周期只有 21 天，产品迭代速度十分快，这让它在与其他同类型服装的竞争中占据了优势。同样，因为顾客求鲜求变求新求奇的本性，菜品需要快速迭代。也只有快速迭代，餐厅的菜品结构才会趋于正态分析，效益才有保障。所有的商业活动都无法背离人性，顾客追求的新鲜感、刺激感和体验感，也是菜品求变的逻辑基石。

（5）性价比是菜品管理之纲。美味没有统一的标准，仁者见仁智者见智，常用这个菜好吃、哪个菜难吃来表达。对餐厅来说，更好的理解和实践是每一道菜都要入味、出新。入味的要义即袁枚所言有味使之出，无味使之入；出新的要义即汪曾祺所言要做客人没有吃过的，才觉新鲜。实践中，要把不难吃作为最低的要求，把好吃作为最高的标准。入味出新，好吃不难吃，是菜品的体验属性，经过价格的组合，要形成高性价比，才有竞争力战斗。我会在书中反复谈及人性，商业的本质是人性，所有的产品都是为人性服务。餐厅也一样，顾客需求我的理解就是人性表达。

延伸阅读

传统行业如何“玩”大数据？

——企业的数据分析能力金字塔

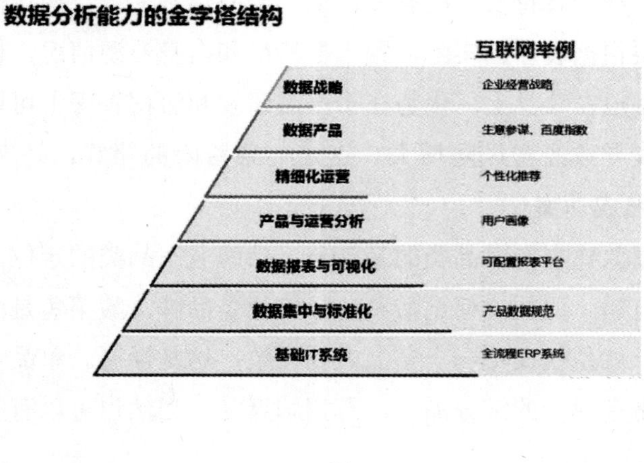

写在前面

我写这篇文章的初衷源于两个故事。

故事一：与一位在互联网行业做数据库架构多年的同事一起吃饭，问起我现在在做什么，我说在做医疗方面的数据分析。同事笑，说：你有很多资源啊，只要你能拿到电子病例的数据，就能分析很多东西了……我脸上的微笑表情瞬间僵化！

故事二：当时为内蒙一个企业做上游原材料供应商的数据管理项目，我们拿到的只是该企业小部分供应商的数据，下一阶段计划拿到其全国供应商的相关数据给该企业进行管理支持。有一天，我们的项目负责人很兴奋，高兴地对我说：对我们拿到所有供应商的数据后，我们做的就是“真正的大数据”了，你要考虑一下后面的大数据分析如何做啊……我脸上的微笑再一次僵化！

大家觉得以上两个故事如何？我当时内心是有一万头羊驼奔腾而过的！

我写这篇文章的目的很简单，就是希望向不了解数据分析体系建设的朋友们解释一下：数据分析到底都包括些什么？从完成数据采集到做出数据产品，到底有多远的路要走？我在工作中接触过很多企业老板、客户，当然还有我的领导，他们对数据分析的理解之浅薄，让我觉得难以置信。和他们交流之后的感触，促使我写了这篇文章。

一、数据分析本身是一个过程

数据分析是企业的一种能力；数据分析本身是一个过程；数据分析的本质是一种思想。

数据分析是一个过程——企业利用这一过程将数据中的信息提取出来，进行处理、识别、加工、呈现，最后成为指导企业经营管理的知识和智慧。因此，企业利用这一过程的成熟程度，决定了企业使用数据的有效程度。

影响这一过程的因素有四个（如果有不同意见，还请大家补充）：

（1）技术和方法：我们的信息采集技术、数据库架构、数据处理技术、算法、可视化等都会在很大程度上对这一过程产生根本性的限制或改变，这就是为什么分布式存储、运算等技术成熟后，大数据这一概念被热捧的一个原因。

（2）数据的应用：更准确的说数据应用在一个企业、一个行业甚至全社会中被理解的程度有多深、使用范围有多广，决定了你的数据影响力能够达到的程度。

（3）商务模式：这是一个当数据能力在市场中体现时才会发挥作用的因素，好的商务模式可以为行业内、跨行业的数据应用、数据产品提供好的商业环境，帮助其成长；而坏的商务模式也可能毁掉一个好的数据产品。

（4）制度和规则：制度和规则既有国家层面的，例如数据安全保障方面的法规；也有行规、企业内部制度等。这些制度和规则保障了数据能够被人们用在需要且正确的地方，而不是被滥用（某种程度上，制度和规则的缺失也是造成数据安全问题、行业数据标准混乱的主要原因）。

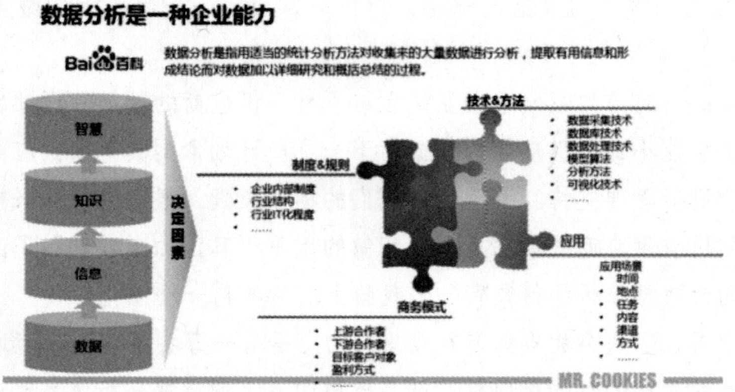

在我看来，从拿到数据到将数据中的信息提炼成人类的智慧，这是一个很长的过程，有可能一年甚至几年（但是很多人把这个过程想得太短了）。

首先，想要分析数据你要获取数据。获取数据这个过程如果是线上还相对容易，如果是线下就非常复杂，这也是为什么现在实体行业推进“互联网+”如此缓慢的一个原因。

其次，得到数据之后，如何整理才能让数据变成信息，也是个“技术活”。这里涉及到数据的清洗、整理、关联等问题，最麻烦的还不是做这些工作，而是随着我们对数据认识的加深，这些工作总是不定时地就要返工修缮一遍——这也是没有办法的事情。

再次，数据整理后得到的信息是海量的，需要经过加工、提取、抽象等操作，提炼成为各项信息被人脑理解、吸收。这个过程就涉及到各种分析方法的使用，而且这也是个随着对业务认识的加深而逐渐复杂的过程，金融领域的风控模型、宏观经济领域的福利模型等，都是发展多年并逐步演进的例子。

最后，人们在各个领域通过数据得到信息，在很多情况下可以重复应用在不同的领域，并与其他领域的知识相融合，形成新的生产生活方式。每个领域的知识内容如何相互融合，也是一个需要长期实践和探索的过程，“产品”这一概念从诞生到现在的发展过程，就是一个很好的例子。

我把上述过程做了一个简单的比喻帮助大家理解：

采集到的原始数据就像是一颗一颗的沙砾，在没有任何整合的情况下都是“一堆一堆的”。

数据处理的过程就是把沙堆中的杂质去掉，把各种颜色的沙砾区分开，再通过不同的工艺使其成为不同的砖块。

每个砖块在建造数据大厦的过程中都有不同的用处，我们会按照图纸（就是数据分析体系）将不同的砖块用在适当的建筑位置上。

数据大厦构建完成后，每个房间里面要完成的工作都各不相同，到底如何运用，就要看大厦使用者的安排了。

那么，我们就来看看企业到底要做些什么，才能完成从数据采集到智慧积累的这一过程。

二、企业的数据能力层级

个人认为，企业的数据分析能力层级大概可以分为七级（这里列出七个能力层级是强调底层基础数据采集的意思）：基础 IT 系统的搭建、数据集中与标准化处理、数据报表及可视化的实现、日常产品和运营分析、精细化运营管理的实现、数据产品的输出和变现、数据战略的形成。

个人水平有限，最后的数据战略从没接触过，所以这里不做阐述。

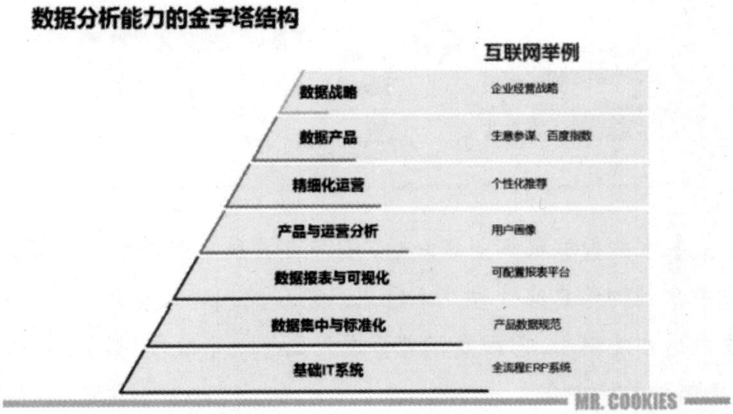

可能有同行会对这个金字塔的层级不认同，而且大部分专家也认为这几个部分是平级关系，不存在高低关系……我这样列出来只是为了说明“要做到每个层级的水平，该层级以下的内容都是支撑这些层级的必要条件”而已，实际中的确是存在诸如“数据产品已经完成上线，但是数据可视化还停留在需要人工完成报表的阶段”这样的情况。

在互联网行业中，往往数据产品是最先出现的，而后才产生数据采集及后续内容，因为有了产品之后才会有业务流程；但是在实体行业中，线下业务流程是已有的，不需要等数据产品产生后才有业务流程，所以二者的数据分析构建过程完全不同。这里对互联网产品领域不做考虑。

下面我们就来详细说说每个层级的具体内容。

1．基础 IT 系统

最底层的“基础 IT 系统”是一切数据分析的基础，因为它最重要的作用就是完成数据采集。

“基础 IT 系统”，这里主要指的就是我们各个企业在实际生产中使用的软件系统及其配套的硬件设备，如：网络世界中的一串串抓取代码，真实世界中的诸如医院里的医学影像设备和其他传感器、探测器，财务使用的财务管理软件等，这些系统解决了数据采集问题，正是因为有了这些基础的 IT 系统（包括软件和硬件），我们才能将生活中的所有一切数字化、可度量。

解决了最基本的数据采集问题之后，是不是意味这就有数据了呢？NO！从数据采集系统中拿到的信息有这样几个特点：割裂的、碎片化的、无序的，它们必须经过处理之后才能使用，因而我们需要进入到下一个阶段“数据集中与标准化”。

2．数据集中与标准化

在“数据集中与标准化”这一层级中，我们要实现的是数据的集中管理与相互融合，打破数据壁垒，让数据能够正常地在企业内流动。如果把数据比作企业运转的血液，那么我们要做的就是打通所有的血管，让血液自由地流动。

因而，这一阶段的工作并不只是“数据集中”和“数据标准化”两件事情，需要做的内容大概包括以下内容：

（1）数据清理：这个步骤解决的问题是将系统采集到的内容转化为人类能够理解的数据内容，主要有两个方面：一是清理原始数据，使之完整、干净无杂质；

二是将采集到的一些编码信息转化为人能看懂的文字、数字等数据。

（2）数据逻辑和数据结构的搭建：每个系统中的数据描述的都只是企业业务流程中的一部分，因此梳理业务流程，按照业务流程找到各个系统之间数据的衔接点，从而实现多领域数据的关联。

第一步，根据业务逻辑，需要将数据分别划分为多少类？每一类的字段、维度、统计周期等都是什么样的？每一类数据需要多少层汇总？这些问题要求将数据从采集的清单分离出来，成为一个个数据体系。

第二步，在考虑数据关联逻辑方面，需要考虑三个方面：

① 关联使用的“主键”需要在各个系统中实现统一，即在各个相关的系统中，对于同一内容的同一主键是相同的。例如：在电信系统中，用户 ID 是在所有相关系统中可以唯一标识用户的主键，而非手机号码。

② 各个系统中数据的时间颗粒度统一才能保证主键关联的有效使用。例如表格 A 是每日最新数据，表格 B 是每日数据，则使用时就要在时间上进行限制：表格 A 中的日期=表格 B 中最大日期，而且这种情况下，要想查询 A 表中的历史数据就无法查到。

③ 各类数据在业务上存在相互制约、相互影响的关系，这种关系也要在多系统的数据关联中体现出来。例如营销活动中的活动商品数量受到库存商品数量的限制，在营销活动执行过程中，每增加一单活动商品销售量，库存商品数就要进行相应的减少，若不做相应的触发变更，多系统数据融合也会意义大减。

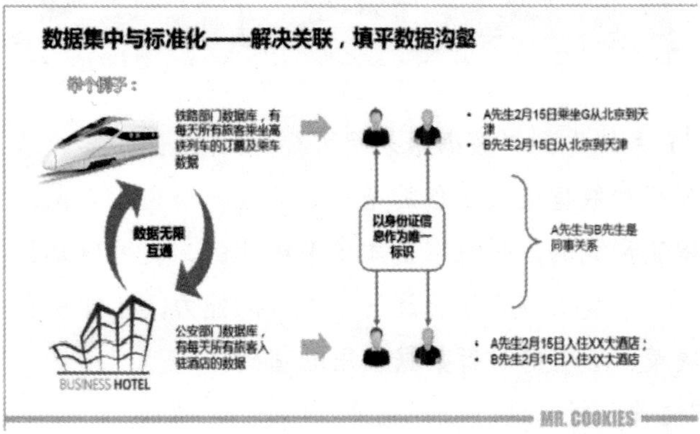

这里要特别强调一下数据关联的意义。在行业内，我们经常把每一个包含了大量数据、却又与其他系统无任何连通的数据系统称之为“数据孤岛”。在多数实体行业中，一个企业内部也不同程度地存在数据孤岛问题。有些数据孤岛本身因为包含的数据内容较多，足以支撑一定的数据分析应用；但是有些数据孤岛中的数据若想发挥价值，就必须实现与其他系统数据的有效融合使用，即数据关联。

3．数据报表与可视化

解决了数据关联和标准化的问题之后，我们下一步要解决的问题是：如何能让大家看到数据？

最简单直接的方法是数据报表。对，就是按照日常业务使用习惯，构建各种表格，在表格中填写大量的数据。有的企业是手工制作报表，有的企业使用IT工具制作报表，有的企业则进入到了数据可视化的阶段，什么方式实现的不重要，重要的是将数据报表做出来呈现给用户进行使用。

数据可视化是随着数据图形化展现技术发展起来的，它的功能不仅仅是展示数据，它还将很多数据分析的方法、维度、样式与基础数据相结合，以更加形象和贴近业务应用场景的方式向用户展示数据要表达的内容或问题。

要实现数据可视化，不是只有可视化工具就可以了，这背后也要求使用者对需要数据展示的业务逻辑、图形效果等内容有深入的理解。

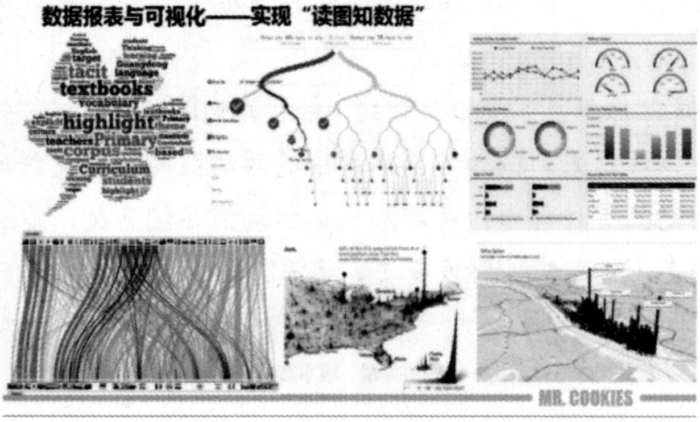

从“基础IT系统”到“数据报表及可视化”，前三个层级从某些方面而言，都是完成数据分析和数据应用工作的基础。对于一个企业来说，完成这三个层级的方式可以是手工形式的，也可以是本地系统化的，更可以是云端化的。但是无论如何只有在一定程度上具备了上述三个层级的能力，才能说企业具有了使用数据指导运营、决策、管理等进行数据应用的基础。

4．产品与运营分析

在我的理解中，所有的分析都是从日常的产品和运营分析开始的。这一层级的主要作用有三个：

（1）解决日常运营和监控需求。

（2）深入分析用户、市场、产品。

（3）以分析结果指导产品和运营工作。

下面我们分别解释：

产品和运营分析，首先要满足的就是日常数据的监控：高了？低了？为什么高？为什么低？数据的变动能否说明我们的产品和运营在往好的方向发展？如果变化是好的，我们如何继续保持？如果是不好的，那是什么原因造成的？如何改正？——这些是日常数据监控过程中，业务人员最常问的一些问题，解决这些问题是日常分析报告最主要的工作。

其次，当日常分析已经成为例行工作的一部分之后，企业的产品和业务人员就会发现简单的日常分析无法解释很多复杂的现象和问题，这就需要对用户、产品、渠道、市场、需求等方面进行深入的分析和研究。在这个过程中，很多针对具体业务情况的分析专题和数据模型应运而生，这些专题和模型帮助企业更好地认识市场，寻找客户和潜在的商机。这其中最具代表性的例子就是“用户画像”（有关用户画像的内容网络上有很多文章，这里不再细说）。

最后，根据日常分析和各种深入分析的结论，我们能知道诸如：这个营业厅发展的用户质量很差，需要核实这些用户行为的真实性；在××环节中，耗费的人工工时较长，需要看看是改进该环节的人员配置还是存在其他问题……如此种种从数据中反映出的问题，最后都会归结为各种管理、运营、营销等方面的问题。如何应用数据结论去解决问题，则需要依靠业务人员的经验了。

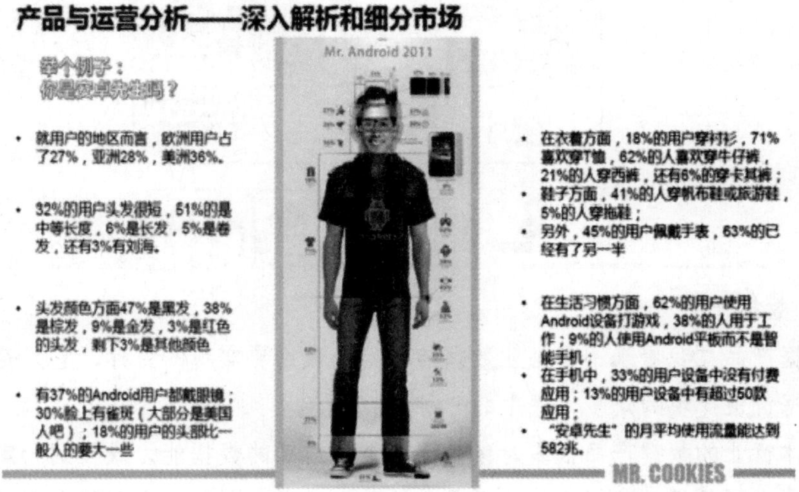

5. 精细化运营

在“产品和运营分析”层级中积累的分析思路和分析方法，大多是分散的、点状的。在“精细化运营”这一层级，所有的分析不再相互孤立，而是更多地以一个实际业务场景为基础，在该业务场景下从“如何感知识别”，到“如何筛选用户”，再到“如何营销配合”，从而实现该场景下全部过程的统筹管理。

在这个过程中，数据分析不再只是分析报告、数据图表，它成为人们构建这个流程的一种贯穿始终的思想，流程中的每个环节都会有数据分析甚至数据挖掘的内容存在，以数据的结果驱动产品、渠道、投入资源等方面的配合，共同构成该业务场景下的完整业务流程。当然，这一流程不能靠手工来完成，一定是自动化的，人只是这一流程中起决策作用的节点而已。

更有甚者，将多个业务场景下的数据驱动过程进行组合，就形成了诸如“用户生命周期管理”“会员运营体系”这样的数据应用集合（这里暂且把它们称为数据应用集合，其实这些内容每个都可以形成一个单独的数据应用产品）。

如果企业中每个领域都能建立起来多个数据应用集合，那么这些集合就基本能够支撑企业的主要运行管理工作。

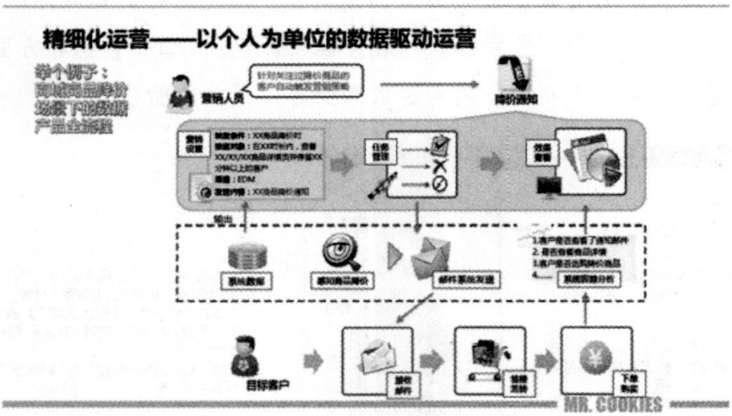

6. 数据产品

数据产品在我看来不是企业数据能力建设最终要实现的目标，它只是企业将内部数据价值变现的众多方式中的一种。

实体行业的数据产品很多时候是因为企业内部的数据能力成长到一定阶段，企业某些内部数据及分析方法已经具备了独立变现的条件，因而被企业单独拿出来作为一类产品提供到市场，从而形成我们所理解的数据产品。当然实体行业中出现的数据产品实例并不多(此观点仅是我的理解，如有异议欢迎大家沟通讨论)。

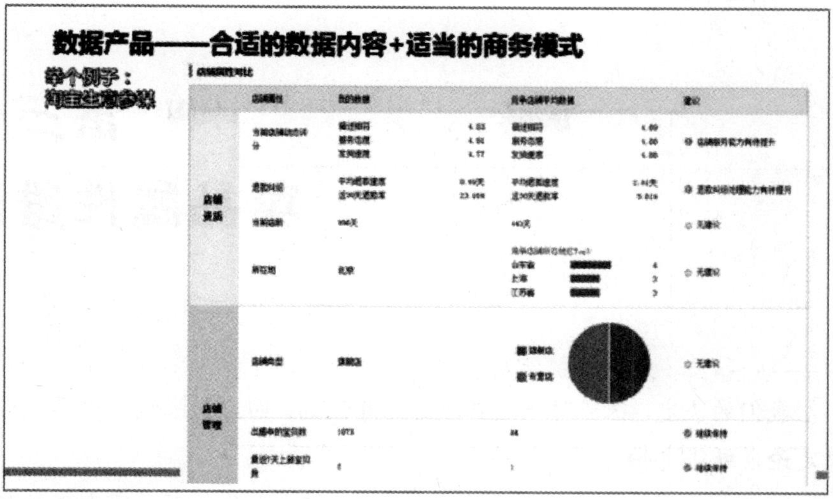

按照我的理解，企业内部某一数据应用足够成熟的时候，便具备了与其纵向上下游产业链之间及横向市场中其他企业数据相互融合使用的可能。这种纵向、横向的合作可以有很多形式，诸如：以具体数据内容为形式的数据交易，以体系化的分析方法为形式的分析工具，以产业内数据共享为形式的数据联盟等，甚至当企业数据逐渐得到行业和市场的认可后，跨行业的数据产品交易和数据合作也是可以预见的。

个人认为，无论哪种产品形式，都必然离不开适当的商务模式，而必要的商务模式也是保证数据市场安全、高效运转的必备条件。

写在最后

我接触的很多实体行业中的企业，有些可能刚刚完成数据采集和数据中心的建设工作，有些则连数据采集问题都没有解决。但是我在接触这些公司的企业负责人时，每个人都雄心勃勃地说自己的企业要在未来的一两年内做出数据产品，完成数据价值的变现……而当我问到：您知不知道从贵公司现在的数据情况做到数据产品，需要走过多少阶段从而支撑您做成数据产品吗？对方的回答也出奇地相似：所以我们需要找一个懂这方面的人来啊！

这就是我写这篇文章的初衷。

（摘自知乎 APP 中天善智能）

第三章 菜品属性维度

> 我们的决定，很多时候是非决定论导致的。因为如果这个世界纯粹是决定论，就很可怕。
>
> ——摘自天体物理学家李淼的演讲

属性就是对于一个对象的抽象刻画。一个具体事物，总是有许许多多的性质与关系，我们把一个事物的性质与关系，都叫做事物的属性。事物与属性是不可分的，事物都是有属性的事物，属性也都是事物的属性。维度，在物理学领域是指独立的时空坐标的数目，根据爱因斯坦的相对论，人类是生活在思维空间里，即三维空间加上时间构成四维空间。爱因斯坦认为：不能把时间、空间、物质分开解释，时间与空间一起组成四维时空，构成宇宙的基本结构。

受上述概念启发，笔者认为菜品属性是菜品本身所固有的性质，菜品从创意、定位、选材、调味、烹饪、上架、销售等过程形成的轨迹具有四维空间的特点。餐厅想做一道菜，首先是脑子对这个菜有个想法，然后是采购原料包括食材和调味品，最后是安排厨师烹饪制作。这是菜品的体验属性，食材和调味是关键点，好比四维空间中的长度。菜品仅仅有体验属性，则是自然菜品。当菜品定价之后，价格和成本就关联菜品的毛利率，这是菜品的经济属性，菜品也就成为商品菜品，可以想象成四维空间的宽度。体验属性和经济属性，就形成一个面的空间。菜品制作完成，标识了价格，等同上了货架，但是摆放的位置以及在菜品结构中的重要性，都受菜品的数量的影响。比如说，辣椒炒肉丝，食材：辣椒、肉丝；味型：咸辣味；价格：22 元。体验属性和经济属性确定了，但辣椒炒肉丝的竞争力，受其他菜品的影响。如果咸辣味型过多，肉类菜品过多，在 20 元到 29 元的菜品过多，都会对辣椒炒肉丝产生影响。菜品数量的属性，称之为数量属性，可以想象成为四维空间的高度。这样，体验属性、经济属性、数量属性在我们的思维空间里就构成了一个立体空间。当菜品被顾客点单消费，就产生菜品的销量、销售金额和毛利润，这是菜品的需求属性，可以想象成四维空间的时间维度。

顾客到餐厅用餐，满意度的直接体现就是需求属性，俗称“用脚投票”。一个餐厅生意好不好，没有一年的时间是看不出来的。餐厅经营管理者非常渴望获得来自顾客的反馈意见，也想了很多办法，常见的有征求意见表，点评，会员收集等。但真正的意见是销量、销售金额，需求属性和体验属性、经济属性、数量属性的综合变化形成的菜品空间图才是顾客意见的最终表现。我们让顾客吃得好吃得满意，这是需要通过菜品来表达实现的。如何知道实现的程度？唯一的入口就是四维空间菜品分析。

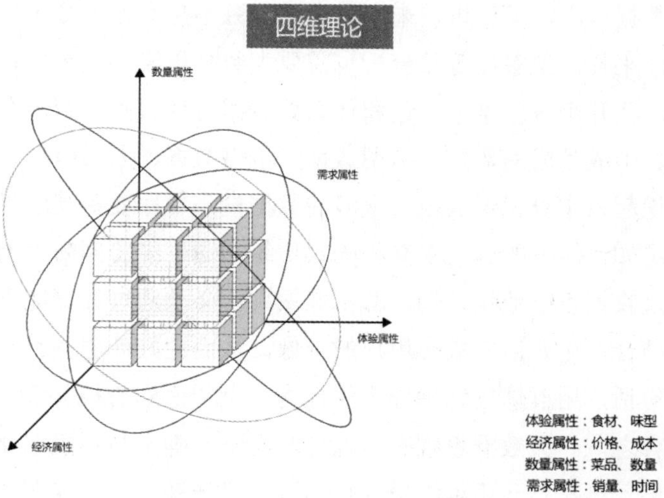

一顿饭，餐厅一天的销售，每一个时间节点的菜品销售结束之后，都会形成一个四维空间图，随着时间的变化，四维空间图也是不一样的。上面这个图是一个静态的图，事实上的四维空间菜品在平面中描绘不出来的，也是不可想象的。

我们要理解：

（1）相关性分析。数据本身并不说谎，难就难在我们如何从中挖掘出正确的信息。当我们讨论数据时，我们讲的最多的是数据的相关性，而我们希望得到的则是事件之间的因果联系。但事件往往是复杂的，统计数据有相关性并不意味着两个事件具有因果联系，而具有因果联系的两件事从统计数据上看有时也并不相关。例如：某个餐厅的招牌菜大碗沸腾虾，这个月的销量比上个月的销量下降 20%，常态思考会认为是自身的品质问题，做的不好吃，就是说把体验属性和需求属性作为因果分析。但是，也有可能是商圈对手也推出了大碗沸腾虾，采取竞争定价的策略，因而拉低了该餐厅的销量。还有可能是餐厅又上了一道使用虾为食材的菜品，如油焖大虾之类，提供了同类竞争选择，也会拉低销量。因此，鉴于菜品多变量的实际，相关性分析才是正确的方法。

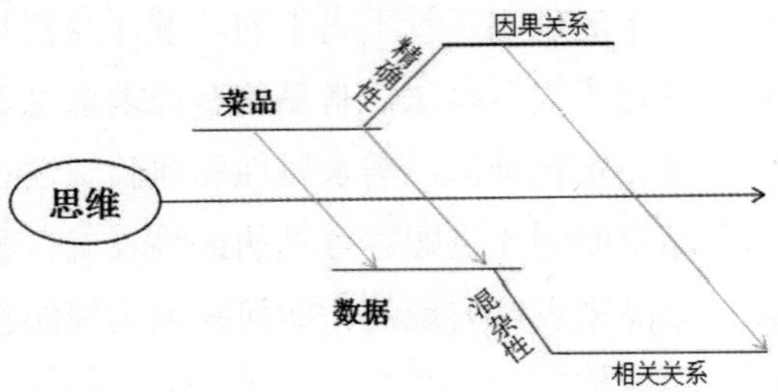

（2）大数据思维。马云讲，未来最大的能源不是石油而是大数据，这揭示大数据时代已经来临。但餐厅菜品分析也需要大数据思维，很多传统的管理者往往不容易理解。我开个餐厅做菜，这和什么大数据有什么关系？一个餐厅每天产生的食材数据、半成品成品数据、味型数据、价格数据、人员数据、销售数据、用户数据，累积起来本身就形成很大很多的数据量。餐厅要持续满足或者超越顾客的需求，但是如何接近顾客需求真相呢？传统的通过经验判断，通过前厅开展顾客问询，通过收银系统数据认知，都不能做到。必须通过计算能力和数据收集与处理能力的结合，更好地完成对用户的画像，从而更好地服务已有用户，并找到新用户。一句话，用群体行为指导个体行为。上文说到的相关性分析，也是大数据思维的内容之一。大数据思维有点像混沌思维，确定与不确定交织，过去那种一元思维结果，已被二元思维结果取代；过去寻求精确度，现在寻求高效率；过去寻求因果性，现在寻求相关性；过去寻找确定性，现在寻找概率性。

每个理论都需要有自己的概念，这是诠释理论体系的基础。研习菜品属性维度，对我们分析菜品非常有帮助。

一、体验属性（1 维）

食材、味型是菜品的体验属性。

食材的含义不言自明。《随园食单》中谈到：“大抵一席佳肴，司厨之功居其六，买办之工居其四。”可见，食材在菜品质量中的重要性。同一类食材归为一类。比如以猪肉做成的菜，红烧肉、酱香排骨、香辣粉蒸肉、农家小炒肉等称之为猪肉类。

味型是菜品的口味在菜品中的表现形式。市场上的食材大同小异，技术进步的今天，没有什么食材会为一家所有，你能买到，别人也可以买到。想要超越别人，实现差异化，就只能在调味上下功夫。餐饮以味为核心是硬道理，先做好吃的，再做好看的。关于味型的知识是基础中的基础，笔者专门用一章讲解，在此略过。

从进化的观点来看，人类在生理上还停留在石器时代。什么意思呢？石器时代人类处于或饱或饥状态，饱的时候就大餐一顿储备能量，饥的时候就消耗能量来应对环境。不幸的是，人类到了现代社会，一方面无需从事狩猎、迁徙等大量消耗能量的活动，另一方面人类喜欢味咸、油腻和高脂肪、高热量的天性没有改变，因此人类的平均体重不断增加。菜品的体验属性揭示菜品首先要满足人类的基本生理特点，就是可口的东西吃到把肚子填饱。其次才是要有营养搭配更高一级的要求。顾客到餐厅就餐，是饭局社交，按照桌、席来点菜，讲究搭配。最常见的搭配模式是冷热荤素，即在点菜时将菜品按照冷热荤素的类别进行合理搭配，同一单元的菜品不会都点单。此外，还有煎炒蒸炸等烹饪方式的搭配，酸辣甜咸的口味搭配，颜色搭配、营养搭配等。

分开谈食材、味型，它们都是零维。放在一起就组成菜品的一维，好比物理学中的长度。一道菜制作出来，没有进入销售，就处在自然的状态，称之为自然菜品。食材类别和味型的相关性分析，可以揭示同一类别食材中味型的分布情况：

菜品食材味型分析

食材/味型	咸鲜味	酱香味	酸辣味	香甜味	香辣味
蔬菜类	24	1	8	0	9
猪肉类	13	4	0	0	5
牛羊类	8	3	0	0	2
鱼虾类	10	0	3	0	2
家禽类	9	0	9	0	5
豆制品	11	0	1	1	3
鲜果类	0	0	0	2	0
米面类	7	0	0	4	1

通过矩阵图分析，我们知道：

（1）餐厅不同食材的味型数量应有比例关系。某一种食材的味型数量越多，代表菜品的丰富性越好；数量过少，则表示菜品味型单一。

（2）同一种味型的食材数量过多，代表菜品味型单一；数量过少，则表示该味型不丰富。

二、经济属性（2 维）

价格、成本是菜品的经济属性。

当菜品被定价之后，菜品进入销售区间，成为商品菜品。菜品定价方式一般有成本定价、竞争定价和顾客心理定价三种。

菜品成本定价

菜品成本定价是指依据餐厅规定的毛利率，结合该菜品的食材和调味成本计算所得。比如：宫保鸡丁这道菜，主料鸡肉 250 克，成本为 3.5 元，辅料花生米 50 克，成本为 0.30 元，其他姜、葱、蒜成本为 0.2 元，调料盐、白糖、醋、酱油、味精、料酒、胡椒粉、水淀粉、高汤等成本为 0.60 元，色拉油成本为成本 0.80 元，那么这道菜的总成本为：5.40 元，如果规定毛利率为 45%，则宫保鸡丁的售价为：售价＝成本成本÷（1－毛利率）＝5.40÷（1－45%）＝9.81 元。厨师长会根据这一计算结果将宫保鸡丁的价格定在成本 10 元/份左右。

菜品的售价：成本÷（1－毛利率）

蒙古小牛肉（设定菜品和毛利率 45%）

原料：熟牛肉 1.2 斤

配料：生菜 0.1 斤、葱、姜 20 克、红辣椒 1.5 克

调料：蚝油 20 克、酱油 30 克、淀粉 30 克、老抽 5 克、味精 10 克、油 150 克

牛肋肉 11 元/斤、生菜 2 元/斤、葱 1 元/斤、姜 3 元/斤、红辣椒 7 元/斤、蚝油 5 元/斤、东古酱油 5.5 元/斤、淀粉 3 元/斤、老抽 7 元/斤、味精 4.5 元/斤、油 5 元/斤

成本计算（牛肉的出品率为 60%）：

生牛肉（肋条）11 元/斤÷60%＝18.33 元×1.2＝21.99 元

生菜 0.1×2 元＝0.2 元

姜葱 0.04×2 元＝0.08 元

红椒 0.03×7 元＝0.21

蚝油 0.04×5 元＝0.2 元

酱油 0.06×5.5＝0.33 元

淀粉 0.06×3 元＝0.18 元

老抽 5 克×7＝0.07 元

味精 10 克×4.5 元＝0.09 元

油 0.3×5 元＝1.5 元

成本：24.69 元再加上燃料成本 2 元，则总成本是 26.69 元

菜品售价：26.81÷（1－45%）＝48.74 元

成本就是菜品的各种原料的价格加上燃料的价格的和，包括菜品的主料、配料和调料等。在主配料上还要计算出原料的净料率、熟制品的出品率，这样才能准确地计算出菜品的成本。

净料率：是指一些蔬菜、海鲜、鱼类等的出品率。如：1 斤虾仁的出品率约 80%、水发海参的出品率约 80%、整条三纹鱼的出品率约 46%、茄子的出品率约 80%、西兰花的出品率约 70%、青椒的出品率约 80%、青笋的出品率约 40%等。

出品率如何计算？比如 1 斤虾仁来的时候是冰冻的，那么在解冻后是多少？如果解冻后是 0.8 斤。那么通过这一结果，就了解了虾仁的出品率。

出品率：（净料数量÷原来的原料数量）×100%

知道出品率就可以计算出净料成本。

净料成本：原料价格÷净料率＝净料价格

还有些原料是一些干货，比如：木耳、干鹿筋、珍蘑、干海参等，它们的出品率实际上就是涨发率。如木耳的涨发率 500%、干鹿筋 400%、干海参 650%等。

熟制品的出品率：是指把生的原料通过熟加工制成半成品后的净料率。

出品率：（净料数量÷原来的原料数量）×100%

如：为制作蒙古小牛肉采购回来 8 斤生牛肉（肋条），经过熟加工后出品为 4.8 斤，那么 4.8÷8＝0.6，那么我们就知道了生牛肉（肋条）加工成熟为半成的出品率为 60%。

原料成本：生牛肉（肋条）11 元÷60%＝18.33 元

我们就知道了熟牛肉（肋条）的价格是每斤 18.33 元。

通过计算了解到：熟五花肉的出品率为 60%、熟排骨（冰冷）的出品率为 65%、熟肥肠的出品率为 45%、熟口条的出品率为 52%、熟羊腿的出品率为 57%等，但是有时它会根据原料性质会有所变化，比如说原料的质量不好，肉注水了、菜品有腐烂的，那么出品率就会大大降低的，使成本加大。所以说，要严把原料采购与检验这一重要环节，才能确保利率，使成本不会增加。要知道成本增加 1 元利润就会减少 2 元。

毛利率的计算

毛利率：(售价－成本)÷售价

毛利额：售价－成本

毛利额：包括员工工资、水、电费、折旧费等；在毛利额的基础上减去这些费用才是纯利。

菜品价格毛利分析

价格/毛利率	0~20%	20%~40%	40%~60%	60%~80%	80%~100%
0~19元	5	2	4	5	0
20~39元	1	4	0	6	4
40~59元	2	0	6	4	0
60~79元	0	1	30	1	0
80~99元	0	1	9	1	0
100~119元	0	1	8	2	1
120~139元	0	2	6	2	0
140元以上	0	0	0	1	3

菜品味型毛利分析

味型/毛利	0~20%	20%~40%	40%~50%	50%~60%	60%~70%	70%~80%	80%~90%	90%~100%
咸鲜味	2	13	8	13	5	4	5	3
酱香味	0	10	3	0	1	2	1	0
香辣味	3	3	0	1	2	0	0	1
酸辣味	0	0	2	0	1	0	1	0
香甜味	1	4	5	0	0	6	2	0
原味	2	0	1	1	6	0	0	0
椒盐味	0	0	0	2	0	1	0	0
麻辣味	2	0	0	4	4	0	1	1

菜品竞争定价法

菜品竞争定价法，即餐厅以竞争对手的价格为定价依据的定价方法。具体有：①参照定价法。即餐厅在制定价格时，参照竞争价格，并以此为基础确定价格的方法。餐厅采取此类方法时，必须深入研究市场，充分分析竞争对手，否则很可能制定出不合理的价格。②随行就市法。即餐厅的价格保持与同行业平均价格水平一致。这种定价方法容易与同行业和平相处，保持友好的关系，避免激烈的竞争。

菜品用户心理定价法

菜品用户心理定价法，即运用心理学方法进行菜品定价。例如：大家都熟悉的菜，像鱼香肉丝、宫保鸡丁等，这样的菜价格一定要定得低，特别是走实惠路线的中低档餐厅，最好定在商圈中最低价，这样会给顾客留下“这家餐馆的菜真便宜”的第一印象。这就心理学上所讲的“晕轮效应”，把一种顾客关注率较高的菜品价格订得很低，甚至低于成本来出售，使得顾客爱屋及乌，产生出对该餐厅价格低的整体印象，从而促使餐厅的美誉度不断提高。又如数字定价，常用的是“整数减一减二”法。有研究表明，消费者对于价格后面尾数有着很强的敏感性。标签价格上写着 99.9 会让顾客觉得比 100 元来得便宜，50 元不如 48 元，100 元不如 98 元，这就是价格尾数给消费者的错觉。因为在顾客心目中，钱付出了还可以找零，心情便会更愉快。价格定得巧妙，使顾客产生很实惠的感觉。价格数字的运用，也要注意其吉祥与否，以免招来顾客的不悦。在人们的心中，“6”和“8”被视为大吉大利的数字，而“4”则被看做不吉利的数字。

顾客不会记住餐厅所有菜品的价格，但是在自己的记忆里一定有自己的“记忆价格”。餐厅在进行价格变更的时候，务必关注顾客的“记忆价格”。哪些是用户的“记忆价格”呢？

（1）人均消费价格。顾客在用餐结束，结账买单的时候心中会计算人均消费价格。把消费总金额除以消费人数，就得出人均消费价格。价格高低，顾客就会产生贵还是便宜的印象。因此，餐厅在更新菜单进行价格设定或者调价的时候，一定要注意人均消费价格。

（2）畅销菜品。畅销菜品因点单频率高，非常容易被顾客记住。这类菜品的价格不能轻易变动，反而对点单频率不高的菜品，可以考虑调整价格。

（3）最低价格和最高价格菜品。人们往往会关注第一，不会留意第二，对餐厅的第一和最低的价格都容易记住。用户对贵还是便宜的印象，是受最高和最低菜品价格幅度影响的。这两种菜品不要轻易变化。

（4）熟悉食材制成的菜品价格。一些简单、常见的食材，其价格为顾客所知，制成的菜品价格顾客就会自我衡量。比如一些蔬菜，大都是炒菜，烹饪技法单一，价格就比较透明。笔者调研过一家连锁餐厅，土豆丝常年定价 6 元，在进出电梯里总是标注一些时令菜品，价格都是在 10 以内，给人的感觉“真便宜”，不仅和竞争对手拉开了差距，也把便宜的标签深深植入顾客脑海中。

菜品味型价格分析

味型/价格	0~19元	20~39元	40~59元	60~79元	80~99元	100~119元	120~139元	140元以上
咸鲜味	2	1	8	5	2	4	5	6
酱香味	0	0	7	0	1	2	1	0
香辣味	3	3	0	0	2	0	0	1
酸辣味	0	0	3	0	1	0	1	0
香甜味	1	4	5	0	0	7	2	0
原味	2	0	1	1	6	0	0	0
椒盐味	0	0	0	2	0	0	0	1
麻辣味	2	0	0	4	4	0	5	0

菜品食材价格分析

食材/价格	0~19元	20~39元	40~59元	60~79元	80~99元	100~119元	120~139元	140元以上
蔬菜类	22	1	8	0	0	0	0	0
猪肉类	10	0	7	0	1	2	1	1
牛羊类	8	3	0	0	2	0	0	1
鱼虾类	10	0	3	0	0	0	1	0
家禽类	6	0	9	0	0	0	0	0
豆制品	2	0	1	1	0	0	0	0
鲜果类	0	0	0	2	0	0	0	0
米面类	7	0	0	4	0	0	0	0

三、数量属性（3 维）

菜品、数量是菜品的数量属性。

菜品的数量属性不仅仅是菜品的数量，还包括每类食材菜品的数量，每一个菜品价格区域的数量，每一种味型菜品的数量等。人类最有趣，喜欢有选择权，但不喜欢选择本身，太多的选择会造成麻烦，称之为选择超载。《选择的悖论》认为：幸福意味着拥有自由和选择，但更多的自由和选择并不能带来更大的幸福，相反，选择越多，幸福越少！哥伦比亚大学和斯坦福大学的研究员，在两个时段里分别给人提供 6 种和 24 种口味的果酱，研究“选择量”和“购买结果”之间的消费心理。试验结果表明：提供 6 种口味的果酱时，30%的人购买了一瓶，提供 24 种口味时，多少人购买了呢？只有 3%。因为过多的选择成了消费者的负担。因此，餐厅一个类别的菜品一般控制在 4 道左右，不能超过 7 道，再多的话人们就不会去点了，也会挤压其他类别菜品的销售空间。

数量对比是非常重要的分析数据。数量之间的关系主要有：大小比较关系、趋势变化关系、占比关系和相关性关系。菜品结构空间会因为菜品不同品类数量而形成不同的形态，就是说在餐厅菜品总数量一定的情况下，一类菜品多，必然另一类菜品会少。

到餐厅就餐，点菜是一件很麻烦的事情，总是要和服务员或者沟通很长的时间，稍微专点的人知道开胃汤、凉菜、炒热、热菜的顺序，要有鱼有虾有肉有鸡鸭有时令蔬菜，但是如何点好单道菜品，如何组合好一桌菜品的颜色搭配，大都是门外汉。现在不少的餐厅餐厅采取明档点菜，也是为了解决这个问题。同一食材往往不是做一道菜品，比如说猪肉，可能做回锅肉，可能做糖醋排骨，可能做酱香猪蹄等。同一食材会做不同味型的菜品，按照不同的价格区间来销售。这就要求餐厅处理彼此之间的数量关系，让顾客更好地选择。

四、需求属性（4 维）

销量、时间是菜品的需求属性。

菜品卖出去才是硬道理，也只有顾客消费了菜品，菜品才从自然菜品、商品菜品成为销售商品。销量是指单个菜品销售的份数，销售金额等于菜品的销量乘以价格。时间是指菜品在一个时间周期内的销量和金额。

需求属性，在四维空间菜品分析法中被定义为四维。

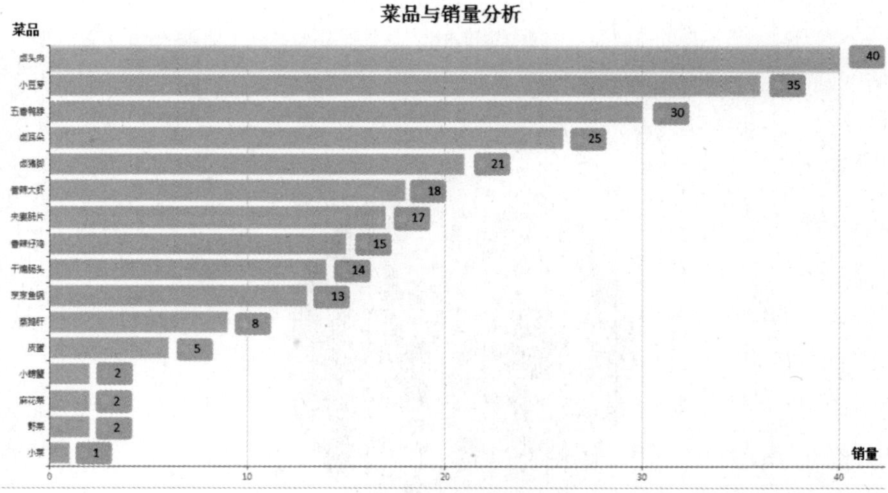

一个人的行为依赖于他过去所有的行为。顾客到餐厅就餐，留下的主要印迹就是点菜品，也就是菜品的销量。随着时间的变化，菜品的销量会有自己的曲线。餐厅的日、月销售额直接反映当下的营业收入，经营管理者需要看出保本点和赢利点，从轨迹看趋势从而决策管理行为。味型区间、价格区间、食材区间和每道菜品的销量，直接反映不同时间顾客的选择。看似没有规律，其实沉淀下来就有规律。例如某餐厅推出的乌江芝麻鱼一直比较畅销，销量都在 800 份左右，但是到了五月份销量下降到 200 份，再看以鱼类为食材的菜品总销量没有大的波动，分析后发现四月份餐厅推出了酸菜鱼，价格定位挤占了乌江芝麻鱼的销售空间，造成销售量下滑。菜品的年度曲线对比，可以把握不同月份的销售变化。任何的分析结果，一定要触发经营管理行为才有意义。

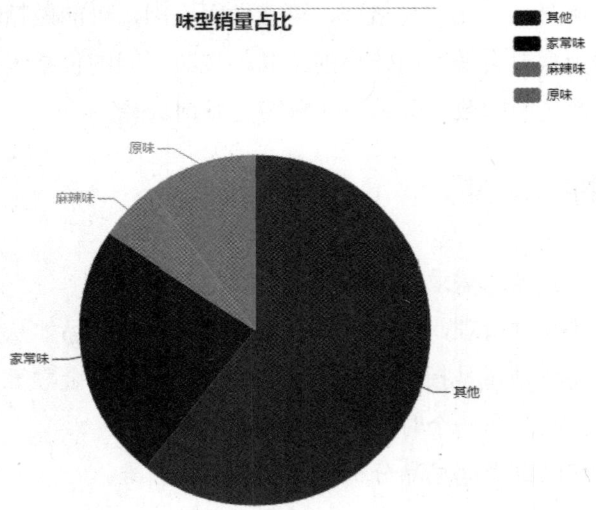

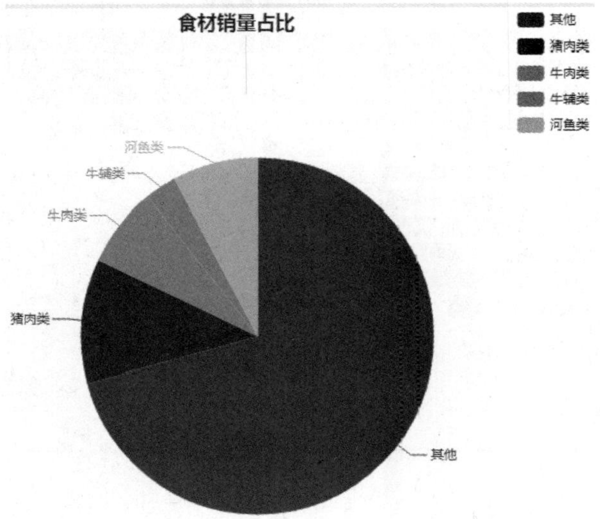

延伸阅读

稻盛和夫：当你“极度”认真工作时才能扭转人生

有所成就的人，毫无例外地都是不懈努力、历尽艰辛，埋头于自己的事业，才取得了巨大成功。通过艰苦卓绝的努力，在成就伟大功绩的同时，他们也造就了自己完美的人格。

努力工作，拼命生活，这一点很重要。工作就是提升心志、磨炼人格的“修行”。这样说并不过分。劳动的意义不仅在于追求业绩，更在于完善人的内心。

全身心投入当前自己该做的事情中去，聚精会神，精益求精。这样做就是在耕耘自己的心田，可以造就自己深沉厚重的人格。

我们为什么而工作

为什么而工作？

工作是为了获得生活的食粮，很多人是这么想的。他们认为，为了吃饭获取报酬，就是劳动的价值，就是工作首要的意义。

诚然，为了获得生活的食粮，是工作的重要理由之一，这没有错。然而，我们拼命工作，难道仅仅为了吃饭这一个目的吗？

人工作的目的是为了提升自己的心志——这是我的观点。

提升心志是一件非常困难的事情，有的僧人经历长期严格的修行，也未必能够做到。但是，在工作中却隐藏着可以达到这个目的的巨大力量。

工作的意义正在于此。

日复一日勤奋地工作，可以起到锻炼我们的心志、提升人性的了不起的作用。

我曾在一个电视访谈节目中听过一位木匠师傅的话，很受感动。他说：树木里宿着生命。工作时必须倾听这生命发出的呼声——在使用千年树龄的木料时，我们工作的精湛必须经得起千年日月的考验。

这种动人心魄的语言，只有终身努力、埋头工作的人才说得出来。

木匠工作的意义在哪里？它的意义不仅在于使用工具修筑漂亮的房屋，不仅在于提高木工技能，更在于磨炼人的心志，塑造人的灵魂。我在这位师傅的肺腑之言中听出了这样的意蕴。

他已 70 多岁，只有小学毕业，职业生涯一直就是修建神社。几十年间只从事这一项工作，又苦又累，不胜厌烦，有时也想辞职不干，但他还是承受了这种劳苦，勤奋工作，潜心钻研。在这样的过程中孕育了他厚重的人格，所以才能说出如此语重心长的人生体验。

像这位木工师傅一样，将自己的一生奉献给一门职业，埋头苦干，孜孜不倦，这样的人最有魅力，也最能打动我的内心。

只有通过长时间不懈的工作，磨砺了心志，才会具备厚重的人格，在生活中沉稳而不摇摆。每次与这样的人接触，就能引起我的重新思索，思索工作这一行为的神圣性。

同时我衷心希望，生活在现代的年轻人，你们承担着对未来的责任，在工作中不可好逸恶劳，不要逃避困难。希望你们秉持一颗纯朴的心，全身心地投入到工作中去。

有时你们或许会感到疑惑："工作到底是为了什么？"每当此时，希望你们记住下面这句话：

工作能够锻炼人性、磨砺心志，工作是人生最尊贵、最重要、最有价值的行为。

"极度"认真地工作能扭转人生

"极度"认真地工作能扭转人生。

话虽这么说，但我原本也不是一个热爱劳动的人，而且我曾经认为，在劳动中要遭受苦难的考验简直是不能接受的事。

孩童时代，父母常用鹿儿岛方言教导我："年轻时的苦难，出钱也该买。"

我总是反驳说："苦难？能卖了最好。"那时的我还是一个出言不逊的孩子。

通过艰苦的劳动可以磨炼自己的人格，可以修身养性，这样的道德说教，同现在大多数年轻人一样，我也曾不屑一顾。

但是，大学毕业的我，在京都一家濒临破产的企业——松风工业就职以后，年轻人的这种浅薄的想法就被现实彻底地粉碎了。

松风工业是一家制造绝缘瓷瓶的企业，原是在日本行业内颇具代表性的优秀企业之一。但在我入社时早已面目全非，迟发工资是家常便饭，公司已经走到了濒临倒闭的边缘。

业主家族内讧不断，劳资争议不绝。我去附近商店购物时，店主用同情的口吻对我说："你怎么到这儿来了，待在那样的破企业，老婆也找不到啊！"

因此，我们同期入社的人，一进公司就觉得"这样的公司令人生厌，我们应该有更好的去处"。大家聚到一块儿时就牢骚不断。

当时正处于经济萧条时期，我也是靠恩师介绍才好不容易进了这家公司，本应心怀感激，情理上就更不该说公司的坏话了。然而，当时的我年少气盛，早把介绍人的恩义抛在一边，尽管自己对公司还没做出任何贡献，但牢骚怪话却比别人还多。

入公司还不到一年，同期加入公司的大学生就相继辞职了，最后留在这家破公司的除了我之外，只剩一位九州天草出身的京都大学毕业的高才生。我俩商量后，决定报考自卫队干部候补生学校。结果我俩都考上了。

但入学需要户口簿的复印件，我写信给在鹿儿岛老家的哥哥，请他寄来，等了好久毫无音讯。结果是那位同事一个人进了干部候补生学校。

后来我才知道，老家不肯寄户口簿复印件给我，是因为我哥哥当时很恼火："家里节衣缩食把你送进大学，多亏老师介绍才进了京都的公司，结果你不到半年就忍不住要辞职。真是一个忘恩负义的家伙。"他气愤之余拒不寄送复印件。

最后，只剩我一个人留在了这家破败的公司。

只剩我一个人了，我非常苦恼。

我那时候想，辞职转行到新的岗位也未必一定成功。有的人辞职后或许人生变得更顺畅了，但也有的人人生却变得更加悲惨了。有的人留在公司，努力奋斗，取得了成功，人生很美好；也有的人虽然留任了，而且也努力工作，但人生还是很不如意。所以情况因人而异吧。

究竟离开公司正确，还是留在公司正确呢？烦恼过后我下了一个决断。

正是这个决断迎来了我"人生的转机"。

只剩我一个人孤零零地留在这个衰败的企业了，被逼到这一步，我反而清醒了。

"要辞职离开公司，总得有一个义正词严的理由吧，只是因为感觉不满就辞职，那么今后的人生也未必就会一帆风顺吧。"当时，我还找不到一个必须辞职的充分理由，所以我决定：先埋头工作。

不再发牢骚，不再说怪话，我把心思都集中到自己当前的本职工作中来，聚精会神，全力以赴。这时候我才开始发自内心并用格斗的气魄，以积极的态度认真面对自己的工作。

从此以后，我工作的认真程度，真的可以用"极度"二字来形容。

在这家公司里，我的任务是研究最尖端的新型陶瓷材料。我把锅碗瓢盆都搬进了实验室，睡在那里，昼夜不分，连一日三餐也顾不上吃，全身心地投入了研究工作。

这种"极度认真"的工作状态，从旁人看来，真有一种悲壮的色彩。

当然，因为是最尖端的研究，像拉马车的马匹一样，光用死劲是不够的。我订购了刊载有关新型陶瓷最新论文的美国专业杂志，一边翻辞典一边阅读，还到图书馆借阅专业书籍。我往往都是在下班后的夜间或休息日抓紧时间，如饥似渴地学习、钻研。

在这样拼命努力的过程中，不可思议的事情发生了！

大学时我的专业是有机化学，我只在毕业前为了求职，突击学了一点无机化学。可是当时，在我还是一个不到25岁的毛头小伙子的时候，我居然一次又一次取得了出色的科研成果，成为无机化学领域崭露头角的新星。这全都得益于我专心投入工作这个重要的决定。

与此同时，进公司后要辞职的念头以及“自己的人生将会怎样”之类的迷惑和烦恼，都奇迹般地消失了。不仅如此，我甚至产生了“工作太有意思了，太有趣了，简直不知如何形容才好”这样的感觉。

这时候，辛苦不再被当作辛苦，我更加努力地工作，周围人们对我的评价也越来越高。

在这之前，我的人生可以说是连续的苦难和挫折。而从此以后，不知不觉中，我的人生步入了良性循环。

不久，我人生的第一次“大成功”就降临了。

京瓷上市时，我所持有的原始股还一股未抛，而发行新股所获的利润全部归公司所有。当时我还不到40岁，但我思考的是趁上市的机会“从今以后得更加努力地工作”。

上市后，我不仅要继续为员工及其家属谋福利，还要为普通投资者的幸福做更多事。不仅不能休闲放松，我负的责任还将更大、更重。

我认为，上市并不是终点，只是新的起点，企业从此以后必须更好地发展。

所以在上市时，“回归创业的初衷，哪怕汗流浃背，哪怕沾满尘土，让我们同心协力加油干！”我一边鼓励员工，一边也在自己心中重新下定了决心。当初的这些情景至今仍记忆犹新。

摘自知乎APP天善智能

第四章
菜品味型规律

“老冬瓜去皮切块，用最浓肉汁煮，久久色如琥珀，味方美妙，如此而冬瓜真可食也。”

——《养小录》

一、美味标准

人的本性是好吃好色，食和色是人类基本的欲望，也是人类社会发展的基础。人和动物的区别之一在于语言，共同点是都需要吃饭。但动物吃饭主要受到肠胃的控制，以克服饥饿和供应能量为主，而人类吃饭则更多的受到大脑的控制，附带更多社会、文化、猎奇和价值呈现等功能。

味道的产生受到生理、心理等因素的影响，如果把眼、耳、鼻、舌结合起来，再考虑到视觉、嗅觉等影响，就更加复杂了。所以，要比较完美地诠释美味，是复杂的课题。

这里先梳理相关概念：味、味觉、味道、味型、口味、美味。

味

味的基本词义是舌头尝东西所得到的感觉、鼻子闻东西所得到的感觉，引申为情趣、体会。概括讲，味是人体感官对外界食物的主观体验。比如，我们看见辣椒，会根据不同的形态而得出辣与不辣的判断。我们闻到从厨房飘来的菜香，就会得出好吃的认知。人们不仅仅在饮食上使用这个概念，生活上也常使用，比如说女人味、男人味、家乡味、年味、臭味、香味。

味觉

味觉同疼觉、视觉、听觉都一样，是人的一种基本感觉。但味觉是一种在潮湿环境中的化学活动，换言之，有味道的分子在液体的包围下才能溶解，随后分布在味觉器官上的神经吸收。味觉是指食物在人的口腔内对味觉器官化学感受系统的刺激并产生的一种感觉。目前被广泛接受的基本味觉有五种，包括苦、咸、酸、甜以及鲜味。辣、麻、香味，称为衍生味觉。味觉的品性、强度、瞬间性和空间分布性等四个属性，让每个人对味觉的感受都不一样。味觉的人体感受组织是舌头，人的舌面上有50多万个味觉细胞，每40到60个味觉细胞构成一个味蕾，每个味蕾上分布着许多味觉神经末梢。

《厨房里的哲学家》从三个方面论述味觉：

从人的身体来看，味觉是指人品尝有味道的食物产生的食欲。

从精神层面看，味觉主要是通过美味可口的食物使感官系统兴奋的一种感觉。

从物质层面看，味觉是生物让器官能强烈感受从而形成感觉的固有特性。

味道

味道一般指食物的滋味，是综合性的味觉体验，不仅仅是口腔中的水溶性分子与舌头上的感受组织相互作用所产生的一种感觉，还有气态的挥发性物质接触嗅觉系统粘膜的感受组织细胞而产生的一种感受。总之，味道并不是单一感官的产物，我们对味道的感知来自复杂的多感官间的交互作用。听觉、视觉，甚至触觉都能影响食物的味道。

牛津大学曾经根据实验心理学家的研究做了一个排序，味道或者说是味觉处于最底层，把味觉压在底下的依次是听觉，触感或者说是口感，触觉，在最顶端的就是视觉。

眼耳鼻舌身意，色身香味触法，称之为道只有味，足见其神秘。好比拿一个新鲜的番茄在手里仔细闻闻看，你能感受到草和叶子的气味，这可能是番茄梗部的叶子带来的，你仿佛感受到了绿色的气息让你联想到了夏天和树荫，然后你咬了一口，多汁的番茄籽冲进口中，番茄皮、肉、籽和汁混合在一起让你在咀嚼的时候体会到了食材每一口的变化都很愉悦，与此同时酸和甜作为主要的味道刺激着你的味蕾，你想，嗯，这颗番茄现在正当时！再晚两天也许就老了。当你吞下去的那一刻，试着大口的呼吸，这个时候你能感到从口腔内一股番茄香气冲向鼻腔，这是你在吃之前没有感受过的气味，这时候体验到的的味道，是视觉、气味，口感相结合之后的体验，非常有层次。简单的讲，味觉和味道比，可以称之为单味道；复杂的说，就要深入学习滋味化学了。例如嗅觉，我们知道味道是离不开嗅觉。滋味化学认为：不同动物的嗅觉敏感程度差异很大，同一动物对不同有气味物质的敏感程度也不同。嗅上皮和有关中枢究竟怎样感受并能区分出多种气味，目前已有初步了解。有人分析了600种有气味物质和它们的化学结构，提出至少存在 7 种基本气味；其他众多的气味则可能由这些基本气味的组合所引起。这 7 种基本气味是：樟脑味、麝香味、花卉味、薄荷味、乙醚味、辛辣味和腐腥味。他们发现，大多数具有同样气味的物质，具有共同的分子结构有特殊结合能力的受体蛋白（理论上至少有 7 种），这种结合可通过 G-蛋白而引起第二信使类物质的产生，最后导致膜上某种离子通道开放，引起 Na^+、K^+等离子的跨膜移动，在嗅细胞的胞体膜上产生去极化型的感受器电位，后者在轴突膜上引起不同频率的动作电位发放，传入中枢。用细胞内记录法检查单一嗅细胞电反应的实验发现，每一个嗅细胞只对一种或两种特殊的气味反应；还证明了嗅球中不同部位的细胞只对某种特殊的气味起反应。嗅觉系统也与其他感觉系统类似，不同性质的气味刺激有其相对专用的感受位点和传输线路。非基本气味则由于它们在不同线路上引起的不同数量冲动的组合特点，在中枢引起特有的主观嗅觉感受。

味觉和嗅觉是味道的两大重要组成部分。在人类生命进化出有嘴、有大脑、有内部器官的多细胞复杂生命时，味觉和嗅觉发挥了核心作用。味觉和嗅觉是生物生存、在自然界生存选择中获胜的关键。它们使动物能察觉到周围的猎物，并且从吞食猎物中获得满足感。二者越敏锐越好。敏锐度越高，所需的大脑处理能力就要越强大。所以在进化历史中，更为复杂的大脑以及行为的出现大多是伴随着味觉和嗅觉敏锐度的加强。从解剖学中可以看出这一点：我们的味觉和嗅觉系统位于大脑中最古老、最原始的部位。在一定意义上讲，没有嗅觉参与的品尝是不完整的，嗅觉对味道的实现具有巨大的帮助作用。人在感冒的时候，吃东西会不香也没有更多的食欲。

什么是有味道的食物？那就是一切可溶的并被味觉器官吸收的食物。有味道的食物怎么产生效用？只有处于溶解状态，食物产生效用，然后进入负责接受和发送感觉的部位。

味型

从菜的角度来认知味觉，就是味型。单味不叫做味型，餐厅做菜一般是把两种或两种以上的单味道调制成互有差异各具特色的复合味道。比如糖醋排骨、糖醋脆皮鱼、糖醋大虾、糖醋茄子等菜品，其味型就是糖醋味。糖醋味型是甜、酸、咸、鲜、香五种单味道的复合味道。白糖的甜味和醋的酸味合二为一，构成主体味，这其中甜味要大于酸味，如果酸味大于甜味，则变成荔枝味了。咸味为本，可以使甜味富有醇香之气，使酸味更加爽口。酱油和蒜是必须的。酱油着色，色泽是菜品给人的第一感官，直接影响食欲。糖醋的最佳颜色是黄红色，过深不爽，过浅不浓。蒜让味道更加浓郁。

口味

口味是人对食物味道的偏好。由于每个人的成长发育环境不同，味蕾等感受组织细胞也不同，具有一定的差异性。也导致不同的人对相同的味觉反应不一，有的迟钝而有的敏感，通常我们也用口味淡、口味重来形容。地域对人的口味嗜好性有非常大的影响，比如山西黄土高原含钙过多，使当地居民嗜醋，有利于消除体内的钙沉淀，预防各类结石病。居住在江湖流域的人，所食之物则以河海鲜物类多。季节对人的口味嗜好性也有影响，季节不同，人的生理状况也会随之改变，春天多酸味，夏天清淡微苦，秋天偏中味辣，冬天味浓多咸。

美味

简单讲，就是让人身心愉悦的感受。在动物中，味觉的功能是判断食物的营养价值和避免食入毒物。对人类而言，味觉还有了附加的意义，那就是享受美味的食物带来的愉悦。

第一个观点：美味没有统一标准

美味实惠，既是顾客对餐厅的最低要求，也是最高标准。美味是一个复杂的现象，共同的表达是好吃。其实，好不好吃是伪命题。如果有统一标准的话，就不会有“众口难调”这个流传了上千年的成语了。清人俞曲园有一副著名的集句联：“万事随缘皆有味；一生知我不多人。”美味一道，亦复如是。古人早已有“食无定味，适口者珍”的说法，有些味道不错的菜品，却有不少人觉得不好吃，反之亦然。臭豆腐就是个典型的以臭为美的例子，宁波人就非常喜欢吃带腐败的臭味的咸菜。鲁彦曾感慨到：“觉得这种臭气中分明有比芝兰还香的气息，有比肥肉鲜鱼还美的味道。”咀嚼的是臭，感受的是香，只能说是饮食的一种境界。这种现象在饮食美学中被称之为“感官背离”。吕书《本味》：“臭恶犹美，皆有所以。”因此，美味无定理。

既然美味没有统一标准，那么影响的因素有哪些？

1. 人的味觉阈值不同

人是世界上最高级的杂食动物。不管是素食者还是肉食者，人类味觉有一个共同的特点，就是勇于去尝试新的食物。但味觉会告诉我们什么可以吃，什么不能吃。我们一开始不喜欢吃苦味的食物，因为自然界有毒的东西往往是苦的。也不喜欢酸味的食物，因为腐败的食物往往是酸的。我们喜欢吃咸的，因为盐分可以补充我们汗液流失的盐分。我们喜欢吃甜的，因为甜意味着能量。人群中四分之一是弱味觉者，四分之一是超味觉者，二分之一是中味觉者。阈值，即能尝出物质的最低浓度。1974 年，美国的研究者柯林斯发表了一篇文章，介绍了她在 15 名志愿者的口内不同区域分别滴加不同浓度的氯化钠（咸味）、蔗糖（甜味）、柠檬酸（酸味）、尿素和奎宁（均为苦味），看志愿者能够分辨出化学物质的最低浓度。柯林斯的实验证明了每个舌头区域都能尝出上述 5 种物质的味道，只是敏感阈值不同。人的味觉阙值与他所感受物体的浓度、液体的浓度有关系，当达到一定浓度的时候才觉得是有味道，再达到一定浓度的时候才能分别出来是甜味、酸味、咸味。第一个值就是察觉阈，就是感觉到有味道，但分辨不出什么味道来。第二个值就是辨别阈，也就是随着这个浓度的增加，到了一定程度，就可以分辨出来是一个什么味道。例如：盐酸是一个酸味，人们能感觉到盐酸的酸味的浓度是多少呢？是 0.0009 当量浓度；引起咸味的氯化钠它的浓度是多大呢？是 0.01 克分子浓度；引起甜味的蔗糖的浓度是 0.01 克分子浓度；引起苦味的奎宁是 0.000008 克分子浓度，这是说不同的物质不同的浓度，才会引起这个味觉。如果说浓度相同了，可能已经有些味觉感觉过头了。

2. 饮食是文化现象

饮食由于地域特征、气候环境、风俗习惯等因素的影响，会出现在原料、口味、烹调方法、饮食习惯上不同程度的差异，具有强烈的地域性。一般来说，每种风格类型的饮食文化都有自己的文化原生地域属性。这种文化的原生或地域属性是深深植根于自然生态土壤、文化生态系统土壤中的，而作为传统、时尚、心理层面的精神性饮食文化要素，它们又具有明显的超时空属性。饮食文化的这种超时空属性与行政区划等政治因素的变化往往是不同步的。作为区域饮食文化重要构成的菜品要素，不仅在空间范畴鲜明地体现着区域内饮食生产、饮食生活的具体内容，而且在时间上也同时记录着人们饮食行为方式、饮食文化风格的变化。张佳玮在《无非求碗热汤喝》后记中写道："人走到天涯海角，胃和口舌还是认祖归宗。每个成长起来的饮食男女心底，都有一道带着父母温度的家常菜。传说里龙肝凤髓孔雀舌的豪华，也并不比家乡冬季的焖肉面、蛋炒饭、汤泡饭来的伟大。"

吃不仅仅是为了活着，吃的社交功能在中国尤为重要。国人的关系往往是通过和他人一起吃饭聚餐实现、维系和发展。社会学者把这种吃饭饭局分为情感性关系、混合性关系、工具性关系三类：情感性关系中，满足社交参加者加强联络、维持感情的需求，多出现在家人、好友间，如夫妻俩周末出外就餐、全家人节日聚餐、好友平日共聚等；在工具性关系中，参加者为获得所需资源、达成一定目的，大量的商务饭局即属于此类。社交功能也必然以感官享受为基础，讲究性价比。

3. 味觉具有强可塑性

专家表示，现代生活的压力，使味觉变得迟钝。当人们在抱怨很多东西没味道时，诸如辣这样的刺激性口味就成了必然追求。科学研究认为：从生物学来讲，小孩子是奇怪的生物。似乎是进化培养了这种挑剔：它可能会阻止小孩子不去吃一些奇怪的、可能有毒的东西。同时，人为培养出了一些特定喜好，这些喜好会变得非常强，然后突然消失。每个小孩都会经历大脑成熟以及影响直觉与行为的神经网络发展这些阶段。每个人的味觉就像是一片雪花或一枚指纹，从这种意义上来说，味觉的形成一部分受到基因的影响，但经验起到了更大的作用。此外，味觉会一直随着“食历”增长而改变。所以，只要人不断的去尝试新的味觉体验，就会改变自己的味觉。比如说，过去不喜欢吃辣的人因为某种原因而长期在成都生活，久而久之他对辣的适应度会随着时间的推移而不断增强。长期重口味会逐渐降低人的味觉敏感度，变得愈发追求更重的口味，而过分依赖调料也让人慢慢忘掉食物本身的原味。随着城市化进程，人口流动，味觉也随之迁徙变化，不同菜系之间的融合进程也不断加快。

什么是美味美食？台湾周惠民教授在大学开设西方饮食文化史课程，是饕餮界的行家，他在《饮膳随缘》这本书中写了一篇文章，题目就是：什么是美味？

什么是美味

美味到底是什么？有人喜欢吃臭豆腐，却无法接受西方的奶酪，有人则正好相反。对我而言，这两样东西实在没什么差别，一言以蔽之，臭而已。许多所谓的美食家，说这好吃，那好吃。问他们：好吃在哪？又说不出个所以然来。我指着一碗红油抄手问：江浙人多不吃辣，能觉得这玩意好吃？您觉得好吃得不得了的香菜，对我就是种折磨，您又如何能把您觉得好吃的东西介绍给“大家”？这位仁兄一时哑口。还有这么一回，请教另一位美食家同样的问题，他开始形容这道菜多滑润，口感多好。我说：多搁点油，保证滑润，您牙口好，能嚼得动橡皮，觉得一种菜肴口感好也是自然；我的牙口不好，连吃刀削面都嫌费劲，口感从何而来？需知道，口感在乎一心，哪有啥万世不易的标准。所以这些美食家，多半是拾人牙慧，并不知道啥是“美味”。美味的确很难定义，谁也没有把握说出什么道理来。

我的大儿子长年在欧洲念书，每年暑假回台北时，他爷爷总会特地做些饭菜，款待孙子，算是犒劳。但爷爷的手艺总是不合他的口味，不是觉得太油，就是过咸。有这么一回，儿子忍不住问："爷爷做的菜好吃吗？"这倒是一个我从来没有想过的问题。自小就习惯了父亲的饭菜，对我而言，当然都是美味。

据说，北方老家也都是这么吃的：弄点连筋带肉的牛肉，或是弄一点自家过年时腌制的咸肉，兑上一些新鲜肉，放在一口小土锅里，架上小煤球炉，炖上两三个小时以后，再加入滚刀切萝卜块，接着再炖，临起锅前，洒上一把大葱花，顿时香味扑鼻。弄一钵子白饭，舀上一碗汤，那享受，真有南面不易之慨。父亲老这么做，边吃还边说老家如何如何，乡愁就这么平息了。我接受这种饭菜，也接受这种饭菜中的乡愁，久而久之，只觉得这是生活中的一部分。

自己在德国念书，在爱尔兰过日子时，也常特意找到类似的食材，做出这种炖菜。十多年前，初次踏上故乡，感受全新，只有到馆子里，吃到"炖菜"，竟是自己长年熟悉的味道，更能体会父亲的乡愁。儿子一问，我便把爷爷的"乡愁"与"味道"说了一遍，儿子也若有所悟，以后吃爷爷的饭菜时，也认定那是一种美食，不免多吃两口。

花莲早期多为少数民族所居，人口不多，清中叶以后，闽粤人士率先移入，后来又移入许多大陆来的退伍军人。族群融合算是相当彻底，也都能互相扶持，建立家园。但是语言上就南腔北调，各说各话，饮食文化也丰富多元。

三十多年前，初到花莲，住在海边的旅舍中，边上就有许多小面馆，尤其一家以"鲁豫"为名的小馆更吸引人。想想，能把山东、河南两地的食物放在一起，一定有些老味道。进入店中一瞧，果然卖的是面、饭、水饺。老板亲手擀面、切面，加上不同的"卤子"，惠而不费。以后每到花莲，便要到这家店来。少年子弟江湖老，三十年间精壮的中年也垂垂老矣，第二代接手以后，味道没有太大改变，可是里头似乎少了些乡愁，揉面的人心中还能有老家的麦田和大槐树?想着想着，也就没了趣味，以后再到花莲，车从店门前走过，竟懒得停下来。真要说起来，那家店的味道并没有改变，改变的是我的想法，跟着就连味觉也变了。

味道如此捉摸，也找不出一个公式，所以有人要我推荐美食时，我总要三思，再告诉他一句英国的老话："一个人的美食，可能是另一个人的毒药。"

周教授这篇文章进一步说明了美味没有统一标准的观点。既然美味没有标准定义，如此不可琢磨，那餐厅总是想为顾客奉上种种美味，哪又按照什么样的逻辑参数来实践呢？换句话说，餐厅不可能满足所有人的口味，只能是满足自己的特定顾客群。而顾客的口味特点，需要数据的深入分析。就笔者而言，早餐就非常喜欢吃剩饭、腌白菜剁成沫与鸡蛋一起炒，加些胡萝卜丁就更好，可以说是百吃不厌。其中，剩饭要手抓不粘成粒，鸡蛋和饭各自成型，再加一杯自磨豆浆更好。这样的口味来自笔者小时候的生活体验，对其他人而言，就很难消化得了，远远不如稀饭油条的早餐搭配。人是有记忆的动物，孩童时代的生活会深刻影响成年后对食物的口味，故乡情怀妈妈味道就是这个道理。如果要用一句话来诠释美味，那就只能总结为：美味是人性的投射。

第二个观点：美味是人性的投射

人类眼中的世界并非客观世界的真面目。比如说颜色，我们眼中看见的颜色红橙黄绿，都是波长。只是在人类的既定记忆和语言表达上，被定义为某种颜色而被固定下来。人类作为一个种群，在进化过程中有了精神活动之后，会产生共性，以区别于其他的种群。2016 年底有很火的一本书，以色列人写的《人类简史》。作者在书中提出，我们认知的世界是主体间的虚拟现实。7 万年前由于某个因素让人类有想象力之后，人类这个种群开始快速发展。现代社会学家认为世界上只有一个人类，所以只有一种人性。这是不同民族之间能够交流、达成共识的前提。但根据对婴儿反复实验，显示人性是进化的结果，与生俱来的有：由于祖先生存的险恶环境衍生的对生存需要，对胜利的渴望，以及对与自己相似伴侣的渴望，对同类间自己地位的关心，由于始前人类的习惯和同理心还有对同类帮助的冲动。从人脑的结构来看这些都直接对前额叶造成影响，但可以被出生后的记忆和周围事物所改变。基督教的教义说，世人共同的是原罪，即饕餮、贪婪、懒惰、淫欲、嫉妒、暴怒和傲慢。佛教的教义说，人性有五个方面是共通的，即贪婪、嗔恨、愚痴、傲慢、怀疑。这是从恶的角度解读，人性更有善的一面。人性的普遍性和共通性，始终是商业发展的动力。

1. 美味有记忆

人对菜品是否为美味的认知，不单纯是生理现象，受到文化观念、个人经历甚至种群进化的影响。

文化观念会让人们出现味觉反转的现象。《淮南子》中记录：“楚人有烹猴而召其邻，人以为狗羹也而甘之。后闻其猴也，据地而吐之，尽泻其食。”可见，当时的文化观念是吃狗肉不吃猴肉。吃的时候个体味觉是认同觉得好，甚至是美味的感受，但文化观念会制约生理感受，出现味觉反转。到了现代，在广州烹吃猴脑反而成了正常现象。

人们往往对自己小时候吃的外婆烧的菜、妈妈做的菜不能忘怀，对自己在过去某一个时间段经历过的食物经验怀有强烈的怀旧情绪。怀旧，是对重新获得一些梦寐以求的快乐的欲望。人们会选择、加工过去的记忆，以满足自己的精神需求，也是对当时幸福时刻的重温。饮食人类学家萨顿，就提出“唤起的感受”，即通过人们对食物的品尝行为唤起一种集体记忆。假如我们有顾客的大数据资料信息，知道会员用户生活的轨迹，针对性推出历史年代菜品，是否会激发顾客的美味体验呢？比如说对于辣，我国有不怕辣、辣不怕和怕不辣的差异，很多人解释为所在的地区祛湿所导致。其实，我们分析一下其他的地区就知道这个说法是不成立的。很多潮湿的地区，总体上都不喜欢辣。辣，只能说是文化认同和自觉在生理味觉上留下的一种习性。这种习性会表现出一种忠诚，会伴随个体一生，不再因地域环境的变化而变化。这也是不同地区的人有明显的地区口味的具体原因，食物是一种建立人与人社会关系的纽带，每个人都生活在特定文化体系当中，就要习惯特定的饮食习惯，否则就无法分享社会关系。也就是说餐厅要明确自己的目标顾客特点，选择好主力味型，要适合于目标顾客选择地方性特色菜品。

2. 美味有通感

通感是种修辞手法。各种感觉之间产生相互作用的心理现象，即对一种感官的刺激作用触发另一种感觉的现象，在心理学上被称为“联觉”现象。最常见的联觉是“色听”联觉，即对色彩的感觉能引起相应的听觉，现代的“彩色音乐”就是这一原理的运用。通感有几种形式，首先就是自身五感的互相作用，例如望梅止渴。其次是人与人之间的感应，比如双胞胎之间的心灵感应。还有就是人与天地自然的通感，例如第六感等。

美味也属于美学通感范畴，美来自视觉观察，味来自味觉品尝。从舌头上的味觉受体，到嗅觉、视觉、触觉，再到对环境和期望的认知，越来越多餐厅经营者意识到味道是多感官的共同作用。比如简单改变食物的颜色，也能影响人们对其味道的感受。又如改变盘子的颜色形状也会影响口感，研究表明放在圆形、白色盘子上的甜点会让人感觉更甜更好吃。要想做出美味，就要充分研究顾客的感官体验。中国饮食在不断的发展中形成了“十美风格”：讲究味、色、香、质、形、序、器、适、境、趣的和谐统一。著名语言学家赵元任曾说，检查蛋炒饭是不是做得很好，要观察吃这道菜的人。如果他发出的是双唇音鼻音，带有慢慢降音的声调，意思就是菜好，如果他反复地发出 yum 的音节，就是说这道菜非常好。我曾经和一个连锁餐厅的总厨交流，他点评蒸圆子这道菜，如果每个圆子都像卫兵一样挺拔，就过关了。反之，蔫蔫倒到的，就失败了。吃鱼肉，如果鱼肉沿着牙齿向上走，好比雨天走在黄泥里，泥巴沿着胶靴往上去，这样的鱼肉做的就成功。

这些经验之谈，都是通感的应用。

王维有一首著名的诗《蓝田烟雨图》：“蓝溪白石出，玉山红叶稀。山路元无雨，空翠湿人衣。”简单二十余字，包含了视觉“白石、红叶”、体感“湿人衣”、听觉“蓝溪、空翠”，引导我们来到一个空山新雨后的多感官世界。一道美味佳肴，同样会带领我们进入奇妙的感官世界。美味的通感境界，是不可述说的道的维度。在人对美味的共同追求中，通感境界是共通的语言。如果说美味没有统一的标准，陷入空，那么空中见通感境界。

3. 美味有价值

给顾客创造价值，是美味的基础。从物质角度上说，做出来的菜是给人吃，让人吃饱，一个饥饿的人吃什么食物都是满嘴香。《黄帝内经》中提出：“五谷为养、五果为助、五畜为益、五菜为充。”从社会角度上看，食物的果腹功能是最基本的，而表现财富、权力的象征功能在上升，食物将礼物经济和关系网络充分表达。食物和餐桌文化构成社会性的关键部分，体现社会关系和政治关系。

自农业文明以来人类的饮食便一直以某种复合碳水化合物为核心，在核心之外则辅之带有对比强烈的味道和口感的食物，用来促进食欲。美味是特定习惯偏好、口味喜好和深层感受的集中体现，正如语言和其他后天习得的社会性群体习惯一样，人类的食物系统生动地反映出人类作为同一物种所具有的多样性。

二、菜品味型

1. 味型形成规律

味型是经过调味之后，菜品表现出来的味道类型。味型受到地理、气候、风俗、习惯和物产诸多方面的影响。菜品味型是形成风味菜品的主体，风味菜品又是构成菜系的前提和必要条件。比如徽菜菜系的风味菜品是臭鳜鱼，主体味型是咸鲜味。味型的具体内容是味觉，是每个菜品的味道。味觉是基础，味型是味觉在理论上的升华和提高。

做菜首先要确定味型，这是菜品制作的关键。餐厅好比食物加工厂，食材输入，输出的是菜品。菜品就是拿了一种食材，再考虑做成什么味道，最后通过烹饪方法来实现。比如说，我们确定这个排骨是做糖醋味的，这就是确定了味型。再比如，油爆虾的味型是酱香味，它的总体要求是甜上口、咸收口，酱油和糖是其中的基本味底子，这个原则确定下来，就不会走的太远。在味型的指导下也就是确定了味觉，这个规律适用于每个菜品的制作过程。分解来看，做菜分为食材、味型、烹饪方法三个部分。我们一般从色、香、味、形、质、器、养等维度来认识菜品，一旦确定了味型，色、香、质、养、形就稳定了，对应的装盘也是自然之事。

被称之为菜品之魂。一道菜品，如果味型调制不当，原料本身质量再好，也算不上质量合格的菜品，更谈不上美味。菜品成为美味，味型是最重要的因素，也是餐厅竞争的重要力量。烹饪出好的味型，需要对菜品的特点、味型要求和构成菜品味型的调味品和调料的特点，都需要有准确的了解和把握，司厨者的调味技艺非常重要，不仅要熟悉食材的特点，了解烹饪的原理，调料和食材之间用量比例，调味之间如何搭配，怎么样放调料，什么时间放，这些问题都需要系统处理。

味型标签：气感、味感、口感

鱼香味型：鱼香肉丝

气感：鱼醇香

味感：一咸二甜三辣四酸

口感：脆嫩爽口

味道是人类多个感官共同作用的结果。同一个味型会有不同的菜品，颜色、质养、形态、装盘各有各的不同。因此，可用气感、味感和口感来解读味型。

气感

人类的嗅觉和味觉是相互作用的。假如捏着鼻子吃东西，就会觉得没什么味道；而松开鼻子的时候，则会感受到食物味道像炸弹一样在鼻腔和口腔里炸开。所以，菜品要让顾客愉悦和享受，如何烹饪出让顾客鼻子感动的气味就很重要。调香师职业中已经细分出风味调味师，他们通过调和嗅觉和味觉，来实现美味。我们的嗅觉可以感知外界的气味，也可以感知吃东西时从嘴巴里散发出的气味。研究表明，百分之八十左右的食物尝起来怎么样的信息其实都来自鼻子。当人们吃下食物，一部分被口腔的温度加热挥发，一部分留在唾液中被味觉细胞感知，一部分不被感知的挥发性分子则触发嗅觉。但在一日三餐中，人们以为美味来自舌头，往往忽略鼻子的作用，殊不知嗅觉在感受味道过程中占据最重要的位置。

味感

味觉是一种受到直接化学反应刺激而产生的感觉，由五种基础味觉组成。一道菜品做好之后，不仅仅是各个味觉都让用户品尝到，还有味觉排列顺序的问题，有主有次，主次分明体现层次感、厚重感和饱满度。

口感

口感是口腔（牙齿、舌面、腭等部位）接触食物之后引起的触觉感。菜品进入口中，人在咀嚼中会对食材有体验。不烂，则难以咀嚼；稀烂，则缺乏质地。口感通常被归纳为嫩、脆、松、软、糯、烂、酥、爽、滑、绵、老、润、枯、清等十几种。

用户一看味型名称，就知道这个菜品是什么味道；厨师一看，就能知道用什么调味品，是以调味本身固有的味别和菜品制作过程中能够反映出来的味别为依据来确定的味型。比如蚝油虾片，因为蚝油是构成咸鲜味的上等调味品，独立成味，所以这个菜品味型是咸鲜味。

比如不要忽略温度。食物的灵魂是温度，一道真正好吃的热菜最佳温度就是那两三分钟，只要那两三分钟过去了，这道菜最佳的味道就没有了

2. 味型基本原理

基础味觉

成为基础味觉，需要满足下列条件：

（1）有可识别性。

（2）有特定的味蕾。

（3）能引发有益的生理反应。

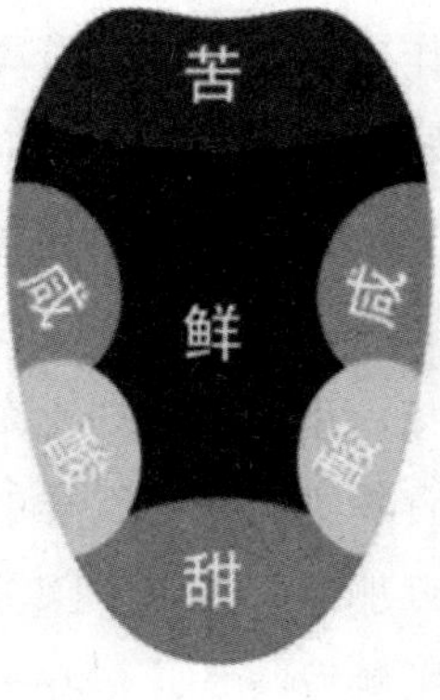

公认的基础味觉有五种，称之味觉五面体，即咸、酸、苦、甜、鲜。从生存角度而言，五种味觉支配的是独立的不同摄入模块，也基本解释了人对味觉的追求走势：甜意味着能量的摄入，鲜是优质氮源，咸是盐类补充，这是机体所必须的，其味道趋势不会过分衰弱；酸味可以视为机体内环境酸碱度的调节剂，因人而异；而苦味是警示味觉，涉及的组分很广，被列为苦味的物质至少可以与苦味受体结合，提示进入机体后可能存在一定反应风险，应谨慎食用。

咸味

对于盐，最有说服力的一句俗话是：走遍天下离不得钱，山珍海味离不得盐。《舌尖上的中国》是这样说到盐的："煮海营生自古然，谁言治国若烹鲜？高厨难饪无盐餗，调鼎咸为百味先。"郑板桥也曾言："白菜青盐糙米饭，瓦壶天水菊花茶。"所谓世间百味，咸味打底。

不管是甜蜜还是苦涩，能够调和这一切的就是咸。咸的味觉来自盐。在中国菜里，盐更重要的使命是调出食物本身固有的味道，改善某种机理的质地。如果盐不够，那么食物本来的味道就出不来。这个认识非常重要，现在很多人推崇不放盐，所谓的裸烹菜品，走的比较极端。没有盐，再好的食材也无法展现自己的优秀。食材原味的呈现必须依赖盐的调和。

在中国的烹饪辞典里，盐是百味之首。不仅菜是这样，盐也是人的必须。一个健康的成年人，体内必然有 150 克左右的盐；一个健康人的血液中，必然含有5‰左右的盐；人的淋巴液、脊髓液和汗液中，也必须有含量很高的盐。那么，假如人体内缺少盐分会有什么情况发生呢？答案很简单：心脏功能衰退、消化功能降低、肌肉抽搐痉挛、神经功能失常、内分泌失调等；若是再严重了，人的生理机能就会很快衰竭，接下来，很可能就得面临死亡了。

咸味历来被称之为"百味之王、食肴之将、味中之本"，咸味的重要作用，不分菜系。咸味是菜品味型的基础，任何菜品的复合型味型都是在咸味的基础上调和，所谓无味没有咸，无咸不成味。但是，咸味往往也是司厨者最难掌握的，其原因有：

（1）隐蔽性强。咸味存在几乎所有的菜品之中，这种重要性由于其普遍性就显得平常，往往不被司厨者重视，极容易被漏掉。比如说糖醋脆皮鱼，如果咸味没有调和好，就只有甜味和酸味。又如鱼香肉丝，主味型是鱼香味，但实际上咸味才是居首，咸味要占据主体味型的二分之一，味觉的顺序是咸、甜、辣、酸。

（2）操作性难。咸味是所有味型中最难精准把握的，一道菜品烹饪完成需要构成咸味的调料至少两种以上，甚至是更多。比如干煸四季豆，要放入精盐、料酒、酱油、味精和川冬菜。这里如果我们忽视了料酒、味精和川冬菜中的咸味，必然会出现咸味过头。如果把咸味看成十分的话，精盐是四成、酱油二成、川冬菜三成、料酒和味精一成，如果这个比例失调的话，就很容易走味。《随园食单》指出："调味者，宁淡勿咸，淡可加盐以救之，咸则不能使之再淡矣。"《调鼎集》中讲，"若下盐过早，物不能烂"。因为盐会使食物中蛋白质凝固，不能吸水膨胀，就不容易烧烂了。从宏观上讲，调味有烹饪前、烹饪中、烹饪后三个时间节点。

酸味

酸味是由于舌粘膜受到氢离子刺激而引起的感觉。凡是在溶液中能解离出氢离子的化合物都具有酸味，包括有机酸、无机酸和酸性盐等。

华盛顿人类学博士庄祖宜，后放弃学业进入美国麻省剑桥厨艺学校学习，在2006年进入香港一大饭店做厨师，亦写得一手漂亮饮食美文，可谓是传奇女子。她在一篇文章中谈到：

大家都知道做菜要用盐，但很少人懂得如何用醋、用酸。的确，从我自己学厨的经验看来，所谓“普通”与“高明”的调味差别往往就在于酸味的应用。记得在厨艺学校时，有一回大厨示范做一个以奶汁为基础的酱料，她首先炒香了细碎红葱，加入鲜奶油和高汤炖煮，以盐和胡椒调味后叫我们一一品尝。“味道如何？有点无聊是吗？”接着她在锅中挤入几滴柠檬汁，再叫我们品尝，奇怪的是这回味道果真可口了许多。同样是浓郁的奶酱，却多了一抹鲜亮，好像连高汤和红葱的味道也变清晰了，却吃不出明显的酸味。大厨说这就叫作“平衡”，要做到神不知鬼不觉。我后来意识到，但凡口味深沉、含泥土大地特质的食物如蘑菇、马铃薯、红萝卜，或是脂肪含量高、容易腻口的食材如鹅肝、蟹黄，在调味时都适合加一点若有似无的酸味。油炸的食物常附上一小片柠檬，浓郁椰汁料理常搭配香茅、南姜和莱姆叶，都是类似的道理。

苦味

当苦味物质刺激口腔内的味觉感受体，然后通过一个收集和传递信息的神经感觉系统传导到大脑的味觉中枢，最后通过大脑的综合神经中枢系统的分析，从而产生苦味。我们日常吃的苦味菜品比较少，但在自然界中，苦味物质要比甜味物质的种类多得多，如分布于植物体内的生物碱、苷类、内脂和肽类等化合物，有不少就是属于苦味的；动物体内的胆汁也是具有很强苦味的。和酸味一样，苦味的感知能力也是人类演化进程中形成的一种必须要有的生理防御，用来规避危险的有毒的植物。

苦味需经过转化之后才可以被食用。在烹制过程中，从主观上讲，苦味是不存在的。这是从味型上认知的，我们不可能做一道纯粹苦味的菜品，顾客也不会接受。从客观上讲，苦味又是存在的，这是从味觉上认知的，食材中的苦味始终存在，只不过在烹制前后状态不一而已。对于苦的食材，在烹制之中要通过调味把苦味转化为让顾客爽口的感觉。川菜中常用陈皮和杏仁来调制苦味，例如陈皮牛肉、杏仁豆腐。

甜味

科学家做过研究，对于同种食物感到不同的味道是由于每个人基因有差异的缘故。对于食物味道喜爱的区别是远古时期人类生存本能留下的，例如甜。简单地说，喜爱高糖高脂肪食物的人更容易在可能发生的饥荒中存活下来。有大量证据表明人类对甜味的喜欢并非后天习得，且在进化环境中被不断的实践强化。所以，人类天生带有喜爱吃糖的基因，除非很特殊的情况，没有人会不喜欢含糖的食物。

甜味具有基础作用，不仅可以独立成为味型，而且可以和其他的味觉配合调和出各种复合味觉的菜品。不同的菜系都会使用糖来调味，均要求“吃糖不见糖”。例如在干煸类菜品中，在要求上是不允许吃出甜味的，糖的调味更多的是要让菜品口味更加浓郁，使得香气四溢。实践证明：甜味适度，则口感醇香。糖的投放要求在食材半熟之时做到用量准确、一次投放。

鲜味

1908 年日本化学家池田菊苗发现了日式高汤的美味是由麸氨酸钠（也就是我们说的谷氨酸钠）所造成的，他以科学的方式调查了这种味道并且命名为“鲜”—“umai”。味精的鲜味成分即是谷氨酸钠，这是所有氨基酸里刺激最强烈的。鸡精里的鲜味成分主要仍然是谷氨酸钠，比味精多一些呈味核苷酸，有对谷氨酸钠的协同效应。生抽里有几种氨基酸有鲜味作用但仍以谷氨酸为主导，另廉价的生抽也会添加味精。鲜味通常不能独立作为菜肴的滋味。在应用过程中，鲜味一般在有咸味的基础上，方可呈现最佳效果。咸可增鲜，酸可减鲜，甜鲜混合，形成复合味道，可使鲜味较弱或基本无鲜味的原料经烹饪后增加滋味。这也是为什么一些南方人强调用甜味起鲜的用法。

鲜味物质分为三类，即氨基酸类、核苷酸类和有机酸类。谷氨酸钠是组成蛋白质的 20 种氨基酸种的一种。核苷酸又分为肌苷酸和鸟苷酸，其中肌苷酸是畜、禽、鱼肉中的主要鲜味化合物，对汤的风味形成具有重要作用。鸟苷酸则主要存在于植物性原料，广泛存在于菌类，尤其是香菇中。但是只有经过烹饪或风干，其中的相关物质才会转化成鸟苷酸钠，所以干香菇比鲜香菇闻起来更香。有机酸中的琥珀酸钠就是一种鲜味剂。尤以贝类中的含量为最多，是贝类鲜味形成的主要成分。虽然琥珀酸一般不能与谷氨酸、肌苷酸、鸟苷酸之间产生明显的鲜味相乘作用，但是贝类中的琥珀酸慢慢溶解进汤汁，也可增加鲜味。

名称	谷氨酸钠	肌苷酸	鸟苷酸	琥珀酸钠
畜肉	★	★★★★		
鱼肉	★	★★★★		
虾蟹	★	★★		
贝壳	★★★			★★★★
章鱼乌贼	★★			
海带	★★★★			
蔬菜			★	
蘑菇			★★★★	
发酵调味品	★★★			

在做菜的时候，要自觉运用鲜味的相乘作用，把富含谷氨酸钠和核苷酸类食材以及富含肌苷酸和鸟苷酸的食材搭配在一起进行煨、炖，可以提高菜品的鲜度，综合鲜味会超过单个食材成分的鲜味。比如在炖鸡肉的时候加入蘑菇，味道很鲜美，但蘑菇炖青菜就不一定了。

吊高汤也是传统的提高菜品鲜味的办法。汤虽为液体，却淡而不薄，由于富含水解动物蛋白或者水解植物蛋白，不仅提高了鲜味度，而且产生出一定的醇厚感有助于提高菜肴的品质。原料中的油脂与水溶液发生乳化作用以后，也可以丰富菜肴的味感。尤其在以奶汤为主的菜肴中体现得更为明显。以上这些正是味精和食盐的水溶液所产生非常单薄的鲜味感所比不了的。

鲜味是多种风味的复合体，是综合味感。袁枚在《随园食单》里写："清鲜者，真味出而俗尘无之谓也；若徒贪淡薄，则不如饮水矣。"

衍生味觉

基本味觉之外的味觉，称之为衍生味觉。

辣味是痛觉

辣椒，明朝才传入中国。《牡丹亭》中提到辣椒花字样，是把辣椒作为观赏植物看待的。明末清初被移民带到西南，贵州人第一次把它搬到餐桌上，然后被四川"吃货"的筷子发现。

在中国人最喜欢的味道排行中，辣是第一，依次是甜、咸、酸、苦。但，辣不是基础味觉，神经科学认为辣是痛觉。准确来说，辣味并不是一种味道，而是一种痛觉刺激，就像把切好的辣椒放在眼睛旁边会感觉到刺激，切洋葱的时候感到眼睛很辣一样，就是因为辣是一种刺激。它其实属于人体的自我保护机能，在婴幼儿时期，辣的食品会被当成一种有害的物质被排斥，这也是成人吃辣过度后，上吐下泻的原因。

辣所引起的热感是通过激活神经中的 TRPV1 和 TRPA1 两个通道引起的。从辣椒中提取的辣椒素，以及从黑胡椒中提取出的胡椒碱，是两种主要的能引起辣味的来源。辣这种感觉在技术上并不认为是一种味道，因为它是通过与化学感受器细胞锁链神经无关的另一组神经传递到大脑的。虽然在此时味觉神经也会被激活，但辣味中引起的灼热感实际是舌头上感受热量和痛楚的那组神经受到刺激所引起的。身体多数暴露的粘膜组织例如鼻腔、指甲缝以及伤口，尽管没有任何味觉感受器，也可以通过暴露在相同的热感配体下得到类似的热感。

为什么人们喜欢辣椒的辣味？喜欢这种刺激或疼痛的感觉？生物学还不能给出一个好的解释。它更多的是一种心理学上的问题，心理学认为，辣椒产生的灼热感能让人分泌内啡肽，一种天然解痛药，可以起到轻微的抚慰作用，称之为辣椒微醉。这或许是人们喜欢吃辣的主要原因。人们可以不断提高自己对辣的容忍度。

听说在印度有一种“断魂椒”，比普通辣椒的辣度高 100 万个单位。美国有位科学家提炼了一瓶辣椒精，是“断魂椒”辣度的几千万倍。说这瓶辣椒精只要在游泳池滴上一滴，然后再用一只筷子蘸一下舌头品尝，感觉就像舌头被锤子重重地敲击一下。

麻味是触觉

精准地来说，麻味是由花椒所含有的羟基甲位山椒醇激活了皮肤下的神经纤维，产生类似 50 赫兹的震颤感。

麻味，在川菜界被誉为“灵魂幽物”。和同样吃麻辣的湘菜地区不同，川菜的灵魂并非辣，而是麻，花椒就是其麻味的主要来源。如果没有了花椒的存在，如今风靡全国的川菜也就不复存在。花椒属于芸香科花椒属，花椒在中国的历史远远超过辣椒，诗经、楚辞都有提及。这比辣椒传入中国还要早上千年。我国之前花椒在全国大面积区域使用，但在近代除了四川重庆一代，其他地区使用量逐渐减少。历史上的川地炎热潮湿，瘴气弥漫，而花椒的出现，给人们带来了一种“赶走”潮湿的可能。要说花椒，在营养成分上的确没什么好说的，除了作为调味品之外，基本没有人会去食用，所以靠花椒本身提供的营养素是少之又少。虽然花椒不能给人们带来什么营养素，但是在体感上却可以给人的健康带来一些改善。花椒带给人的不只是麻，还有一些独特的香味。带来这些香味的是一些独特的化学物质，如独行菜烯、蒎烯、香茅醇、香叶醇等，这些物质可以给人带来各种清淡的香味。花椒的麻则主要是来自于花椒素，它会和人体感觉神经上器官结合，让它们变得娇弱，因而对日常很一般的感受变得更加敏感。花椒中的花椒素和口腔中的感觉器官结合以后，口腔哪怕只吸入和平时同样温度的气体，由于器官敏感性变弱，就会出现麻的感受。这种麻，会让人感觉干燥，这就从感觉上“抵消”了川地带来的湿热感，而事实上这个麻只是人体的一种幻觉。虽然说花椒并没有什么独特的营养，但是在生活中还是比较有用的。对花椒产生“麻”感觉的动物并非只有人类，其他的动物，如昆虫甚至微生物等也都有可能对这种麻忍受不了，当“闻到”花椒散发出来的气味以后，就会远离。所以，花椒在驱赶某些昆虫等方面还是有一定作用的。

川味里，最难说清楚的味道就是“麻”。“麻辣”是外地人对川味的最主要味觉感受。麻在前，辣在后，好比一把手在前，副手在后，施施然走将出来。领导要站得高，主抓意识形态，所以要能“麻倒人”才显得渊博，才把场面“罩得住”；副手是做实际工作的，作风要泼辣才有执行力，才能配合领导。酸甜苦辣麻，麻又居于最后，好比压轴人物，掌舵的最后出场收官。麻，即使你对一切滋味都麻木了，却仍然逃不过这个“麻”的手掌心；即使你对一切滋味都津津乐道，可仍不能贴切形容这个麻的核心口感。连天天在麻味里打转的川人都爱说：你麻广广哟！广广，推测可能指两广客家人。众所周知，广东人的食材最宽广，天上地下，无所不吃，大约只有神仙鬼怪外星人不吃——倒不是忌口，主要是逮不着。他们见识的食物的本味最多，调味上是最反对火爆的。辣味且在抗拒之列，更何况莫测高深的麻味，那真是要了舌头的命。所以，麻对他们的折磨应该非常有效。然而，“麻广广”麻了那么些年，倒也同化了好多反麻人士。成都龙泉驿区有个洛带古镇，是客家人的大本营。那里的客家名食如“伤心凉粉”，实际上已经大带麻味，归宗川菜了。“广广”随着时间的推移和川菜文化的改良与扩张，实际上已经“麻”不倒了。“无奈”的川人只得又寄希望于老外，从而发明一句俗语“洋花椒麻倒外国人”。不过，看川菜文化传播的势头，吃川菜吃得大汗淋漓、舌头麻木仍旧“畅快酣战”的老外已经不乏其人，这句俗语可能最终也会成为历史。

麻，不是麻烦多多，不是麻木不仁。麻，应该带有麻醉的色彩，用无可言传的麻，把你惯常的口味一搅，让你瞬间味觉糊涂；这时再用酸甜苦辣，尤其是刺激性强的“辣”，把你的味觉一扫，这么一搅一扫，成功完成“洗脑”，顿时脑袋一空，头上只剩一个舌头，体内只剩一个胃囊，让你全心去意品尝川菜美食！尤其是烦闷的夏日，味觉萎靡不振时，麻味一出，给愁闷打上一棒，何等痛快和智慧。

川菜尤其讲究在“味”上风格独具，以味型多样、变化精妙、用料之广、口味之厚，为其主要特色。酸甜是各菜系的通用味，苦辣麻才是川菜功夫见真招的地方。通过苦辣麻与酸甜结合，运用味的主次、浓淡、多寡，调配变化，加之选料、切配和烹调得当，调配变化为多种复合味型。而几乎每个味道里都少不了“麻”这一味，只是用量多少与结合方式千差万别而已。

著名的麻婆豆腐和水煮牛肉是集中用“麻”的好例子。盘点川菜的20多种复合味型，如家常味型（以川盐、郫县豆瓣、酱油、料酒、味精、胡椒面调成，特点是咸鲜微辣）；麻辣味型（用川盐、郫县豆瓣、干红辣椒、花椒、干辣椒面、豆豉、酱油等调制，特点是麻辣咸鲜）； 糊辣味型（以川盐、酱油、干红辣椒、花椒、姜、蒜、葱为调料制作，特点是香辣，以咸鲜为主，略带甜酸）等，尤其还有一个“怪味型”（主要以酱油、白糖、醋、红油辣椒、花椒面、芝麻酱、熟芝麻、味精、胡椒面、姜、葱、蒜、香油等调制。特点是各味兼备，麻辣味长。一般为冷菜，如怪味鸡丝、怪味鸭片、怪味鱼片、怪味虾片、怪味青笋），这里面如果少了麻，那就“怪”不起来了！

花椒、藤椒、胡椒，用生的、熟的、嫩的、干的、红的、青的、颗粒的、粉末的、与其他佐料混合的，乃至榨出油的，千差万别，千变万化，在名厨手下，名菜盘中，各有妙用，争“麻”斗艳。正因为麻味非常特殊，所以特别讲究功夫：过少，不出效果；过多，物极必反，变苦反胃；放早，味道留不住或者变糊；放迟，口感生硬不入味。食道学问深、掌勺经验足，才拿捏得到位。

火锅里面，花椒随波起伏；炒菜盘中，麻劲回味悠长。麻倒广广不作数，麻倒老外不作数；麻翻地球，麻出宇宙，引无数食客尽折腰才要得！

摘自微信自媒体《餐饮老板内参》

香味是嗅觉

香味的实质不是一种味，而是一种气体。但是，香气也可作用于口腔而产生味觉。所以，习惯上也将香气称作为香味。香味主要来源于含有呈香味物质的各种香料。一是天然性原料。如茶叶、香叶、菊花、陈皮、桂皮、茴香、花椒、甘草等；二是人工合成原料。如食用香精，但是这些原料需要经过烹调才可以通过菜品实现；三是食材本身在烹饪过程中出现。如蔬菜的本味香；如肉类在烹饪之中出现的拉夫德反应。香，有酥香、清香、醇香、酱香之分。

我们常说“吃得香”，其实这挺难从理论上给予解释，究竟什么是“吃得香”，可意会而不可言传。从现象上说，类似狼吞虎咽、咂嘴、吁气、打饱嗝都可以算是。《骆驼祥子》里有句话精妙：祥子结婚，吃虎妞做的熬白菜加肉丸子、虎皮冻、酱萝卜、馏馒头。饭食比往日可口，但“吃不出汗来”。“吃出汗来”，差不多是“吃得香”的极高境界了。如是，吃得香和饭食可口就没必然联系。李渔认为蔬菜中的笋和水产中的虾是同类，是食品中的甘草。此二物鲜甜自不必论，但吃笋吃虾，显然都吃不出汗来。吃笋而能出饕餮状的我见过一次：某次大锅排骨笋子汤，水汽氤氲，一位仁兄夹肉与笋裹在大白馒头里，大口痛嚼，旁若无人，脖子挣粗脸发红，看得都让人有食欲。但这是借了汤和猪肉的光，非笋子功劳也。由此延伸，食精脍细、精致秀雅的，似乎不容易吃得香。

祥子吃得香的，是烧饼夹肉，是羊肉包子，吃一口满嘴油。莫言写山东人吃烧饼，饼中大葱，一口下去脖子发红；山东羊杂汤配烧饼，冬天吃全身透汗，腹中滚烫。这类经验，大家都会心不远。冬天北京人吃卤煮火烧；苏州人吃羊肉汤配馒头；过年吃红烧蹄肉汁拌饭；午夜上街喝碗明火白粥斩盘卤菜；川人入夜到串串香坐下，几十串且熬着，扬手先叫来啤酒。类似“吃得好香”的经验，大家都有过。若要归纳“吃得香”，大概逃不出这几条去：或是有浓味汤羹，如此才能吃得全身热发；或是有重酱大肉，如此才能吃得贪得无厌；或是有厚面加刺激味觉的调味料，葱蒜韭菜等；如此才能让人孜孜不倦，越吃越欢。

饮食男女，人之大欲，如是男女和饮食自有类似处。如李渔所谓笋与虾，如袁枚喜爱的佳果，如诸位金钗们同着宝玉一起吃的螃蟹，都属于清秀雅致之物，不食人间烟火如林黛玉、小龙女，素雅澄净如黑白片剪影下的赫本。大吃大嚼，就很唐突佳人了。那时就不是尹志平去追小龙女，而是黑旋风去找李师师了。而人能吃得香的食品，比之于姑娘，就不是世外仙姝寂寞林那种。看伊娃·朗格利亚这一类享誉美国的辣阿姨可知：容貌非绝顶，身段不修长，但凭着墨西哥肤色、大灿烂笑脸和那股欢实劲，就有墨西哥菜的吸引力了。话说墨西哥菜去了鱼基本是玉米，怎么美国人民也吃得香？答：番茄酸，辣椒辣，火红的调味汁撩拨的。末了加点儿墨西哥烤烟，美国得州人民都抵挡不了这个。吃得香的饭食大抵如此，饱满鲜活重口味，满足了人民关于吃的最核心需求。

当然，吃得太香是要遭批判的。赵翼痛恨葱蒜，说吃葱蒜的人流汗如牛马粪。李渔也认为葱蒜韭不好，所以只肯拿葱调味，韭则只取早韭，意思是那时韭菜还清爽，没被世俗污染。才子格物就这么可爱，哪种菜是小人，哪种菜是君子，然后亲贤臣远小人，指望吃得通体晶莹上下透明呵口气都跟香香公主一样有兰麝气。笔者拿这段去给一个爱吃蒜蓉空心菜下饭的女孩子看，她如此评点二位才子的葱蒜观：“那他们得错过多少好吃东西啊！”如是，人越往高雅的方向走，越容易沉溺于妙玉的点犀盉和她被刘姥姥嫌淡的茶，这是洁净化了的饱暖思淫欲，但说到底，味道之精妙纤细固然是高一级别的存在，终究脱不开饮食之本还在于“吃得香”。一个满是小龙女或凉拌莴苣嫩尖（所谓凉拌凤尾）和鲈鱼莼羹的世界固然望去很美好，但一个满是张曼玉版金湘玉和腊汁肉夹馍配羊肉汤的时代疑似更让人觉得人生有滋有味些——要怪只好怪饮食男女，人之大欲，DNA 里就藏了天意。

涩

涩是食物成分刺激口腔，使蛋白质凝固时而产生的一种收敛感觉。某些食物，如含有单宁或草酸钙的未熟水果，会在口腔粘膜或者牙齿上引起一种微苦或者粗糙的感觉。

清凉

清凉是某些物质可以激活冷感三叉神经感受器，人们可以通过诸如绿薄荷、薄荷醇、乙醇或者樟脑来获得这种清凉的体验。这其实是食物中的化学物质激活了神经中的 TRPM8 离子通道，因此引发了冷感。不像某些代糖所描述的那样，这些物质并非真的使得温度下降，而只是一种被诱发的幻觉而已。

油腻

研究表示可能存在一种称为 CD36 感受器的味觉感受器，能对脂肪酸产生反应。这一发现对更好地理解人们对油类食物的各种行为提供了依据。脂可能是第六种味觉，国际上也正在研究。现代人对油腻是不可接受的，油腻食物吃的太多往往会出现恶心难受、肚子不舒服等身体不适情况，所以在烹饪中要求实现“油而不腻”，把较为肥腻的食材，经过足够的时间烹制，让油脂最大限度的析出，从而使食材的腻人之感降到最低程度。

醇厚

由标准氨基酸中含有乙醇基和硫醇基的氨基酸所引起的持久不断、满口溢香的感觉为醇厚。醇是香味的一种，醇厚就是主体味觉醇正浓厚、气味芬芳、久而不散。比如说苦瓜菜品中的醇厚，就是以苦味为主，但是有蔬菜香，加之苦味的厚重，有久而不散的感觉。

脆

脆，是牙齿对菜品咀嚼过程中产生的容易咬断又爽口的感觉。和软、酥联想认知，就十分明了。

我们都知道油炸食品十分脆，其原因就是高温脱水。浸在热油中的食物表面被加热到水沸点温度时，水分开始蒸发，引起食物表面脱水，因而形成有细微空隙的外皮壳。随着炸制过程的深入，这种表面脱水迫使内部的水移到外表面，外皮壳层的厚度继续增加，同时一些油脂渗入因水分蒸发所形成的外皮壳内的空隙里。蒸发的水分带走了其周围油的热量，在食品的表面形成蒸汽，因而防止了食物内的温度超过水的沸点。此外，水分蒸发限制了油渗入食物内部，食物内的蒸汽所产生的正压阻碍了油进入食物，为使油进入食物的内部，大量的水分必须被蒸发掉。

例如脆皮鱼的烹饪技术关键在于：①鱼要加盐，用姜酒汁腌过。否则，成菜后会感到乏味欠美。②鱼的皮上一定要抹些生粉，成菜才能达到皮脆的要求。③油炸时，油温要高，鱼皮才能起酥变脆。但油温也不宜十分旺，不然，鱼易炸焦，而且出现糊味；油温太低，则鱼皮难于起酥变脆。④必须现炸现吃，才能保证鱼皮酥脆，时间稍为延长，鱼皮就失脆变软。总之，脆是食物自身就具有脆的特点；也是二次加工带来的特点。

味型的基本原理就是基本味觉和衍生味觉、食材和调味料之间的组合变化。如熊四智在《中国人的饮食奥秘》中谈到："用烹饪技术手段实现味觉艺术，主要是运用调味料的化学性质，巧妙地进行味的组合，把单一味变成千变万化的符合味；与烹饪的其他工艺环节紧密结合起来，特别是利用加热手段，使有味的原料充分表达出来，使无味的原料成为美味。"餐厅在运用实践过程中必然要依赖厨师的辛勤工作，但作为餐厅管理者，一定要知道明了其中的变化道理，如果自己不清楚，就无法判定菜品质量。同时，要建立调动厨师积极性的机制，激发厨师内心的工作激情。

向粤菜学习尊重食材

相声里说到食材，顺口的词是天上飞的，地上跑的，水里游的，草壳里蹦的，这足以证明中餐食材的广博。食材是对餐饮对厨师最高的约束，也是最低的要求。如果不懂得尊重食材，就无法经营好餐厅，也无法做好厨师。向粤菜学习尊重食材，并不是说其他的菜系不尊重食材。餐饮行业有句话，没有不尊重食材的菜系，只有不尊重食材的人。就是说，事实上食材在任何菜系中都重要。但像粤菜这样把食材放到烹饪中极高的位置，恐怕是极少的。粤菜的精髓，就是对食材的精准把握，研究和搭配，以最少的佐料做出最丰富最本色的味道。

（1）学习粤菜尽可能表现食材本味的烹饪理念。所有的烹饪手段，都是为之服务的。这里的本味，是指食材的味道和口感。虽然通过不同技法，是可以改变食材的味道与口感的，但粤菜偏偏不这么做，反倒是尽可能保证其原来的样貌。广东人最讲究"鸡有鸡味，鱼有鱼味"。

有朋友提到，高端的主人曾以一锅热水烫熟食材待人，就是著名的"清水边炉"。这种把食材做恰到好处的加工，最能体现粤菜的风貌。此处的"加工"不仅是烫熟，而是在食材开始处理的那一刻起就要用心。譬如在松记餐厅中，猪润即猪肝是松记的名品，是软糯发甜的"黄沙润"。但这种品相，如果在杀猪时放血不对，那就不能获得。借用陆游的话，"汝果要学诗，功夫在诗外"。粤菜对食材的尊重是贯穿始终的，并不仅局限于烹饪一刻。比如粤菜中白切鸡这道菜品，其核心秘诀就是对鸡的选择。一定要使用正常饲养 3 个月，没生过鸡蛋的小母鸡。但现在，基本很难吃到自然饲养 3 个月的小母鸡。因为鸡场喂 3 个月饲料要亏，很多大型鸡场往往是 45 天就出栏。现在的鸡肉多脂肪而没鸡味。

（2）要学习粤菜尽可能地利用好食材的烹饪实践。历史上两广是“南蛮之地”，开化相对中原较晚，自然也保留了不少先民的风俗。而地理上广东得天独厚的优势使其食材丰富，应有尽有。名士屈大均所谓“使天下之食货，粤东尽有；粤东之食货，天下未尽有也”（《广东新语》），虽有夸张但大体的意思是对的。由此，虽说“食不厌精，脍不厌细”。但“垃圾是放错地方的资源”，只要能找到合适的处理方式，那就要好好利用。不得不说，这跟广东立商千载，久下外洋所形成的敢闯敢干、开放务实、灵活变通的性格，也是很有关系的。

譬如，一种动物、一种植物的各部分，都应充分利用。不同条件、年份、状态下的动植物，也应各得其所。比如粤人喜吃鸽子，对鸽子这个食材粤人从来都是用心处理。鸽子刚出生不久，是名乳鸽。对于乳鸽，需红烧之，直红烧至香嫩皮脆，通体油光，趁热配啤酒吃，风味别致。周围街坊常说：所选乳鸽不宜出生超过七天，品种以中山石歧鸽为上。待到鸽子成年，如果还是红烧处理鸽肉，肉质太老，口感过韧，严重破坏食材；故粤人转以香茅、砂锅，配花雕炆之。出锅之后，鸽肉清香入味，夏秋之交时食用更为和味。对于老鸽，外省多弃之如敝履。粤人不然，仍将老鸽留以妙用。粤人将老鸽放入瓦煲，加绿豆、海带、昆布；或加虫草、党参、桂圆；配以文火细炖，一个时辰后煲成上好老火靓汤。对食材的尊重，是粤菜的精髓所在，这在其他菜系少有见到。

已故鬼才服装设计师亚历山大·麦昆说过，我们应该打破规则而保留传统。粤菜一方面保留传统技艺，如烧味制作时依然使用麦芽糖（即“甘之如饴”的“饴”），可谓古风仍存；另一方面，却又推陈出新，创造出不同技法来对待不同食材。“尊重食材”的核心精神没有变，却在此最高原则下又唱念做打，可谓在柴米油盐中继往开来了。

向川菜学习灵活调味

学界有人提出：“川菜的灵魂并不是辣椒，更不是红油，而是郫县豆瓣和独特的姜蒜用法。”这种说法偏颇，直到今天，三分之二以上的川菜也并不用辣椒，川菜中有 70%左右的菜品都是不辣的，所以辣椒并不能算是川菜的最明显特征，更算不上灵魂。川菜最为值得学习的是对菜品味型的灵活调味，川菜调味不仅丰富庞杂，而且也是举国无双。《华阳国志》上说，蜀人“好滋味，尚辛香”。川菜的神奇之处就在于原料寻常随处可得，功夫全在调味的千变万化。我们知道，“醇香浓郁、口味丰厚、菜进口中、余味无穷”是对川菜味型准确的总结。在川菜的56种烹饪手法中，小煎、小炒、干烧、干煸为川菜所独有。口感上，川菜追求“百菜百味，一菜一格”。哪怕是在最平常的菜品中，这些精致的调味品和复杂的技法也有所体现。川菜的单味与其他菜系大同小异，只有10种而已。《四川名菜》一书载称：甜咸酸软脆麻辣苦鲜香，十味俱全，此川菜之正宗也。食在中国，味在四川。不吃川菜，不知中餐。正宗十种味道，表达的是美味大都是复合味。

（1）我们要学习川菜对味厚的追求。五味令人口爽，古今亦然。川菜所用食材，大都是就地取材，不做远求。与川菜适应的用餐形式非常广，无论是高档宴席、普通餐馆、大众小吃，都有一席之地。我们说，川菜味厚，其实是讲川菜味多、广、厚。味多，其他菜系有的味型，川菜大都有，而川菜有的味型，其他菜系往往是没有。味广，川菜菜品覆盖的味型多达五六种，味中有味，回味无穷，基本味觉和衍生味觉交融。味厚，指的是一道菜品的主力味道非常厚重，入味很深。

比如炒是各大菜系都要应用的烹饪技法，在川菜味型中就有鱼香、荔枝、咸甜、家常等之分，每个味型又适应不同的食材。由于炒菜由生变熟时间极为短暂，因此采用“兑汁式”调味，即不用芡汁的清炒、生炒、熟炒，就需要将调料事先准备好，做到菜品调味，随手可去。荤菜原料为主则要求细嫩味美，素菜原料为主则要求脆嫩爽口。

比如宫保鸡丁。宫保鸡丁如今极为常见，随便一家餐馆都敢往菜单上写，但要做的好，有讲究。一块鸡肉入口，首先尝到是酸、咸、鲜，这是醋和酱油的功劳；再下来是麻辣，这是干辣椒和花椒的味道；最后是甜味，把上面复杂的味道中和统一，融为一体。再加上混合其中葱姜蒜的辛香，一盘宫保鸡丁，就是一首味觉的交响曲。这复杂味道的关键，就在于事先配好的一碗调味料，叫做碗汁。做宫保鸡丁，要舍得放糖，两勺白糖打底，加香醋淹住，再放一勺酱油，一勺料酒，最后放上淀粉搅匀。这样配出来的味道，酸甜兼备，叫做小荔枝口。辣椒花椒慢火煸出香味，鸡肉炒到微微泛起白色，就得赶紧下碗汁。碗汁下了锅，紧接着就放鱼眼葱丁和炸得金黄香脆的花生米，翻个三两下勺，芡汁浓稠紧紧裹在鸡肉上，装在盘子里冒着白气，香味四溢，油光透亮。碗汁兑不好，做出来的宫保鸡丁怎么都不是味。

麻婆豆腐也是常见菜，创始人叫陈刘氏，因为脸上有麻子，人称陈麻婆。麻婆豆腐最早是做给脚夫苦力们吃的，要的就是一个麻辣十足味道浓厚，能多吃几碗米饭。据说麻婆豆腐有八字箴言，叫做“麻、辣、烫、香、酥、嫩、鲜、活”，最难的是一个“活”字，堪称独门绝技：做好的豆腐上撒上一把蒜苗，湛青碧绿，宛若生时。梁实秋说早年间北京一家餐馆要学这门技术，特意从四川请来师傅教了三天。麻婆豆腐以麻辣味为主，但调味上一样马虎不得，有大学问：辣椒要选大红袍做的豆瓣酱，花椒要用汉源的贡椒。家里买不到正宗的调料，想要味道好有个窍门：花椒面不用现成的，做的时候把花椒粒在火上焙出水气，放在案板上碾碎，满室香气。牛肉末炒酥放郫县豆瓣煸出红油，放高汤调味，再下豆腐大火煮上一会儿，让味道渗透每一寸肌理，最后用水淀粉把汤汁收浓，撒上青蒜叶和刚做好的花椒面，红的汤汁，白的豆腐，上面缀着星星点点的翠绿，色、香、味俱全。趁热舀上一勺放在米饭上，香味简直能从鼻孔冒出来。

川菜的调味技法有自己的实践心得。比如说酱香味，酱烧鸭子、酱烧肘子、酱爆肉、酱烧玉米等菜品都带有这种浓郁风格特点。其中最为关键的是把酱制香，要求”温火、温锅、温油”慢慢炒制，烹饪出醇香之味。酱烧菜品，要把握白糖的用量，要使菜品味型顺序是“咸、甜”，不能是“甜、咸”，遵循咸中有甜、回甜的原则。川菜的菜品制作，对味型中各种调料的比例要求最为严格，也是最难把握的。

（2）我们要学习川菜对创新的追求。了解川菜的发展历史，就知道川菜离不开创新二字。夫妻肺片是川菜创新的典型案例。20 世纪 30 年代在四川成都有一对摆小摊的夫妇，男叫郭朝华，女叫张田政。夫妻俩用成本低廉的牛杂碎边角料，经精加工、卤煮后，切成片，佐以酱油、红油、辣椒、花椒面、芝麻面等拌食，由于采用的原料都是牛的内脏，而这些原料的来源大都是不食动物内脏的回民所丢弃的，所以当时被称作“废片”。因其价廉味美，既受买不起肉食但想吃荤腥的贫民的欢迎，又受爱其美味的市民的追捧，夫妻俩因制作的凉拌肺片精细讲究，颜色金红发亮，麻辣鲜香，风味独特，加之他夫妇俩配合默契、和谐，一个制作，一个出售，小生意做得红红火火，一时顾客云集，供不应求。后公私合营，并入成都市饮食公司，公司觉得“废片”二字不怎么好听，将"废"字易为“肺”字，并注册“夫妻肺片”，这就是成都这个著名菜品名字的由来。这道菜有牛舌、牛心、牛肚、牛头皮，后来也开始加牛肉，但唯独就没有牛肺，可偏偏又叫“肺片”，因缘巧合造成的名不副实而已。按照今天的说法，这道名菜使用的就是边角料，在烹饪技法和调味手法上进行了创新。研究表明，创新的主要路径是组合进化。在熟知既有食材的秉性，掌握调味料的特点，明了味觉之间的变化之道，不断进行新的组合，推陈出新。川菜品类中的火锅、冒菜、串串香的层次发展，也说明了创新的重要性。学习川菜，我们就会明白菜品只有原料贵贱之分，没有质量高低之别。即使是廉价的食材，同样可以制作出高质量畅销的菜品。

味型图

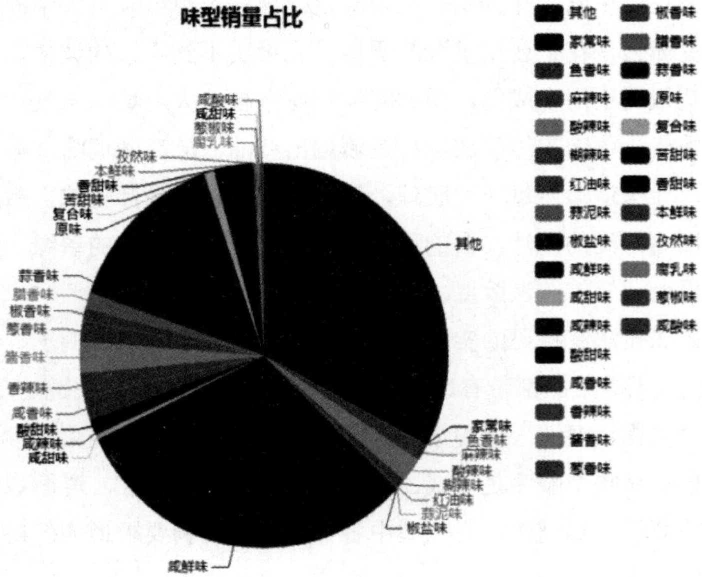

味型有家常味、鱼香味、麻辣味、怪味、椒麻味、酸辣味、糊辣味、红油味、蒜泥味、姜汁味、麻酱味、烟熏味、荔枝味、五香味、香糟味、陈皮味、芥末味、椒盐味、咸鲜味、咸甜味、糖醋味、咸辣味、酸甜味、咸香味等。

椒麻味型，川菜常用味型之一。椒麻味型特点：椒麻辛香，味咸而鲜。多用于冷菜，尤适宜于夏天。以川盐、花椒、小葱叶、酱油、冷鸡汤、味精、香油调制而成。调制时须选用优质花椒，方能体现风味；花椒粒要与葱叶一同用刀铡茸，令其椒麻辛香之味与咸鲜味结合在一。椒麻味型应用范围：以鸡肉、兔肉、猪肉、猪舌、猪肚为原料的菜肴。如椒麻鸡片、椒麻肚丝、椒麻兔丝、椒麻舌掌等。

郫县豆瓣的发明者，是一位从福建入川的陈姓移民，他在途中随身携带了不少胡豆充饥，却受四川盆地潮气的影响，胡豆发霉，而又舍不得扔掉，便把发霉的胡豆晾晒，又以鲜辣椒伴着食用，结果发现非常味美，这成为郫县豆瓣的起源。虽然这个故事已不可考。

三、菜系味型

一方水土养一方人。同一个地域的人，语言相通，习俗相通，饮食相通。李一氓在其《存在集》续编中认为，区域饮食文化的认知，得等到国内市场有一定发育，人口流动有一定规模，并且有了一定数量的职业厨师，才可达成。据麦肯锡咨询公司的推估，中国目前有 102 个人口超百万的城市，到 2025 年将有 221 个人口至少百万的城市。单建成的京津冀巨型都市圈有 1 亿多人口，面积将是韩国的 2 倍。城镇化消费升级悄然改变着人们的膳食结构，人们对碳水化合物摄入减少，对脂肪、食用油、畜肉类食物摄入增加。人口的强流动和强聚集，必然也改变着既有的地域菜系。古有鲁菜、川菜、粤菜、淮扬菜四大菜系，后有八大菜系之说，现在更多的是以省为单位来说菜，菜系之间的融合将是趋势。

鲁菜

鲁菜始于山东成于北京，过去讲的菜系不代表省份，鲁菜是从春秋时甚至更早代代传沿而来，它极大影响着北京、天津、河北、东北等一大部分北方地区，在明清渐入鼎盛被冠之以官家菜或宫廷菜，亦被誉为四大菜系之首。在北方，鲁菜几乎和家常菜融为一体，一般来讲，凡是用葱调味，包括爆锅和生调，都属于鲁菜的做法。从这个角度讲，东北菜馆做的其实就是发展过的鲁菜，而类似北京烤鸭、京酱肉丝等等北京菜都属于鲁菜范畴，在山东地区更不用说了。但在当下的市场，不仅是占有率不足，而且美誉度也不够，反被川菜后来居上。究其原因，仍然是消费升级和技术进步的原因，但这并不能否定鲁菜的贡献和地位。

鲁菜分为两大派，一是以海味为主的胶东菜系，多把新鲜质优的海鲜入菜；二是以山珍为主的孔府菜系，多用野生当季禽蔬入菜。唐鲁孙说过，鲁菜是烟台帮和济南帮，说的也是一回事。鲁菜讲究爆炒、深炸、酱烧、重葱重蒜、浓色亮油，口味深厚。代表菜有爆炒腰花，九转大肠，槽溜肉片，爆三样，红烧加吉鱼，鲅鱼水饺，辣炒大肠，小豆腐，爆煎鱼，酱肘子，猪皮冻，虎头鸡，炒八带，辣炒花蛤，麻汁杂拌，炸五香肉，奶汤蒲菜，海鲜疙瘩汤，老醋蜇皮，拌海参，红烧鲳鱼，葱烧海参。

在我国，最为顶级的宴席是“满汉全席”，其中 98%以上的菜品都是鲁菜。鲁菜原创的烹饪技法就有 60 多种，其中雕工、切工、爆炒技法最为特色。

川菜

不管业界如何争论，川菜业已成为中国菜名片的事实不容质疑。无论是知名度还是市场占有率，川菜都是第一。川菜在历史也曾被批评攻击味重等缺点，当时黄敬临大师因开发出开水白菜这道名菜，充分体现川菜精髓，即一菜一味，百菜百格，说明川菜的重点不在复杂，而在调和与意境，讲究味型多样性和层次感。因此，所谓川味正宗者，是在原有基础上加南北之秀，而自成格局也。川菜学习和借鉴了其他各个菜系的精髓，有海纳百川的胸怀，这是未来菜系发展的走向和趋势。换言之，任何菜系都不能闭关自守，必须要改革开发，才有生命力。口味本身就是很主观的东西，市场也是最好的检验师，省会城市大众点评前十名基本都有川菜餐厅。

粤菜

粤菜，吃在广州，味在潮州。很多人根据米其林美食指南来评价粤菜的地位，在第一本中国大陆地区米其林餐厅指南中，获得米其林星级荣誉共有 26 家餐厅，19 家中餐厅，其中 9 家是粤菜，而唯一获得最高三星荣誉的是唐阁，而唐阁经营的就是粤菜系。粤菜是一个合集，里面有三大子集，顺德代表的广府菜，潮州代表的潮州菜，梅州代表的客家菜。刘广伟总结道数百年来粤菜的特色在于：一、生猛海鲜。对于食材，粤菜有着自己独特的追求。通常对最好食材，粤人最高的致敬方式是生吃、白煮白灼、清蒸清炖；二、镬气小炒。在炒的质量要求上，粤菜非常严苛；三、早茶点心。广式早茶，不仅丰富且已成为一景；四、老火靓汤。靓汤，是粤菜宴席的开场大戏，粤菜非常注重煲汤；五、燕翅鲍肚。顶尖食材运用和烹制，粤菜要占据大半市场。其中，谭家菜特别擅长烹饪鱼翅；六、野味猎奇。地上跑的，天上飞的，粤菜都敢做成菜，也是环保人士非议之所在。

浙江菜

前面简单说了四大菜系的三种，下面谈谈浙江菜。以前的菜系划定的是某一个区域，随着现在的行政区域划分，某一个省的菜往往和之前所讨论的菜系不一样。每个省的菜系特点是根据该省的历史变迁、人口流动和经济发展等综合因素来决定。浙商在改革开发后异军突起，也带动着浙江菜蓬勃发展。时尚、创新的快餐厅，以杭州出来的餐厅居多，例如外婆家、绿茶等浙江杭州餐厅在全国发展迅速，这是餐饮行业发展的一大亮点。浙江菜中杭帮菜是主要流派，口味主要以咸为主，略带甜味，选料多以时蔬为主，制作精细，主要特征可用清淡适口四字简述。经典菜肴有西湖醋鱼、东坡肉、龙井虾仁、宋嫂鱼羹、笋干老鸭煲、蜜汁火方等。杭帮菜可以分为湖上和城厢两个流派，湖上主要以鱼虾类菜肴为主，擅长生炒、清炖、嫩溜等烹制技法，讲究清、鲜、脆、嫩，注意保持食材的原滋原味。城厢则以肉类菜肴为主，主要以蒸、烩、汆、烧为主，追求轻油、清淡、鲜嫩的口味，注重鲜咸合一。

四、坚持做自己

北京安定门内的分司厅胡同里，有一家“张妈妈”川菜私房小厨。开业五年，

“张妈妈”始终坚持自己的立场，从不改变自己菜品的配方。比如辣度，从不做增减。按照常理思维，川菜进入北京要改变辣度，但是“张妈妈”认为不能为了迎合所有人而改变辣度，餐厅不要求所有人都吃得习惯，只要哪些感觉对味的人习惯就可以。“张妈妈”在菜品配置上用心做了设计，比如说凉粉有伤心凉粉和川北凉粉，吃不了辣的客人可以选择川北凉粉，但是对于伤心凉粉的辣度绝对不减少。恰恰是这种坚持，不仅没有流失北方客户，反而是门庭若市，高峰期要等位 3 小时。对于做菜，“张妈妈”总结道：“我做菜有两个秘诀，一是原料要选好，我对肉、蔬菜的新鲜程度非常挑剔，做干煸肥肠这道菜时，肥肠必须要前一天晚上宰杀的新鲜猪肠；二做菜调料很少，有人说川菜口味重，而实际上地道川菜应该是辣而不燥辣而不咸，是否咸就在于调料的处理，我的调料都来自四川，并且绝没有多余的成分。”

台湾度小月品牌起源于 1985 年，是做新台湾料理的。2013 年进入北京的时候，就一直坚持纯正台湾口味，自然偏淡。他们认为，即使菜品的外型调整，但菜品的本质味道要一直保留。

这些案例给我们启发，菜品结构设计要满足目标用户需求，但菜品味型要坚持做自己。餐厅经营中经常会出现顾客说：“老板，这个菜是不是辣可以少放点？”对此，大多数经营者都是会听从顾客的意见。其实，这种调整改变不仅匆忙，而且会降低菜品既有品质。我们习惯调查竞争对手，发现竞争对手一些好的方面就开始模仿，结果大家越来越相似，把对手的“好东西”据为己有，自己的餐饮店魅力非但不会增加，相反，还扼杀了自己餐饮店的独特魅力。很多餐饮店生意一不好，立马让厨师换菜，这是万万要不得的。坚持做你最拿手的菜，升级你最招牌的菜、顾客最熟知的菜，这才是根本。新菜固然带来了新客源，但是顾客来你这里，想要的是本味。模仿对方形式上的东西，是愚蠢的行为。能否得到顾客的欢迎，是自己和自己的战争，让来店的顾客一直喜欢自己，这也是自己和自己的战争。不了解这一点，就无法真正让顾客喜欢自己，所以关注别人的店不如关注顾客。特色，菜品自己的本身就是差异化的体现，需要耐心积累用心沉淀。每个餐厅都有自己沉淀下来的菜品，这是餐厅积蓄衍生的信息，是餐厅进行菜品分析创新的基础。虽然是过去经验之中得出的基准值，但也不能视为绝对真理，一成不变，盲目遵循，餐厅需要根据数据分析结果，在坚持做自己之中变化，在变化之中坚持做自己。

/延伸阅读/

20万份菜谱数据背后，一些关于中国味道的秘密

说来奇怪，中国人爱吃，但是对吃的却有千百种看法和意见，有的人喜欢吃辣，有的人喜欢吃甜豆腐，有的人喜欢吃咸豆腐，千滋百味是中国菜的特色，但中国的味道到底是怎样的？或者说，主流的中国味道是怎样的？是美食节目里精致的膳食，还是晚上回家老妈的一碗热面？抑或是家门口小饭馆里冒着热气的回锅肉？

为了回答这个问题，我开始琢磨从数据分析上想点门路。在我咽了无数次口水后，我选取了几个美食网站，这几个美食网站的特点是，上面的美食都是用户主动上传的，因此，扒取这些美食的相关数据，就相当于趴在窗外看了一次别人家的晚饭。当我趴在窗户上看了足够多的别人家的晚饭的时候，关于中国味道的印象应该就可以形成了。

虽然这样做看上去有点猥琐，但是我的内心是高尚的，这一点必须澄清一下。

首先，依旧是写爬虫，这个爬虫能够自动从这几个美食网站上随机获取美食的信息，包括食材，烹饪时间，具体步骤，美食名称，上传美食的用户位置。

和之前的爬虫不一样，这个爬虫是自动去获取数据的，不需要设任何参数，因此我把它放在一边，没有管它，这样过了大约一个小时。

第二天我又把它打开了半天，最终大概扒取了约20万份全国各地的人们主动上传的美食。看到数据的我突然觉得，要是这都是做给自己吃的就好了，20万道菜，就算一天吃10道菜，都可以吃50年了。数据从某方面来讲确实是好东西，但毕竟不能吃，少了那么些意思。

真的和之前分析歌词不同，几十万字的歌词也才1M上下，存个文本文档就足够了，但这次不一样，20万份下来最少100M，要是放在文本文档里那别说分析了，打开它都得让电脑卡死，所以这一次，我鸟枪换炮，把它存在了mysql数据库里面。

通过对食材的聚类分析，我们可以看出，最受欢迎的调料是盐，其次是糖，酱油（PS:同类词已经合并，例如糖和白糖，都算做糖）。

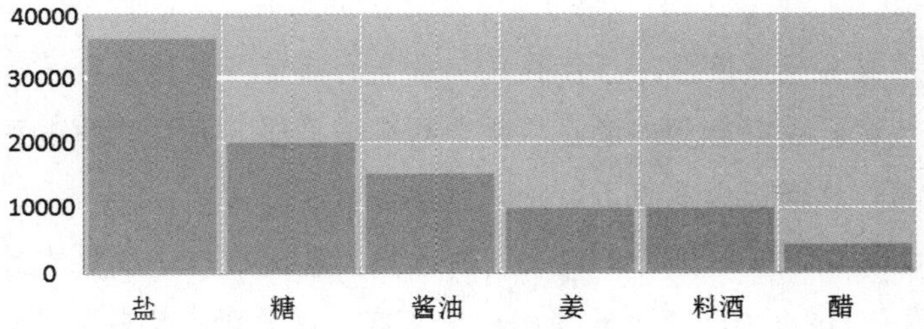

这从某种程度上说明了，咸味比甜味还是更主流一点。

那么，人们最喜欢吃的肉是什么呢？我们把食材又做一次聚类，发现了如下事实：

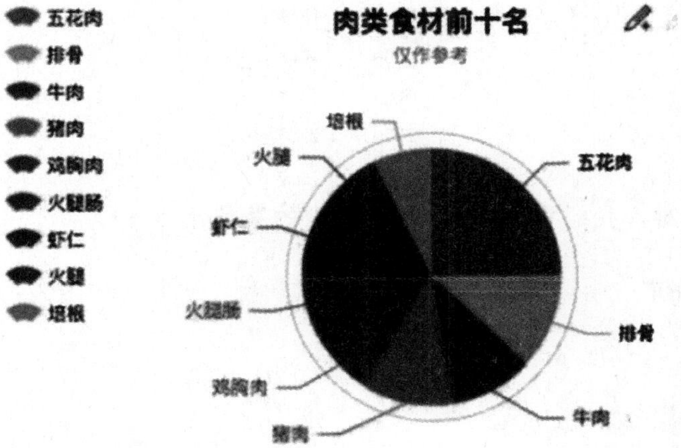

可以看得出，五花肉是不可撼动的存在；第二名排骨的份额也不错，达到了12.1%；其次是牛肉和猪肉。虽然猪肉略逊于牛肉，但五花肉和排骨其实也是猪肉，因此，猪肉无可辩驳的是中国人的餐桌之王。令我比较吃惊的是虾仁有 8.57%的份额，我小时候基本上很少吃虾仁，这世界变化快啊。

肉类看完了，那么对于蔬菜的选择又是怎样的呢？

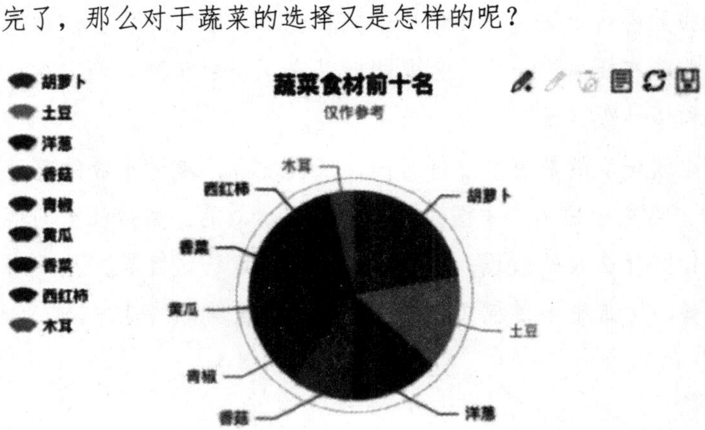

看了结果我有一点愤怒，为什么这么难吃的胡萝卜居然是第一？而且那么领先。又是为什么，香菜居然出现在了前十的名单里面。我最爱的土豆，居然只有14.54%的份额。这太让人震惊了。

另外我还发现了一个不得不说一下的事实，就是在描述用量的时候，出现最多的是“适量”，这个描述每次我看到都很头疼，适量到底是多少，为什么不能说的明白一点呢，我手一抖，倒下去半瓶醋，是不是也是适量？

适量	109693
1个	23507
少许	23445
2个	13794
100g	13590
50g	13215
200g	9753

看完了食材，我们看一下中国人最常做的菜是什么：

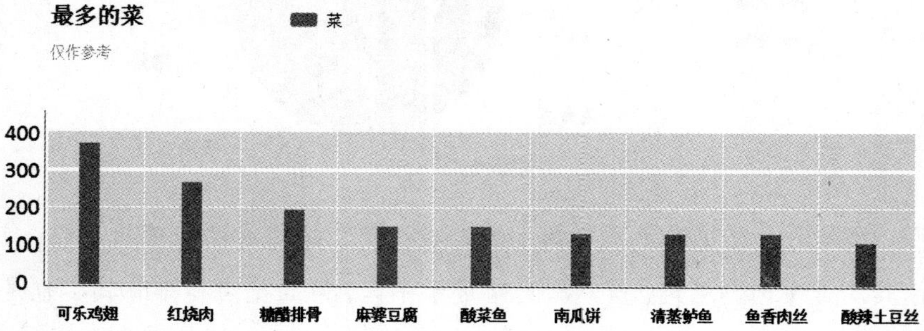

可乐鸡翅，这勾起了我遥远的回忆，我第一次听到这个名字的时候还在上小学，那时候我觉得这个菜肯定特别牛，特别复杂。后来却发现，这道菜出奇的简单，那些号称能在厨房露一手，但是平时从来不下厨房的人们，往往能露的也只有可乐鸡翅和蛋炒饭，最多再加一个土豆丝。

另一个比较好玩的数据是烹饪时间，统计发现，接近半数的菜，烹饪时间为30～45分钟，这充分说明了中国人做菜是充满耐心的，虽然社交网络上充斥着几分钟做一个什么什么菜的教程，但是大家还是愿意认认真真，花几个小时做一桌一家人的晚餐，这是中国传统文化中关于食物的最美好的地方。

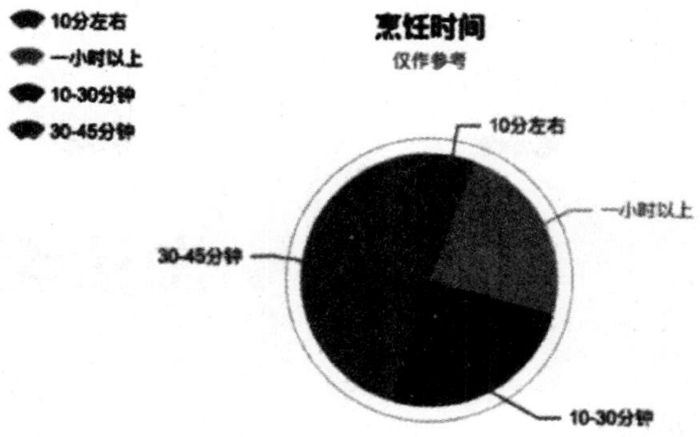

中国菜的技艺复杂，煎炒炸蒸焖煮烧，什么技法是出现最多的呢？

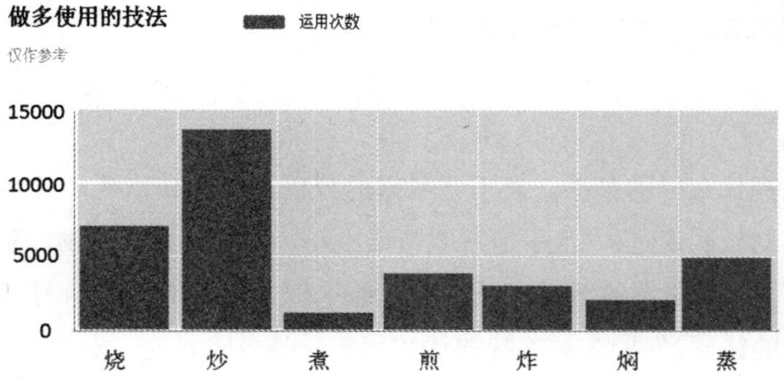

炒是做常见的做法，其次是烧，蒸和煎。

我们可以想像一下一道典型中国菜的画面：适量的五花肉，适量的胡萝卜，土豆和洋葱，以及适量的酱油，盐和糖。首先把锅烧热，倒入适量的油，然后放入姜蒜，等香味出来后，放入五花肉，等到五花肉的油出来，肉微焦，香味四溢的时候，放入胡萝卜，土豆，洋葱，继续翻炒，然后放入酱油上色，盐，糖，继续翻炒入味，还可以放点水烧一下。然后撒点葱花，就可以出锅了！

摘自知乎 APP 天善智能

第五章 淘汰菜品分析

> “宠辱若惊，贵大患若身。何谓宠辱若惊？宠为上，辱为下，得之若惊，失之若惊，是谓宠辱若惊”
>
> ——摘自老子《道德经》

餐厅选择什么样的菜品，离不开数据的分析、挖掘和预测。著名餐饮品牌大融合创始人刘长明说过：“凡事抱着本帮菜不动，拒绝接受新事物，都发展得比较慢，而融合了其他菜系的新派菜，一登台便带来一股新鲜空气，一扫以往的沉闷，获得了社会的认同。”顾客对美味的认知和感受是多因素的，求变发展是多元的，厨师、老板要跟着顾客转。但每个餐厅如何确定自己的菜品？需要对餐厅所在商圈同类餐厅的菜品开展数据分析，需要对自己餐厅菜品开展历史数据分析，从而迭代优化稳定自己的菜品。要知道，没有一劳永逸的菜品体系，是需要不断根据顾客数据来迭代改进，保持稳定之中的优化。

菜品淘汰是餐厅必做的工作，每个餐厅淘汰周期和比例也是不同的，各有各的做法。笔者认为，淘汰菜品以一个月为一个周期，比例为10%左右为宜。

一、通行淘汰菜品的做法

1. 波士顿分析法

波士顿矩阵分析法是由美国著名的管理学家、波士顿咨询公司创始人布鲁斯·亨德森于1970年首创的一种用来分析和规划企业产品组合的方法。应用到餐厅，就形成了菜品四分法，用于餐厅菜品的总体分析，对不同的菜品分别采取发展、培养、利用、淘汰的策略。

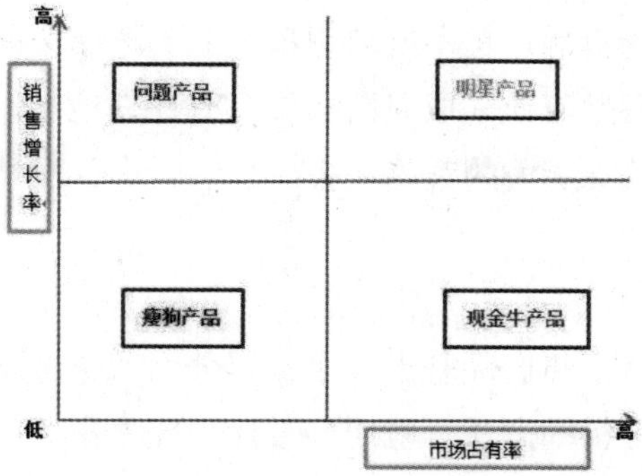

明星类菜品

明星菜品是销售额高，毛利率高的菜品。一般认为，在明星类菜品投放市场一段时间后，餐厅可以对其适当调整价格，提高菜品的价格看顾客的反应。如果顾客在提价后，该菜品依然保持着较高的点菜率，说明该菜品的价格弹性小，顾客对该菜品的价格变化不敏感。在这种情况下，餐厅还可进一步提高菜品的价格，直到顾客对菜品的价格变得较为敏感，这样可以调整各式菜品的价格保持在这个水平之下，使餐厅通过明星类菜品获得最大的经营利润。明星菜品是餐厅获取长期利润的重要渠道，所以必须保证明星类菜品的质量，并大力向顾客宣传和推销这些产品。

问题菜品

问题菜品是指受顾客欢迎程度较低，但是毛利率却较高的菜品。这类菜品既可能发展成为明星菜品，也存在某种不确定因素，演变成瘦狗产品。对问题产品，餐厅应该进行具体分析，找出营销菜品销售的主要问题并制定出相应的对策。如果定价过高，可以适当下调销售；如果因为菜品的宣传和推广力度不够，可以加强宣传促销的力度；如果存在某些缺陷，应该根据市场需要对产品进行改进。

金牛菜品

该类菜品的特点是毛利率比较低，但是却很受顾客的欢迎。这类菜品销售时间比较长，质量比较稳定，价格也已经被顾客所接受，其缺点是这类菜品的毛利率很低。金牛菜品是餐厅的主要收入来源，有利于扩大餐企的市场份额，提高知名度。金牛菜品大多是餐厅推出时间较长的成熟菜品，以价格低廉而受到用户的欢迎。大多数顾客点金牛菜品是因为其价格较低，因此在调整此类菜品价格时必须十分慎重。尽管金牛菜品点菜率较高，单利润较低，所以应该积极开发新菜品以取代现有金牛菜品。

瘦狗菜品

瘦狗菜品是指既不受顾客欢迎毛利率又低的菜品。瘦狗菜品既不能像金牛菜品那样扩大餐厅的市场份额，也不能像明星菜品类菜品菜品那样给餐厅带来高收入。对于此类菜品，餐厅应该采取果断措施，有计划地加以淘汰，把资金和人力用于反转机会和盈利机会更大的菜品上去。

2. ABC 分析法

ABC 分析法指的是，将商品基于某个指标分为 A 级别、B 级别、C 级别三类，并基于三个级别进行分析的方法。应用到餐厅，就是把菜品的销售额和毛利润指标来分析，称之为交叉 ABC 分析法。

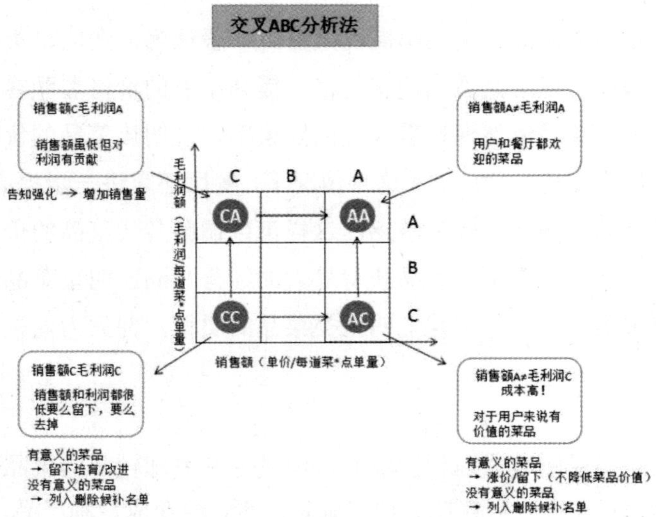

无论是波士顿分析法还是交叉 ABC 分析法，都是重要的决策工具。但是，不加修正地应用在餐饮行业，会存在严重缺陷。笔者在“菜品思维”章中指出：“一维菜品数据指标对利润分析没有价值。”菜品是多层次多维度变化，我们需要用空间思维来认知。所谓空间思维，也称多维型思维，是指跳出点、线、面的限制，能从上下左右，四面八方去思考问题的思维方式。而波士顿分析法和交叉 ABC 分析法，都仅仅是二维分析思维。一道菜品我们自己觉得再好吃，如果没有销量，对餐厅来说就是损失。我们单个去认知食材、味型，就是局限在每个点去认知，会陷入点的思维或者是零维思维。比如说，做菜要选择好食材，但好食材就会做成好菜肴么？不一定，好的食材需要过硬的烹饪技术，需要匹配的调味选择。所以，我们不能讲我的餐厅食材好，生意就一定好。把食材、味型关联分析，属于菜品的一维思维，即在自然属性里开展了纵向思维。从食材、味型单个点往前延伸，我们会发现不同类的食材类别里面味型数的多少。同样，我们仅仅就菜品经济属性、需求属性和数量属性深度思维，也都属于一维思维。当菜品自然属性中的食材、味型、单元和体验属性关联认知，就是二维思维。二维思维是由纵横两维进行扩张而形成的思维。把菜品的四维属性任意组合分析，都属于二维分析。三维思维，是把菜品的自然属性、经济属性和需求属性纵横统一，多元思考。菜品的三维思维，没有考虑餐厅菜品数量属性，餐厅每增加一道菜，都会对以前的菜品产生影响。比如说，餐厅现在用猪肉做成的咸鲜味的菜品有 5 道，价格区间在 28 到 68 元之间，如果再增加一道 48 元的酱香排骨，就会对现有的 5 道菜品产生冲击，它们的销量会发生变化。同类食材、同区间价格，如何选择安排，我们就需要四维思维了。四维空间分析，它本身也要不断发展，不断完善，直至 n 维的思维。

二、四维空间分析法淘汰菜品

1. 四效能的基本概念

销量效能

定义：菜品需求属性中销售量产生的贡献效力。

计算公式：

销量效能＝[（菜销量－μ）÷σ]×10＋50

（0<销量效能<100，μ 为菜品平均销量，σ 为菜品销量标准差）

金额效能

定义：菜品需求属性中销售金额产生的贡献效力。

计算公式：

金额效能＝[（菜销售额－μ）÷σ]×5＋50

（0<金额效能<100，μ 为菜品平均销售额，σ 为菜品销售额标准差）

成本效能

定义：菜品经济属性中成本产生的贡献效力。

计算公式：

成本效能＝[（菜品毛利率－μ）÷σ]×10＋50

（0<成本效能<100，μ 为菜品平均毛利率，σ 为菜品毛利率标准差）

食味效能

定义：菜品自然属性中食材、味型所产生的贡献效力。

计算公式：

食味效能＝[（μ－同一味型和食材的菜品数量）÷σ]×10＋50

（0<食味效能<100，μ 为同一个味型和食材的菜品数量的平均数，σ 为同味型

和食材数量的标准差）

效能计算方法说明：

*销量效能、金额效能、成本效能、食味效能计算是用 0 均值标准化的方法，先对各个效能转换成以 0 为均值，以 1 为标准差的数列，再转换为以 50 为均值，100 为方差，上下限分别为 100 和 0 的数列

*标准差计算公式：

$$\sigma=\sqrt{\frac{1}{N}\sum_{i=1}^{N}\left(x_i-\mu\right)^2}$$

（μ 为样本均值）

2. 菜品总效能

通过上述的计算方式我们可以得到单个菜品的销量效能、金额效能、成本效能、食味效能的值，它们实际上反映出了菜品的销量、毛利、口味、食材等属性值，那么如何综合分析这四个效能，并最终通过分析的结果淘汰菜品？

因四种效能数据建立在不同的量纲和量纲单位上，因此为解决数据指标之间的可比性，将数据进行 0 到 100 范围内的归一化（标准化）处理。 我们把这四个效能理论最大值（100）分别作为二维坐标的四个象限点，将点连成线形成一个闭合的区域，这个闭合的区域面积就是理论上的最高总效能分。

并且有如下的计算某个菜品总效能公式：

总效能＝（销量效能金额效能）×（成本效能＋食味效能）÷2

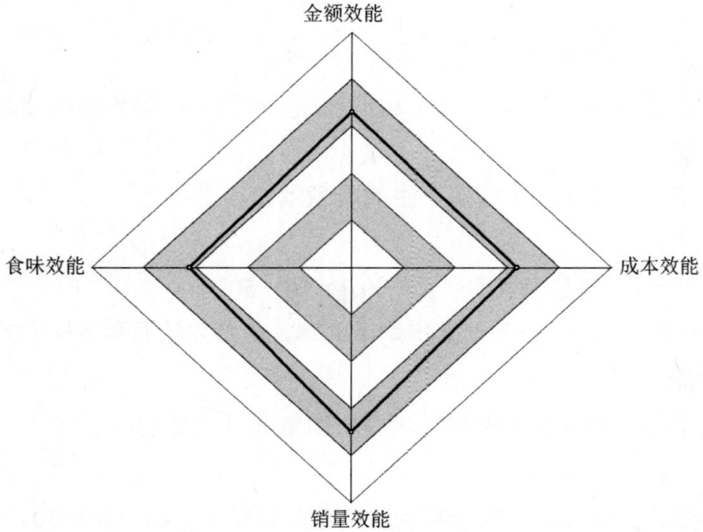

注：归一化定义

数据处理之标准化/归一化，形式上是变化表达，本质上是为了比较认识。数据的标准化是将数据按比例缩放，使之落入一个小的特定区间。由于信用指标体系的各个指标度量单位是不同的，为了能够将指标参与评价计算，需要对指标进行规范化处理，通过函数变换将其数值映射到某个数值区间。

3. 四维空间分析法的优势

不论是波士顿分析法还是交叉 ABC 分析法，它们关注的只是菜品的毛利和销售情况，然后在这两个属性的基础上进行分析。就如笔者之前说的，这些仅仅是对菜品的二维分析，单从这个维度我们很难将菜品的全面性评估出来。菜品销售量和菜品质量不是等号关系，卖得差的菜品不一定就是质量差，还受到其他菜品的影响。菜品和菜品之间存在着结构关系，如果一个餐厅重叠类的菜品过多，而互补类的菜品过少，也就是说菜品结构出现问题，就会影响销售。

我们知道宴席之中无肉不欢，猪肉是常用的食材。《食物与厨艺》中说到：“食肉最深层的满足，或许来自于人类的生物本能。人类在成为文化生物之前，营养的智慧是建立与感官系统之上，如味蕾、味觉受器以及大脑。肉类能够提供口腹的满足感，而植物却不易做到。”

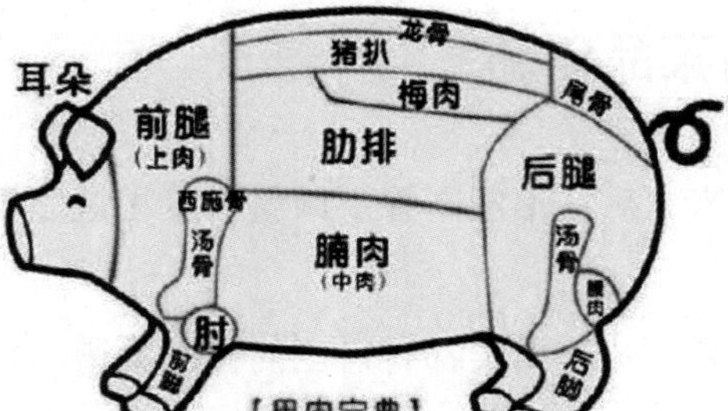

【用肉宝典】

猪肉可以做成烤肋排、糖醋排骨、蒜香骨、红烧排骨、蒸排骨、煎焗排骨、香酥排骨、酱排骨、海带排骨汤、猪筒子骨、酱棒骨、大骨煲、红烧肉、东坡肉、梅菜扣肉、芋头扣肉、干锅包菜、回锅肉，粉蒸肉、冰糖肘子、雪豆炖猪蹄、辣猪脚、卤猪蹄、糖醋里脊、干煸肉丝、洋葱炒肉、小炒肉、芹菜炒肉等诸多菜品。假如这些菜品都出现在餐厅的菜单或者展台上，顾客该怎么点菜呢？同一类食材做成的菜品，顾客选择是有限的，就是再喜欢，谁也不会点一桌子的猪肉做成的菜品，这就好像景区的游客过多可能发生踩踏现象，菜品也会有踩踏现象。食材是这样，味型、价格都出现同样的现象。

而四维空间分析法就充分考虑了这种情况，把菜品的自然属性、经济属性和需求属性纵横统一，系统思考。通过销量效能、金额效能、成本效能和食味效能，分析菜品在销量、销售额、毛利、食材和味型等方面的评分，并通过归一化的思想，将这四个效能联系在一起，从而得到了菜品的总效能分。这个四维空间分析法相对波士顿分析法或者交叉ABC分析法，亦或者是市场上其他的分析法都更加全面和科学。

4. 四维空间菜品分析实践应用

在实际的应用中，我们以某一个菜品为例，先设置这个菜品的基本信息，比如它的售价、成本、菜品味型、菜品的主食材。当这个菜品没有销售量时，即它的销售效能以及金额效能都为0，这时候算出的总效能值自然也为0，所以它应该是在被淘汰菜品列表中；当这个菜品有销量的时候，我们通过以上四个效能计算公式可以分别得到销量效能、金额效能、成本效能、食味效能的值，假如这个菜品的金额效能为60，销量效能为50，成本效能为40，食材效能为60，那么它的总效能即是：（50＋60）×（40＋60）÷2＝5500，我们依据这个方式计算出每个菜品的总效能值，然后按照得分从高到低的排序展示，得分较低的即是淘汰菜品的考虑范围。

三、淘汰菜品与菜品创新

淘汰菜品名单出来之后，不能不管不问就直接丢进垃圾箱，而是要做进一步的分析和研究。

（1）检查标准工艺。每一道菜都有自己的标准菜谱，也就是理论上的工艺说明书。关于这点，不少餐厅都不重视，嫌麻烦，认为装在司厨人员脑子里面就可以，没必要写出来，更无需记录在计算机里面了。这是致命性的错误，标准菜谱是餐厅管理的基础中的基础，必须要可追溯。检查标准工艺，就是看食材之间、食材和调味品之间以及烹饪技法是否合理得当。例如荔枝鱿鱼卷，味型依次是酸、甜、咸、鲜，主味型是酸甜，即品尝起来酸要略微大于甜。在这道菜的工艺中最重要的是调味，一是调味的方法，二是调味品的比例。要采用兑汁式方法，就是在鱿鱼烹制前把各种调味品置于碗中，以去头尾处理干净的一斤鱿鱼来说，需醋35克、白糖30克（这两种调料决定着酸和甜）、酱油15克、料酒10克、精盐和味精少许，适量加入水淀粉。烹饪过程中在调味汁下锅后，炒的时间不能过长，只要和鱿鱼溶为一体就可以，否则鱿鱼体内水分会析出，导致味型变淡。在检查的时候，要看味型是否准确，调味技法、比例和关键要点是否支持。餐厅掌握标准工艺的大都是厨师长，笔者的建议是要让其他的厨师都参与进来，一起制定一起检查。

（2）检查制作流程。一是在现场看，是否执行标准，炉台烹饪是否按照标准；二是小组访谈，让参与制作的厨师对照标准工艺回忆自己的做法。菜品制作本身就是严格的活动，特别是火候以及调味的先后，更是决定着菜品的质量。标准工艺，其实是一个从原材料到成品的设计解决方案。每一个司厨都需要熟知标准工艺的要求，做到烂熟于心自觉于行。例如有家连锁餐厅的一家门店有道鱼头泡饼以往每月能卖 1200 份，去年 9 月份突然出现大跳水，当月只卖了 800 多份。经调查发现，该门店原先烹制此菜的厨师被调到新店，此菜转交给店中另一位技术过硬的厨师负责，但因这位师傅没有操作过此菜，细节出现失误。主要是把每份菜的鱼头特制酱由 100 克减少为 80 克；炖制时间由 8 分钟减到了 5 分钟；葱姜蒜等料头减半使用。

（3）检查采购环节。采购不是看见什么就买什么，也不是什么便宜就买什么，而是根据标准工艺来制定采购标准实施采购。检查采购环节，就是根据标准工艺来检查食材质量标准，看是否是需要的食材。

（4）检查味型区间。同一食材单元，即某一类食材在某一个味型数量居多，彼此就会产生销售影响。因为顾客是按席点菜，不会重复点菜。例如鱼类做的咸鲜味型菜品，有红烧鲫鱼，有鱼头锅仔，有清蒸桂鱼，有臭鳜鱼，有大碗鱼等，顾客往往只会选择一个菜品。这种单一性指向，就要求餐厅在食材味型分布上不能出现互相“挤踩”的现象。

（5）检查食材分布。在不同的味型、价格、毛利等区间分布要均匀合理，否则就会给顾客带来选择困难，影响餐厅营收。

（6）检查价格分布。待定菜品不一定是菜品烹制不好，有种原因就是价格定的不好。该菜品所在的价格区间，如果出现食材或者味型的重叠，就会影响销售。

总之，淘汰菜品经过多维度分析之后，一定要找出具体的原因，千万不能简单化处理。餐厅要建立自己的菜品数据库，包括菜品的标准成本卡、制作要点、什么时间上架、什么时间下架、销量数据、食材的供应价格、顾客的反应、是哪个厨师烹制的等，录入系统之中，久而久之就是餐厅最为宝贵的资产。

菜品的创新，餐厅经营管理者一定要亲自抓，而不能简单地层层布置，要有激励机制。严格的讲，天下能够做的菜品都做过了。现在，没有找不到的菜品烹制办法。重要的是创新的菜品，自己的餐厅资源是否可以驾驭，是否适合顾客，是否和竞争对手有差异。但是，更多的融入新的前卫艺术设计，使用最新食品工业成果，借助尖端技术设备，将是菜品创新方向。最常用的办法是模仿和解构，这都需要我们对菜品使用食材、调味、味型，烹饪原理有通透的了解与掌握。在这方面，餐厅经营管理者往往是脱节的，停留在后厨做自己尝的阶段，代替顾客做新品上市前的品尝固然重要，但更多的是要知晓求甚解，所谓知其然知其所以然。很多人认为复杂，其实很简单，重要的是管理者是否热爱餐饮行业喜欢美食，自己的身心是否真正与餐厅融合，是否专注在当下。游离在餐饮之外的管理方法，永远是管不好自己的餐厅。

延伸阅读

你做的那些坏事，大数据全知道

2010 年，美国各大媒体报道了这样一则新闻：

在南卡罗来纳州的多切斯特县，警察通过智能电表收集上来的各户用电情况分析，抓住了一个在家里种植大麻的人。

这件事引起了美国社会的广泛讨论：大数据能够如何帮助我们解决过去的难题，以及这项技术对未来社会会产生什么样的影响？

毒品问题是美国社会的一大毒瘤，到了大数据时代私自种植毒品者的好日子就快到头了。

问题描述：毒品问题一直是美国社会的一大毒瘤

过去美国政府一直把缉毒重点放在切断来自南美洲的毒品供应上，但仍然无法完全禁止毒品泛滥。

其中一个很重要的原因就是，提炼毒品所需要的大麻，种植起来非常容易，甚至可以自己在家种植。

美国马兰州巴尔的摩市当地的一些穷人把房屋的门窗钉死后，在里面偷偷用 LED 灯种植大麻，因偏僻荒弃，这里很快成了毒品种植者的天堂。

在环境优美，生活水准高的西雅图地区同样发生了这样的情况。在西雅图把门窗钉起来种毒品自然是行不通的，但是毒品种植者也有办法。

有一家人花了 50 万美元，买下了一栋周围种满了玫瑰花的豪宅。这栋四卧两厅的大宅子其实没有人住，占据里面的是 658 株盆栽大麻。

房主每年卖大麻的收入，不仅足够付房子的分期付款和电费，而且还让他攒够了首付又买了一栋房子。

类似的情况在美国、加拿大均有发生。

据估计，仅加拿大的不列颠哥伦比亚省，每年这种盆栽大麻的收入就高达65亿美元，在当地是仅次于石油的第二大生意。

▼是否对这一类街区进行重点排查是否就能解决问题呢？

答案并不如我们想象的那么简单。

由于种植毒品分布的地域非常广，而且种植人做事隐秘，定位这样种植毒品的房屋的成本非常高。

再加上美国宪法的第四修正案规定“人人具有保障人身、住所、文件及财物的安全，不受无理之搜查和扣押的权利”，警察在没有证据时不得随便进入这些房屋进行搜查。

因此，过去警察虽然知道一些嫌犯可能在种植毒品，也只能望洋兴叹，这使得美国的毒品屡禁不止。

但是到了大数据时代，私自种植毒品者的好日子就快到头了。

截至2011年，仅俄亥俄一个州，警察就用类似的方法抓到了60个这样的大麻种植犯罪嫌疑人。

▼大数据是如何帮助警察提高定位效率的呢？

过去，供电公司使用的是老式电表，只能记录每家每月的用电量。但是从十几年前开始，智能电表的普及，不仅能够记录用电量，还能够记录用电模式。

因LED灯需日夜开启，种植大麻的房子用电模式和一般居家是不同的，只要把每家每户的用电模式和一般居家用电模式进行对比，就能很容易地圈定出一些犯罪嫌疑人。

在这个美国警察查处毒品种植的案例，我们看到了大数据思维的三个亮点：

▸第一是用统计规律和个案对比，做到精准定位。

▸第二是社会其实已经默认了在取证时，利用相关性代替直接证据，即我们大数据思维所说的，**强相关性代替因果关系**。

▸第三是由于使用了机器，执法的成本，或者更广泛地讲，运营的成本，在大数据时代会大幅下降。

美国一半小型企业（包括餐馆等）

寿命不超过5年

大数据如何帮忙？

大数据在商业活动中从细节到整体，再从整体到细节双向的流动，使得我们不仅能够利用大数据对商业进行整体提升，更能够精确到每一个细节。

这在互联网公司已经不是什么稀奇事，不过即使在所谓的传统行业里，大数据也能帮助我们做到这一点。

我们不妨看看下面的例子。

戴维是硅谷地区一位创业者，他喜欢根据技术发展的大趋势寻找特定领域里的商机。

问题描述：美国一半小型企业（包括餐馆等）寿命不超过5年，酒吧也是如此。

戴维在一年里走访了美国100多家酒吧，发现它们之所以经营不下去，除了一般所说的经营不善，更重要的是大约23%的酒都被酒保偷喝了。

▼那么酒保是如何偷喝掉将近1/4的酒的呢？

这其实很简单：

主要是酒保趁老板不在的时候偷喝酒，或者给熟人朋友免费的和超量的酒饮。

比如小王是酒保，小李是他的朋友。

这天小李来到酒吧时，小王看老板不在，就给小李倒上一杯没有算钱。甚至即使老板在，小王本来该给小李倒4两酒，结果倒了6两。

由于每一次交易的损失都非常小，不易察觉，因此酒吧的老板必须盯紧一些，如果有事离开一时，就只好认倒霉。

开过小餐馆的人都会有这样的经验，自己是否在店里看着，对营业额的影响特别大，因此做这种餐饮买卖的人特别辛苦，稍微不注意就开始亏损。

▼针对酒吧老板的这些困扰，戴维设计了一套解决方案。

改造酒吧的酒架，装上可以测置重置的传感器，以及无源的射频识别芯片（RFID）的读写器，然后再在每个酒瓶上贴上一个RFID的芯片。

这样，哪一瓶酒在什么时候被动过，倒了多少酒都会被记录下来，并且和每一笔交易匹配上。

酒吧的老板即使出门办事，也可以了解酒吧经营的每一个细节。

当然，戴维提供的服务如果只是停留在这个层面，那么更像是一个“万物联网”（Internet of Things，简称IoT）的应用，与我们所说的大数据其实关系并不大。

▼戴维对酒吧的改造带来了一个额外的好处，就是积累了不同酒吧比较长时间的经营数据。

在这些数据的基础上，他为酒吧的经营者提供了一些简单的数据分析。笔者把他提供的服务概括为以下三个方面：

▸首先，分析每一家酒吧过去经营情况的统计数据，有助于酒吧经营者全面

了解经营情况。

在过去，像酒吧这样传统的行业，经营者除了知道每月收入多少钱，主要几项开销是多少，其实对经营是缺乏全面了解的。

至于哪种酒卖得好，哪种卖得不好，什么时候卖得好，全凭经验和自己是否上心，没有什么分析。

戴维提供的数据分析让这些酒吧经营者首先对自己的酒吧有了准确的了解。

▸其次，为每一家酒吧的异常情况提供预警。

比如戴维可以提示酒吧经营者某一天该酒吧的经营情况和平时相比很反常，这样就可以引起酒吧经营者的注意，找到原因。

在过去，发生这种异常情况时经营者很难注意到，比如某个周五晚上的收入比前后几个周五晚上少了20%，经营者一般会认为是正常浮动，也无法去一一检查库存是否和销售对得上。

有了戴维提供的数据服务，这些问题都能及时被发现。

▸最后，综合各家酒吧数据的收集和分析，戴维会为酒吧经营者提供这个行业宏观的数据作为参考。

比如从春天到夏天，旧金山市酒吧营业额整体在上升，如果某个特定酒吧的销售额没有增长，那么说明它可能有问题。

再比如，戴维还可以提供不同酒的销售变化趋势，比如从春天到夏天，啤酒的销置上升比葡萄酒快，而烈酒的销售平缓等。

这些都能够帮助酒吧经营者改善经营。

摘自《智能时代第四章：大数据商业》

第六章
留存菜品分析

作为符号的食物不仅仅服务于不同的主题，同样也服务于各种情景；这总的来说意味着食物是在强调特定的生活方式，而不是去呈现它。吃这一行为已经超出了自身的目的，它可以替代、概括，以及指代其他的行为。

——摘自《甜与权力》

淘汰菜品确定之后，我们把留存的菜品分为四类，即诱客菜、高利菜、招牌菜和主力菜。

一、诱客菜

餐饮已进入微利时代，同质化竞争相当激烈。各家餐厅千方百计希望能吸引到顾客眼球，刺激消费欲望，以增大餐厅客源，提升营业收入。特价菜是常见做法之一，但顾客往往对特价菜的反映冷淡，甚至还有一种错误认为：特价菜就是餐厅品质不好菜品的代名词。有媒体报道：在广州吉祥路上班的吴先生请朋友在解放路一家粤菜馆吃饭，遇到了一件让人啼笑皆非的事情。吴先生看到菜单上和餐厅内有特价菜的推荐提示，一道原价 30 元的菜，优惠价为 18 元，而且特价菜还不少。吴先生准备点几道，但让他想不到的是，点菜时，服务员提醒特价菜肯定不够吃，并建议特价菜可以点两份。吴先生点了其中一道素菜，上菜后发现盘子不小，但分量明显缩水，只有这家餐厅正常价格菜式分量的 2/3，点一份根本不够吃。吴先生邀请了 4 位朋友，本来计划点 6 道菜，结果最后点了 8 道菜才够吃。吴先生认为："这也叫特价菜，不如叫缩水菜才好了。"还有些餐厅因为有些原材料放得太久要变质了，急推效果也不理想，于是就采取当日特价的形式低价推销。有时候鱼、虾死了，既不能退回给供应商，扔了又可惜，于是就通过油炸的烹饪方式做成糖醋鱼、椒盐虾等菜式，以当日特价菜的形式推销出去。

特价菜，其主要目的是引流，希望通过便宜的菜品吸引更多顾客来餐厅消费，带动其他菜品的销售。笔者认为用诱客菜更能表达引流的目的，特价菜往往是餐厅阶段性的行为，而诱客菜是餐厅菜品重要的组成部分，长期存在，不断优化。诱客菜是指以成本或低于成本销售的菜品，而特价菜大都是以保本为底线。在顾客消费心理中，菜品品质和价格是成正比的，当餐厅把高品质与低价格融合在菜品之中后，一高一低便在顾客心中产生心理预期价格和实际购买价格的巨大差异，就会激发顾客点单消费的冲动。“外婆家”就常用此道，把某些菜品价格压低到成本线附近，在他们的菜品里经常可以看到 1 元一个茶叶蛋、3 元一份麻辣豆腐、琥珀桃浆 6 元。这个价位等同于城乡接合部某个小饭馆的价位，但在“外婆家”提供的却是高档装修，一线商圈的地理位置。在北京、上海，“江边城外”（烤鱼店）绝对是和“海底捞”“外婆家”比肩的排队旺店。除了它的 18 种烤鱼是“拳头产品”，其实它还有一个极具杀伤力的“秘密武器”：1 元、3 元、6 元、8 元、10 元、最贵不超过 16 元的“超性价比”配菜。这个价格优势，很少有餐厅能与之抗衡。最重要的，这些配菜除了便宜，而且很好吃，很有特色。

诱客菜管理要点如下：

（1）坚持质量标准，不缩水，不降低品质。在 300 多年的风雨历程中，历代同仁堂人始终恪守“炮制虽繁必不敢省人工，品味虽贵必不敢减物力”的古训，树立“修合无人见，存心有天知”的自律意识。这是做企业的底线，开餐厅也是如此。做诱客菜目的是让利于顾客，拉动顾客消费、吸引顾客再次光临以增大客源，就必须诚信待客，选择顾客普遍喜欢的菜品，切忌选择质量不稳定、低成本菜、甚至变质原料菜品作为诱客菜。顾客要的不是低价，而是高性价比。

（2）比例为 10%，把亏损控制在可控范围内。诱客菜来自三个方面，一是顾客比较熟知的食材做成的菜品；二是商圈竞争对手畅销的菜品；三是阶段性促销的菜品。笔者提倡低于成本价做诱客菜，只要这样才有吸引力和杀伤力。但是餐厅要保证自己的品质，需要有合理的利润区间。因此，必须把诱客菜控制在一定的比例之中，把亏损控制在一定区间。在分析大量的餐厅案例基础上，笔者认为 10%的比例是恰当的。

（3）采取会员特惠营销方式，促进会员管理。特价是双刃剑，一方面传递出便宜的信息，让一部分顾客产生选择的意愿；另一方面有一部分顾客会有便宜没好货的想法。市场上，打着特价的招牌促销，也容易让顾客产生心理疲劳。所以，放弃特价这个词汇，使用会员特惠这个字眼更有针对性。餐厅在营销上一个重心就是让顾客成为回头客，重复消费指标尤为关键。因此，可以把诱客菜拍摄成精美图片，做成直观可视的菜品展示板，写上“会员特惠”挂在餐厅显眼位置，让顾客注册会员享用特价。

某海鲜馆针对诱客菜打出“现点现烹回报会员特价大酬宾”活动大型横幅，活动说明在国庆节前三天内推出特价风暴：虾 1 元/斤、鲈鱼 1 元/条、扇贝 1 元/只，凡是海鲜馆的会员都可以享受此特价优惠，现场注册也可以。更绝的是，该商家就在海鲜池边支灶，顾客现点现烹，免去了顾客担心商家使用死鱼虾的顾虑。这三天时间内该餐厅人满为患，餐厅通过活动扩大消费群、提升知名度的营销目的也达到了。但餐厅管理者也很精明，对活动做了充分限制，比如每桌客人只能在虾、鲈鱼、扇贝品种中选点一种，不能全部享受，且虾限点一斤、鲈鱼限点一条、扇贝每人限点两只。

某川菜馆实行一种“欢乐大转盘，好运带给你”的趣味式诱客菜营销方式也很有新意，他们拿出部分点击率高的菜品作为诱客菜，做一个类似于摇奖的大转盘，转板上分成十多格，每一格都对应一种菜品，并且还把相应菜品的图片贴在上面。每一桌消费的客人不论消费金额多少，最后都可凭结帐红单参与摇奖，摇中的菜品在下次消费时免费赠送。这种营销方式不仅满足了顾客猎奇心理，还牢牢的黏住顾客，刺激再次消费。

某餐厅把诱客菜与赠券连在一起做捆绑式营销，他们规定每桌消费其他菜品 100 元以上才能享受推荐的诱客菜，同时满 100 元再送 28 元的消费券，在下次消费时可以代现金结算，25 天内使用有效。以此类推，下次消费满 100 元再点再送（诱客菜的消费额不计入消费限额里）。这种捆绑式的销售确实更够人为地提升营业额，相配套的赠券方式比单纯的菜品打折好，它更够刺激顾客的再次消费。而赠券使用的时间限制也能有效提升顾客的消费频率。

下面我们来分析一个案例，进一步理解诱客菜。

美心集团在重庆投资开发了洋人街项目。2006 年的时候，洋人街刚刚开业，交通还很不方便，游客多，商家少，配套服务完全跟不上，甚至连最基本的餐饮都无法提供。而解决这个问题，并打响市场，需要一款拳头产品来引导（点评：这款拳头产品就是我们所讨论的诱客菜，洋人街就好比我们一个新的餐厅开业，思考如何聚集人气的问题）。

“大众都能接受的馒头成了第一选择”（点评：选择顾客比较熟悉食材做的菜品，选择顾客直接可以感知的菜品，是诱客菜的品类定位。馒头，大家熟悉，人人都吃，同时制作工艺最为简单）。洋人街美心馒头的负责人说，所有的事情都不能太表面，更不能为了做馒头而做馒头。最初美心馒头的知名度低，洋人街也是假日经济，平时人不多。为了打开销路，引导顾客去洋人街消费，团队做了很多努力，有一段时间，他们几乎跑遍了市区每个人多的地方，每天开车派人做地推宣传，直到天黑连路灯都关了，才收摊回家。她说坚持了半年，基本打开了销路，人们知道重庆有个洋人街，洋人街有个美心馒头（点评：没有什么产品一开始就爆红，需要坚持，需要营销，很多时候最原始地和顾客接触的办法是最有效的）。

依靠1元策略，这个一元钱的馒头，很多人叫它“擀子馒头”，每一个有35厘米左右，分量更是普通馒头的4倍（低于成本价的定价原则，同时又是货真价实的质量，快速赢得顾客）。美心馒头的销量很好，但是一个更严重的问题却浮出水面。随着原材料涨价，馒头的成本不断增加，1元的馒头很快出现亏损。摆在负责人面前的似乎只有两条路：要么馒头涨价，要么分量减少。美心集团董事长专门组织开了一场会议，他甚至拍着桌子说道：“美心馒头打死也不涨价，不减量！”（点评：对餐厅来说，面对诱客菜带来的亏损压力，是预先的研判。坚持是一种力量）。同时，外界也不断发出质疑声。“打死不涨价的馒头到底能够撑多久？”“发生通货膨胀，老板能顶得住吗？”面对内部和外部的压力，美心馒头团队意识到，没有商业化的逻辑，馒头根本不能持续地走下去。“卖得越多亏得越多，不能搬起石头砸自己的脚。”有没有一个办法，既不用涨价减量，又能持续发展？负责人慢慢发现，美心馒头其实带来了巨大的人流，但是却没有好好利用。“把顾客、馒头和其他食品捆绑在一起，通过馒头带来顾客，然后从其他食品上盈利。”“虽然馒头卖一个亏一个，但是围绕馒头的衍生产品利润填补了一元馒头的亏损。”由于销量大，所以原材料消耗大，因此进货价格比市场低，再加上美心馒头周边，有了酸辣粉、香辣豆干以及各种伴饮的摊位，已经形成一个食品生态。在粉丝经济大行其道的今天，这招具有互联网思维的方法，不仅让馒头生存下去，反而赚到更多的钱（点评：如何解决亏损？关联销售是一个办法，在餐厅里就是用高利菜来弥补。同时，餐厅要把亏损控制在可以承受的范围内）。

馒头卖得好，市场上也纷纷出现山寨品。有商家模仿美心馒头，外形上如出一辙，价格上也打出只卖1元，但是根本上没有洋人街美心馒头的生态模式，单一的产品很快承受不了持续的亏损，只好把分量减小一点。“减少了分量就明显不是美心馒头，还不如去洋人街买。”销量小了，产品积压，造成口感很不新鲜，最后这些山寨店基本都关门了。没有组合拳的产品和规模化的生态，美心馒头的特殊商业模式很难复制，这已经形成洋人街独有的馒头经济现象（点评：打造属于自己的门槛、护城河，让竞争者无法超越）。

经过不停地改良，美心馒头渐渐形成了自己的一套科学。“同家里面的手工馒头相比，我们的讲究更多，比如和面精度就必须达到规定程度才行。”原材料和辅料都是标准化机器生产，而这整套机器也是通过美心馒头的实际情况组装改良的。在不同的季节，因为温度和湿度的变化，面粉在醒发的时机也会有差异。“有一次，供应商的面粉用手工做出来没有问题，但是用机器做出来，打开蒸炉的时候，本来看起很饱满的馒头瞬间就缩紧了。”对于这种不合格的产品，负责人表示不会二次加工再卖给顾客。“洋人街有鱼塘，这种产品会做成喂鱼的饲料，馒头做不好是技术问题，缺斤少两是人品问题。”因为馒头的特殊性，保质期不会很长，追求新鲜度的美心馒头，更不会委曲求全地添加防腐剂，甚至做成半成品，物流运输半径和范围的缩小，让它的电商化之路根本走不通（点评：产品，都是感知的过程，菜品更是如此。日本寿司之神小野二郎，一生都在不断超越自己，做出更美味的寿司。他说“你必须爱你的工作，穷尽一生，磨练技能，这就是成功的秘诀。”正如和合谷董事长赵申所言，工匠精神是餐饮行业的根，是每一位餐饮工作者的魂）。

一元馒头类似电商的爆款思维，淘宝商家选一款商品亏钱打造爆款作为引流，靠关联商品销售赚钱，其实爆款思维做诱客菜对餐厅更有价值，因为餐厅顾客比网店更有粘性。

（1）诱客菜品质过硬。比如一元馒头分量很足又很便宜，如果诱客菜口碑不好，用户不会重复消费，也带动不了其他菜品的销售。

（2）诱客菜必须够大众。既然诱客菜是引流的作用，如果菜品不好受众不广，那吸引的人流有限，起不到引爆的效果。

（3）诱客菜必须契合关联产品。如果诱客菜没有办法带动其他产品销售，那这种模式没有生存的可能，所以应选择能带动赢利产品销售的菜品。

（4）诱客菜要和会员营销结合起来。引流、关联消费、重复消费、分享消费，这是诱客菜的四个目标。首先需要获取用户的信息，再针对性的营销。

我们再看看“外婆家”对诱客菜的设计：

在给菜品定价时，“外婆家”设计了很多的诱客菜，比如售价在 20 元以下的菜品，占到了菜品总数的 35%（其中售价在 15 元以下的菜品数量，占到了菜品总数的 10%），售价在 25～40 元的菜品数量占到了菜品总数的 45%，售价超过 40 元的菜品数量只占菜品总数的 10%。这个菜价设置比例让顾客看到的是实实在在的实惠。他们在设计菜单时，运用的是 PI 值。PI 即商品的购买指数、商品的人气度或者商品的聚客指数。“外婆家”通过这个数值来调节菜单中各个价格区间的菜品数量，保证综合毛利在既定的可控制的范围之内，他们坚持 30～20～30～20 的菜单设计思路。以凉菜为例，10 元以下的凉菜大概占凉菜总数的 30%，10～20

元的凉菜大概占到菜品总数的 20%，20～30 元的占到菜品总数的 30%，售价在 30 元以上的凉菜大概也占 20%。在给诱客菜定价时，“外婆家”没有采用传统的定价方法，而是采用了最简单的计算方法，即菜肴成本×1.6＝菜品售价。假设某道菜品的成本是 20 元，那么按照计算方法，它的定价就是 32 元。为什么要这么定价？“外婆家”发现一般餐厅在制定菜品单价时大概就是菜品成本×2，也有些餐厅的菜价是成本×2.5。因为诱客菜的目的是吸引食客的眼球，所以“外婆家”认为自己的诱客菜不仅要低于其他餐厅的定价，而且要足够震撼力。如果系数设定为 1.7～1.9，他们认为定价虽然比别人低，但是没有起到震撼的效果；但是如果低于 1.5，就完全没有利润可赚了，所以把系数定为 1.6。

“苏福记”善于收购倒闭的餐厅，用自己的办法让其枯木逢春，焕发活力。其董事长苏强一直坚持推出一系列成本低的菜品。比如手撕菜，定价 6 元；粉条豆芽，定价 4 元。他认为，菜品要用顾客的身份识别，不能用老板眼光分析识别。其实，苏福记这些菜品的定价思路就是诱客菜，身份识别的理念就是我们探讨的餐厅性价比问题。

二、高利菜

顾名思义，高利菜是毛利润高的菜品，高利菜在餐厅菜品结构中的作用是弥补诱客菜的亏损。

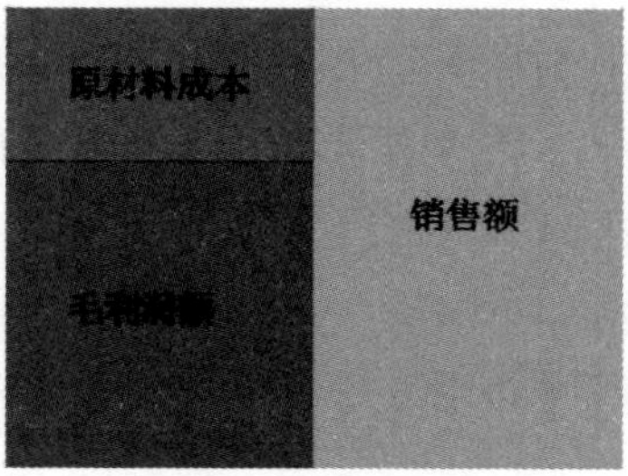

不赚钱的餐厅无法生存和发展。每个餐厅经营管理者都要熟悉数据，对盈亏平衡点、投资回报点和预期利润点要有清醒的把握。最近，吴晓波在一篇文章中谈到：“好的企业就是我用我的心力提供了一个商品，这个商品有一个好的价格，好的价格会有好的利润，有好的利润，我会把利润拿出来一部分进行好的研发，好的研发继续有好的商品，通过好的价格，得到好的利润，全世界的好企业都是这样生存的。”很多餐厅经营管理者都希望做出更多的受欢迎的高利菜，通过高利菜来获取利润，这是错误的认知。餐厅利润要来自招牌菜和主力菜，不能来自高利菜。高利菜销售是双刃剑，首先餐饮食材多为顾客所熟悉，加之互联网时代的信息对称，菜品的利润空间往往顾客很清楚，如果利润过高，会影响顾客认知。其次菜品要想有很高的毛利润，需要在调味和食材搭配等诸多方面创新，这需要更多的资源匹配，对餐厅的综合能力要求是很高的。日本的经营之神稻盛和夫说过："提供给消费者的价值，要像锋利的刀割手一样被消费者感受到！"高利菜是不能让顾客感知到的，假如被认知，就会影响餐厅在消费者心中的位置，他们会认为这家餐厅贵，甚至是宰客。

对餐厅来说，提高菜品价格是提高毛利润的最简单办法。但这种办法往往不被顾客接受，进而影响菜品销量。

优选办法是采取降低原材料成本的办法：

（1）降低进货价格。

（2）控制损耗或废弃。用食材边角料制作菜肴是节省成本、提高毛利的常用方法。

菜例一：制作红烧肉时，都会产生大量的边角料，很多餐厅采用这个加工方法：将带皮五花肉边角料切成小块，搭配吊瓜干（即鲜吊瓜切成薄片后晾晒成干）制作红烧菜。做好的菜肴带有浓郁的干菜的香味，是非常受顾客喜爱的家常菜。

菜例二：青鱼一般都取中段制作菜肴，头、尾都变成了下脚料。可以将青鱼头、青鱼尾略微腌制后油炸至酥香，用干锅酱炒制成干锅菜。成品香辣味浓郁，完全吃不出青鱼本身的腥味。

（3）以克、毫升等最小单位进行叠加来考虑制作菜单。餐厅要制作自己的标准菜谱，把主副食材和调味品要精确到最小单位来计算。对成本的管控，笔者将在后面的章节具体介绍，在此不再赘述。

（4）提高工艺水平，增加附加值。对一些平常普通的原料施以不一样的烹饪方法或调味手段，让其变脸成既好看又好吃的新菜，而这样的菜，在售价上哪怕是比平常的菜高出一些，顾客都能接受。一料多用、粗料精做、主辅反串、西料中用、西味中调、西烹中借、药材菜用、老菜新用、变幻装饰、变料不变技法、变味不变料、型变料不变、菜系互动烹饪制作，都是常见的办法。

例如：变料不变技法就是以变料的方法创新菜品，在四川烹饪界流行一句变料的行话："吃鸡不见鸡，吃肉不见肉"。在四川传统名菜中，"仔鸡豆花"，虽是用鸡脯、鸡蛋清等原料制作的，但成菜在碗中似大豆作的豆花形象，使人见状难辨真假。而今四川很多餐馆新供应的"肉豆花""鱼豆花""兔豆花"，碗中只见豆花样，原料采用的却是猪、鱼、兔之肉。那么，可否试用大虾、鲜贝、鲜鱿之肉来制作“虾豆花”“鲜贝豆花”“鲜鱿豆花”呢？以变料法创新菜品，厨界前辈已给我们提供了一些很好的路子，我们可以把这个路子越走越宽。

又如：文化寓意即烹饪创作可以运用文学艺术的创作方法，来体现情趣和意味。怎样运用文化寓意之法来创新菜品呢？要抓住两个方面。一是在设计菜品时，构思要巧妙，要表现出盘中的诗情画意；二是菜品命名雅致，名寓意趣。有一款叫做“故乡月更明”的筵席二汤菜，把一首唐诗装进了菜中。唐代大诗人李白，26 岁仗剑远游未归，思乡别离之情使李白一生酷爱明月，吟月的诗歌也非常多，“举头望明月，低头思故乡”，更是妇孺皆知。厨师借诗人对明月诉情怀，以鲜鱿鱼为主料，再配以多种原料，采用最新工艺制成“鱿鱼糁”，入器皿中蒸成皎洁的圆月，其月表面饰以影绰的广寒宫和缭绕的彩云，注入特制的清汤，以竹荪扎成的蝴蝶放于四周而成。此菜画面似碧波鳞鳞，月光浮动，整个菜白若寒雪，细若膏脂而汤清如水，咸鲜不薄、清鲜隽永，质朴中显绝技，清鲜中见精深。菜品命名寄寓着趣味，可以借鉴的事例很多。前人已给我们留下了丰富的遗产，含有意趣的词语，像一品、三元、四喜、五福、六合、七星、八宝、九九长寿、十全十美、如意、龙凤、绣球、鸳鸯、芙蓉、翡翠等，我们都可以借用。

总之，高利菜是否做的好，极其考验餐厅经营管理者和司厨的能力。在信息透明的今天，要做到信息不对称很困难，什么食材谁家餐厅会没有，大致价格顾客都知道。更多的是餐厅要在菜品的组合创新上下功夫，勇于思考敢于试错。例如有的餐厅把鱼鳞清洗干净，加入高汤熬制，冷冻制成鱼冻，不仅实现高利，而且很受欢迎。

三、招牌菜

招牌菜是餐厅的核心。大凡出门吃饭，顾客都会问一句您家招牌菜是什么，这个时候很多服务员都会说：“我们这里的招牌菜多着呢。”然后拿着菜单一顿乱指，这样的行为其实是对招牌菜的理解有歧义。所谓的招牌菜，可以理解为能够代表餐厅形象的主打产品，特色产品，是区别于其他餐厅的差异化产品。换而言之，就是在谈及某道菜品的时候，能够让顾客第一时间想到你的餐厅。同样，如果招牌菜太多，特色不突出就相当于没有招牌菜。

（1）招牌菜贵精不贵多，比例为百分之五左右。如果一家餐厅什么都是招牌菜，就没有招牌菜了。招牌菜之所以要精减，还在于如果要推的菜品太多，发力就不够集中，到头来，招牌菜不像招牌菜，其他菜品也受牵连。

（2）品牌理念是招牌菜的核心。招牌菜之所以称为招牌，就是要体现出门店的品牌核心理念，有希望成为招牌菜的美食就摆在那里，如何去包装，选择哪一道或者哪几道菜作为招牌菜，都需要强大的品牌意识。要在大于既定毛利率，同时又在销量排名在10%的菜品中选择。品牌意识是一个抽象词，是指餐饮企业的经营管理者认识到自己的企业、菜品和企业所提供的服务在餐饮市场上、在消费者中间的影响力，以及这种影响力所造成的认知度、忠诚度和联想度，并能够采取适当的战略将品牌融入消费者和潜在消费者的生活过程的一种营销能力。没有品牌意识，招牌菜就是一个笑话。值得一提的是，品牌意识不仅餐厅经营管理者需要具有，更要将其传达给创造品牌菜的关键人物大厨，要做招牌菜，先做招牌厨师，就是这个道理。

（3）招牌菜与餐厅的其他菜品最大的区别在于它具有着双重使命，第一是要好吃，能带来利润；第二是要好记，能提升品牌。我们都知道，宴请口味不明的客人，最好的选择是粤菜，因为粤菜的口感大家都不会抵触，而所有粤菜馆也基本都生意不错。招牌菜也是这个道理，许多厨师和经营者，一想到招牌菜，就想采用奇特的原材料标新立异来做，哪知过分新奇，或者并非大众化原材料做出的所谓招牌菜，往往很难为多数食客所认可，“噱头”不等于招牌。很多失败案例证明，餐厅别出心裁地花大时间大精力使用新奇的食材和新奇的方法制作招牌菜。结果异物异味菜品很难被广大食客所接受，顾客即使要去吃也是偶尔为之，导致餐厅客源有限。另外，这些特殊原材料的进货渠道、保鲜手段都令人堪忧，很可能出现断货、囤积的情况无法处理，所以用特殊原料做招牌菜的餐厅风险很大。

（4）招牌菜的特殊性在于餐厅赋予其独特的品牌、文化意义，而不是玩噱头，标新立异的表演，因为表演终有散场的时候，而品牌塑造确是一个终身事业。招牌菜不需要太高端、也不需要太昂贵，但是就像其名字一样，是代表了餐厅招牌的“颜值担当”，所以在色、香、味、营养等各个环节都需要精益求精，有些餐厅甚至为招牌菜配置讲解人员，或者现场表演等，充分体现出招牌菜的重要性。

（5）招牌菜也不是一成不变的，随着顾客的更迭，招牌菜也可以不断改进升级。我们知道中国传统餐饮的经典菜品非常多，但有一些菜不太受现在的消费者欢迎了，如果餐厅仍然使用这些菜作为招牌菜，生意自然也会走下坡路。餐饮本就是产品与服务结合，讲求以人为本，万不可故步自封，坐井观天。很多经营者发愁自己的餐厅想要塑造招牌菜，却苦于没有新招，这种情况下更换大厨是最不可取的方法。其实最简单的办法，就是将点单率高的常规菜精益求精，让顾客冲着这几道菜来吃饭，再慢慢赋予这几道菜品牌意义，招牌菜就自然形成了，如果自己没有办法，不如将解决办法的权力交到顾客的手中吧！打造招牌菜一般有两种路径，一是从众多菜品中脱颖而出。随着时间的推移，顾客会在餐厅诸多菜品选择，点单率高，久而久之就自然成为招牌菜。这时候餐厅需要的是关注数据变化，赋予更多的品牌内涵，保持质量和价格稳定；二是不断改良最终定型。餐厅会从自己的经验或者外出学习，研发出一道招牌菜，再根据顾客的反馈有针对性的改良，打磨成为品牌菜。

（6）招牌菜中要有大菜。请客吃饭，总想点几个大菜来装点门面。大菜一点，再配些其他的炒菜、热菜，就齐整了。这既是面子的需要，也是最为简单的点菜方法。这里说的大菜，泛指比较贵重、大气的菜品。在招牌菜中优化出大菜，需要符合三个条件：①找出销量在前十位且毛利率在餐厅既定毛利率到既定毛利率上浮10%区间的菜品；②具备装盘器皿可以放大的要求；③食材质地价值较高的。实践中，很容易混淆诱客菜、高利菜和大菜，在销量一致的前提下，它们的区别就在于毛利率。

大董餐厅有十道招牌菜，运用价格细分市场，菜品设计价格区间覆盖面广，可以满足不同消费档次顾客的需求。如果用户消费档次高，可以选择董氏烧海参；如果是普通消费，可以选择酥不腻烤鸭。这种合理的菜品结构，受到顾客的一致好评。由此可见，每一个细分菜品区间仍然存在着菜品结构设计。

概括的讲，高利菜有四个思考的路径：一是食材来源差异化。选用优质食材，使用别人没有的食材，形成自己的护城河。广州侨美集团为了打造红烧乳鸽、瑞士汁乳鸽菜品，专门自己建设农场养殖法国名鸽“白卡奴”，这种乳鸽体格较小、肉质细软、鲜甜多汁，因其食材独一而备受顾客青睐。二是烹饪技法差异化。三是装盘创意差异化。四是营销服务差异化。

四、主力菜

主力菜是餐厅获取利润的主要来源，既能走量又有利润的菜品。如果说诱客菜传递的是便宜，招牌菜彰显的是特色，高利菜表现的是平衡，那么主力菜呢？主力菜实现的是价值。如何理解？就是说主力菜让顾客感到食材新鲜、味型对路、有滋有味、价格实惠，让餐厅有钱赚，把本来矛盾的东西变得和谐，也就是我们前面讨论的匹配度问题。

（1）味型123原则。在主力菜中，要有一个主力味型，二个副主力味型，三个次级别味型。比如选择咸鲜味型作为餐厅的主力味型，就是选择咸鲜味的菜品要占多数，好比股份公司中控股的道理一样。餐厅选择主力味型往往是本地化，就是把所谓的土菜味型作为自己的主力味型。口味，有地域性，有个人印记，一方水土养一方人。土菜味型就是当地人习惯的味型。例如在合肥地区，土菜味型是咸鲜味型，副主力味型就可以选择酱香味型和麻辣味型，因为与合肥毗邻的南京地区的土菜味型是酱香味型，而麻辣味型则随着川菜流行和人口流动有很大的顾客群，亦是开胃刺激味型。次级别味型则可根据餐厅的资源、竞争对手、顾客群体的情况来选择。总之，在主力味型和副主力味型中，需要有餐厅所在城市的土菜味型。同时，味型要丰富，次级别味型可以变化调整，力求差异化。

（2）食材搭配需合理。国人用餐讲席，餐厅是以菜品为媒介的社交场所，且有无鱼不成席、无鸡不成宴、无肉不欢腾的风俗。主力菜占据餐厅菜品比例最高，是顾客宴请点菜的主要来源，因此食材的覆盖面要广，比例需合理，菜品要给人清鲜不腻、常食常新，百食不厌之感。一般荤菜∶半荤菜∶素菜＝3∶5∶2，热菜占80%，冷菜15%，面点5%。

（3）时令菜品抢先推出。新鲜感，是顾客永恒的追求，早在两千多年前的周朝，已有了“四季食单”。饮食四季分明，那是因为动物在不同的生长时期，肉质会有不同。所谓“小满河蚌瘦鳖子，夏至鲫鱼空壳子，端午螃蟹虚架子”，说的是违时之食。又如“冬鲫夏鲤，秋鲈霜蟹”，都是因为此时的鱼虾，体肥味美，养分充足。例如清明节是在仲春与暮春之交，这也成了不少美食的分水岭。有河蚌、田螺、黄沙蚬、春笋、荠菜、韭菜等时令菜，所谓三月黄鱼四月虾，五月三黎焖凉瓜。餐厅推出时令菜一定要快，唯有快才可以引起顾客的惊叹和愉悦，一旦其他餐厅都推出了之后，就只有在味型和价格上进行竞争了。

（4）在定位价格上下定价。每家餐厅都自己的定位，价格也是一样。定位价格是指餐厅人均消费价格。例如某餐厅定位价格是50元，那如何实现让顾客点菜消费最后的人均消费价格都是50元？这就需要主力菜品完成。主力菜品定价也要结合前文研讨的三种定价方法，综合定价。同样的餐厅定位价格，但如果不能很好的完成主力菜品定价，就不能实现餐厅定位价格。很多餐厅是简单的菜品价格相加除权得出餐厅的定位价格，殊不知这只是理论上的计算，离开主力菜品不能落地。

延伸阅读

为什么优衣库销售额比无印良品大6倍

消费者面对一个陌生的品牌，他会思考什么问题？

你是干什么的？

和其他品牌相比，你“有何不同”，能给我带来什么价值？

“何以见得”你的价值真的存在？

所以做好一个品牌，就是面对消费者，回答好这三个问题。

第一问：你是干什么的？

新品类命名八字诀

向消费者提供核心简单的信息——“品类”。

什么叫品类？就是顾客做出购买决策前的最后一级分类。鞋子是不是品类？鞋子叫做抽象品类，真正的品类应该是运动鞋。

（1）一定要明确自身品牌所代表的品类，才能有效对接顾客的需求。

无印良品是什么？不知道。优衣库呢，卖衣服的。

相对于无印良品来说，优衣库在顾客心智中的定位更清晰。虽然无印良品售卖的商品类目比优衣库多得多，但是谁的销售额更大呢？优衣库，大多少倍？六倍。

所以柳井正成为了日本首富，而无印良品则被沃尔玛收购了。

不明确自己的品类，顾客很难在产生品类需求的时候想到它，只有逛街的时候，随机地进去看看，这两者带来的转化率是有巨大差别的。

（2）新品类是新品牌的主要来源。

品类最重要的一个特点就是，持续分化，不断产生新的品类。一个新的品类相当于一块空白的殖民地，找到它并抢先进入，这是打造品牌的最好机会。

随着品类的成长壮大，它的顾客会越来越多，顾客一多，必然会带来一些不能被有效满足的用户需求，当这些需求越来越多，达到一定临界规模的时候，就会催生出一个新的细分品类，去满足这些新产生的需求。

（3）当一个新品类产生的时候，它一定会有一个名字。这个名字基本上攸关这个品类的生死。

比如有这么一个品类，有人叫PDA，有人叫掌上电脑，有人叫智能手机。当初苹果推出了这个能够手写、上网、打电话的东西的时候，把它叫做PDA，轰轰烈烈地推广，最后轰轰烈烈地失败。

这个名字叫错了，说PDA，个人数字助理，没有人听得懂，不知道从哪里来的。但是苹果做PDA的过程中的技术，没有浪费，最后做出了iPhone，非常成功。

如何为新品类命名？我们有个原则叫八字诀。

（1）有根。遵循品类分化的原则，把老品类需求和顾客挖过来。

比如酸奶和豆奶，借助牛奶这个品类的联想，分化顾客对牛奶的需求。

（2）好感。更有价值的表达角度。

同样是从植物中提取的黄油，叫人造黄油，大家肯定没兴趣吃了，叫植物黄油，素食者可能会更偏爱。并且你还可以重新定义，植物黄油不含胆固醇，富含异黄酮等等，更好地表达这样的品类。

（3）直白。直指品牌的特性，或者形象化。

平衡车最早叫什么？叫体感车，身体感应控制的车。大部分人以为跟拉杆箱的“体感”一样。我们觉得最好的翻译应该叫立行车，最形象直白。

（4）简短。便于记忆和传播。

如果顾客能说两个字，是绝对不说三个字的。比如电脑和计算机一字之差，但是现在电脑的使用频率明显超过计算机。

因为电脑这个品类太强大了，以它为词根还要延伸出其他众多的品类，比如电脑包、电脑桌。计算机包和计算机桌这种表达就让人觉得很累。

第二问：有何不同？

9 种品牌差异化的办法

第二个问题回答就是有何不同，明确你的定位。你的品牌一定和竞争对手不同，并且存在着对顾客有意义的差异。

一个重要的标准就是顾客听到你的广告之后，不再追问“那又如何？”

比如恒大冰泉的广告，“一处水源供全球”。我们忍不住会想，那有怎样？一处水源供全球，对我来说，有什么意义呢？

有一本书叫做《与众不同》，里面讲了 9 种品牌差异化的办法，可以帮助我们更好地展示自己的品牌特性。

比如它将产品分为两种特性，一种叫物理特性，一种叫市场特性。

（1）物理特性指产品的内在利益。

这里再细分，第一种叫做直接特性，比如好吃、美白、保湿。

第二种叫做间接特性，比如说制造方法，纯手工，或者经过 72 道工序，强调这个天然或复杂的制造过程，对消费者特殊的价值。

比如 iPhone 1 到 iPhone 7，让人感受到技术迭代和进步的价值。这些都能够间接暗示，你的产品比竞争对手更好。

（2）市场特性指能够影响顾客选择的市场表现。这里可以分为很多种。

比如说开创者。开创者就意味着原创，别人都是山寨，因为你是原创，所以很大程度上，你拥有更多的专业知识。

领导者。我就是市场上卖得最好的，最受消费者认可的，这点对于顾客来说，很有说服力。

经典。我这个品牌存在了300年，经过了历史的验证，顾客也会觉得很有价值。

热销。卖断货了，这个信息往往会让消费者印象很深刻。

最受青睐。是某个特定人群最喜欢的品牌，比如耐克，是专业运动员最青睐的品牌，对于消费者来说也马上不一样了。

专家。专注细分领域，你在这个领域拥有更多的知识。

其实市场千变万化，品牌差异化的办法肯定不只9种，还有很多大家可以自己探索总结的办法。

第三问：何以见得？

向顾客提供三种信任状

第三位叫做何以见得，要向顾客提供信任状。信任状分为三种类型。

（1）权威第三方证明：德州扒鸡（中华老字号）、八马铁观音（国家级非物质文化遗产）。

（2）顾客自行验证：眼见为实的信息。比如我们看到一家餐馆门前排队，我们潜意识就判断这家餐馆一定很好吃

（3）品牌有效承诺：免费试吃、无效退款，这些都是品牌的承诺。

其实取得顾客信任的方法是非常多的，我们在向顾客提供信任状的时候，一定要用多种方法并用，尽可能打造一个立体的信任状。

比如“百果园”，其实是向顾客提供了三种信任状：

权威第三方证明：亚洲2015年度果蔬零售商大奖，中国连锁百强里面唯一的水果企业。

顾客自行验证：非常多的门店，如果你说你是全国最大的水果连锁店，如果看不到你的门店，顾客肯定不会相信。

品牌的有效承诺：不好吃三无（无理由、无小票、无食物）退款。不好吃直接退款给你，这样的承诺让顾客买起来很放心，百果园每年为此退款几千万，但是相对于几十亿的销售来说的话，这个是非常值得的。

摘自微信公众号“混沌研习社”

第七章 菜品单元控制

> 在管理上我们还要继续深化，深化就是要用数据说话，这一点我们生产系统的人应该多向台湾人、香港人、日本人学习。
>
> ——摘自任正非华为内部讲话

本章谈的单元，是指餐厅后堂的操作出品间，即凉菜间、面点房、煲汤间、蒸菜间、西点房，中厨等，因餐厅规模而有不同设置。餐厅因菜品赢得顾客，而餐厅所有的菜品最小的生产出品单位就是每一个单元。在餐厅，各个单元就是一线。单元质量的好与坏，直接影响餐厅生意。从质量管理的视角出发，好的过程才会有好的结果。要想有好的菜品，必须管理好餐厅的每一个单元。当然，前厅的细分过程也可以作为单元来管理，比如说传菜间、厅房包厢、点菜环节等，但这里只讨论后厨，暂不涉及前厅工作。总之，前后堂的管理思维道理是一样，只是技术细节不同而已。

如果把后厨理解为一个工厂的话，各个操作间就是车间，也就是我们所标识的单元。每一个单元也可以解读为过程，进而运用过程方法来检视管理成效。控制过程就是控制结果，结果是由过程导致的，什么样的过程导致什么样的结果。因此，控制了过程就是控制了结果。餐厅经营管理者往往认为，只要结果是自己想要的又何必去管过程是什么样，只要把任务布置下去，物色好人就可以。这种观点明显是错误的。当然，与此同时也不会反对控制结果。因为对结果进行相关的分析，可能就会发现一些问题，并能找到有效的解决手段，进而取得令人满意的结果。但这里值得注意的是，在后厨质量管理中要谨防员工刻意瞒报相关信息和过程控制不透明所带来的巨大影响，因为这会导致整个过程都失控，结果差强人意。一般情况下，我们都是以“结果为导向”的，只要我们的工作能取得让我们满意的结果就可以了。如果一味的只看重结果，而不重视过程控制，可能会引发“事后诸葛亮”的结果，因为结果是通过过程取得的。而结果是具有时间滞后性的，不控制过程很难保证结果的可靠。没有经过长时间的生产过程，必然不会有所谓的结果产生，要保证后厨质量管理就必须控制过程。

比如后厨食材丢失问题。餐饮后堂食材种类繁多，且有不同的保质期。对于食材丢失，通常会依赖厨师长管控，依赖监控硬件监控，下班检查员工物品和月底盘存等方法来管理，其效果不是很好，做不到杜绝。可以说，丢失和浪费现象在任何一家餐厅都存在。如果要问餐厅经营管理者，距离保质期还有 1 天的是哪些食材？2 天的又有哪些？多半回答不出来。究其原因，是没有具体到每一件食材都有责任人控制，也就是说过程是失控的，单元责任人不清晰。或许，餐厅经营管理者会说，有呀！厨师长就是后厨的责任人，每个月有毛利考核的。小的餐厅，后厨厨师长理论上是能够做到；大的餐厅，几十号厨师甚至上百的厨师，厨师长就是千手千眼也是管理不过来的。只有把食材按照单元归位，就是按照餐厅的菜单要求，依据标准菜谱，把食材分到每一个档口单元，谁用谁需要就分配给谁由谁来管理，档口单元负责人就是责任人。食材分到每个档口单元，实行每日盘存，自动比对，有差异就一目了然。进，是清楚的。出，通过菜品销售，结合标准菜谱，可以实现自动扣库。这样，后厨一两肉一瓶酱油都是丢失不掉的。更为重要的是，这样的管理举措增强了后厨每一个厨师的成本意识，久而久之养成餐厅的成本文化，收益不再仅仅是数字。

比如厨师工资比较问题。厨师之间往往会因为自己的辛苦，引发对工资的比较。有的人会说，你看我多忙，每天烧这么多菜，怎么工资比他的还要少 500 元呢！餐厅生意好的时候，要求加工资是自然而然的，老板生意好我们这么忙，怎么可以不加工资呢？如果我们做的菜不好，生意怎么会好呢！餐厅生意不好的时候，仍然会有加工资要求，干了好几年了，什么朋友什么哥们在什么地方都比自己多好几百块了，生意不好那是餐厅营销问题，自己烧菜有多大的关系。只要把每个厨师、每个档口单元的销售、库存、毛利，就是对餐厅的贡献明了、化清晰化，让厨师自己可以看到知道，让后厨的其他人也可以看到知道。在这个基础上建立绩效考核办法，这样每个人的业绩指标是显性的没有争议，谁勤奋谁努力谁用心，不用餐厅管理者说，每个厨师自己就知道，其动力自然强大。

比如研发新菜动力问题。菜品必须变，不仅是餐厅自身盈利的需要，也是食材季节变化的需要，更是顾客的需要。菜品永久不变的餐厅，只有死路一条。在前面的章节讨论了菜品变化思路，但是在趋势味型、食材、价格、数量等属性维度等区间内的菜品还是需要厨师去完成的。在数据面前，如何实现从“让厨师干”到“厨师要干”的转变？就是要把出新菜带来的效益和厨师自身的效益紧紧挂钩。

当在一定的时间内，每个厨师都知道自己做的哪些菜品畅销，哪些菜品滞销，哪些菜品获利，哪些菜品无利，这些结果都和厨师自己的绩效关联，也就是讲，谁的贡献大谁的待遇就高。凭能力和贡献说话就会形成餐厅文化，一种正向循环就自然形成。

上述三个问题，都充分说明了后厨单元控制的重要性。单元控制，首先需要明确单元每一个过程，下面看看单体社会中餐厅后厨的出品流程图：

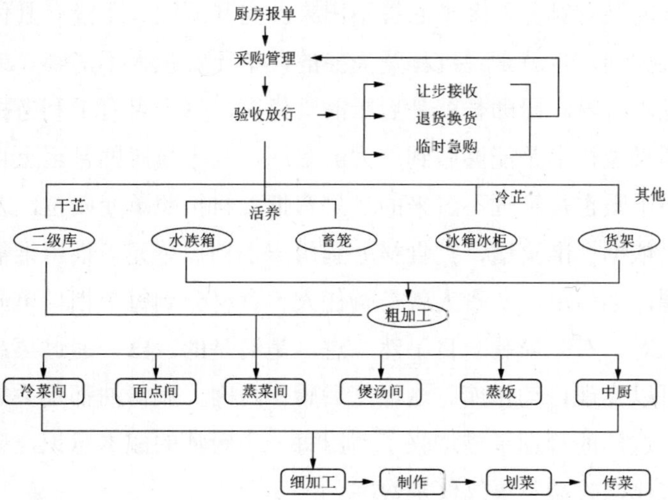

1. 把后厨档口单元视为利润中心

管理学实践告诉我们：一切管理控制体系都是以企业内部的基本单位为中心建立起来的，这些单位就是责任中心。责任中心是指企业中各个负有特定使命与功能的单位，责任中心制是管理控制的主要构架。它是组织过程的产物，与组织结构的设计有直接关联。因此，它是组织过程与控制过程二者的交集点。责任中心有几种不同的形式，如成本中心，利润中心，投资中心。

餐厅各个单元既要对成本负责又要对收入负责，在管理上我们视为利润中心。餐厅是通过销售菜品来获取利润，选址、装修、服务和营销等都是为了促进菜品销售，而菜品又是通过餐厅每一个单元制作出来。因此，加强对餐厅单元的管理是十分重要。我们常说，管理餐厅要围着三房转，即厅房、库房和厨房。

单元管理，第一步是标准化。任正非创立华为之初就提到："职业化、规范化、表格化、模板化的管理还十分欠缺。都是一群从青纱帐里出来的土八路，习惯于埋个地雷、端个炮楼的工作方法；还不习惯于职业化、表格化、模板化、规范化的管理，重复劳动，重叠的管理还十分多，这就是效率不高的根源。"这是当下餐饮界餐厅管理的现实画像。餐厅管理，很多还停留在“埋地雷”“端炮楼”的阶段。

标准就是已经过实践证明的工作要求，同样条件、要求和岗位时，不同的人应该执行同样的工作要求。无论做到何种程度，或者如何完成一项工作任务，都有明确的清晰的规定，这种规定就成了在特定岗位、完成规定任务，所必须遵循的基本要求，这就是标准。标准化就是将日常的工作先进行规范，形成事事有要求，每件事情该做到何种程度都清晰、具体。然后对重复的常规的工作任务的完成步骤，进行明确的规定，包括步骤、责任、操作内容等，是工作的过程变成标准的流程，每项工作任务的完成，都是由几个甚至几十个、几百个动作组成，这些前后连续的动作就成为流程描述的对象。流程定出来了，操作要求也规范了，任务的完成程度和工作评价，也都订了标准，但还是没有办法确保不同的人完成同样工作时，可以得到相同的结果。那么，就需要对标准、规范、流程，进行细化、细分、细致的检查、检讨、完善和改进，使每个操作细节都能精益求精。第二步是精细化。精细化不仅是一种具体的方法，而是一种对意识、素质方面的持续的要求。规范、标准和流程，我们都可以制定出书面的要求，白纸黑字明确具体，但是精细化却无法用书面的文字加以规定。书面的规定也只能提出如何做到更精细，却无法规定什么是精细。管理追求细节的管理，也要求对细节精益求精的改进。

“外婆家”创始人吴国平在一次采访中谈到：“在我看来，开餐馆也和工业生产一样，也需要规范的管理。工业化生产管理已经形成一定的规范，有许多可以借鉴的地方。现在餐饮企业推广的五常，其实就是工业企业管理的 5S 所衍生出来的。工厂和餐馆都是劳动密集型的企业，有很多共通的地方。”在“外婆家”，有专门的技术部，负责统一菜的调料，有专门的调味包。像过去大勺子在这个碗里弄点盐，在那个碗里弄点糖的做法，是坚决杜绝的。对于标准化，“外婆家”制定了专门的标准作业程序文件，也就是 SOP。前厅在摆台、上酒、上菜、分菜、点单、买单、送客、传菜、迎宾、等候服务区 10 大块有详细的文件标准。后厨则在蔬菜检测规范、仓库管理、粗加工管理、烹饪加工管理、面点房管理、餐具清洗消毒管理、冷菜制作间管理、隔夜和隔顿熟食管理、门店食品检查制度、水果榨汁间管理等 12 个方面有严格的标准程序。“外婆家”是成功的餐饮企业，它的一路实践告诉我们标准化管理的重要性和价值所在。

标准化、精细化都离不开 KPI 考核。每一个单元管理通过标准化、精细化可以做到职责清、流程明和标准实，但如果从事单元活动的人没有动力，任何化都会流于形式落于空。动力就是发动机，依赖绩效管理工具实现。绩效管理的本质是引领员工的思想和行动，具体到单元管理离不开 KPI 指标考核。

2. 过程和结果并重的考核机制

把餐厅单元作为利润中心来管理，我们必然需要知道各单元利润中心的经营成果，便于了解差异原因，利于持续改进。只有每天实现追踪，即把利润中心每天的经营成果与目标值比较，分析差异原因。每月对各利润中心的绩效做进行综合分析和检讨，和绩效奖金等管理措施挂钩。推行以“考事”为主要内容的绩效考评方法，这与传统上以员工的工作态度、能力与知识作为主要内容的“考人”绩效考评方法有根本不同。目前餐厅后堂管理责任大都是扛在厨师长的身上，考核综合毛利指标，没有做到层层分解，千斤重担人人挑，人人头上有指标，这必然对厨师长提出很高的要求。工作要勤快，一年 365 天每天要坚持开展菜品分析进行盘存，翻遍每一个冰箱，对差异化开展分析，发现问题及时处理；经验要丰富，要懂成本管理，懂库存管理，会菜品分析，最为重要的是带队伍。实际上要找到一个称心称职的厨师长，非常之难。改革开放之后，餐饮行业是全行业市场竞争，对厨师的管理社会化，在 20 世纪 50、60 年代厨师证书真实反映厨师的水平，老一辈的厨师不仅技艺精湛，而且管理经验丰富。当今，各类厨师证书漫天飞，已经不能真实反应厨师的水平。餐厅招聘一个厨师，也不再看厨师的证书了，考核主要是依靠试菜，所谓老板点菜、厨师试菜。美食家唐鲁孙先生在《鸡蛋炒饭》中说：“早年家里雇佣厨师，试工的时候，试厨子的手艺，首先准是让他煨个鸡汤，火一大，汤就浑浊，腴而不爽，这表示厨子温火菜差劲。再来个青椒炒肉丝，肉丝要炒的嫩而入味，青椒要脆而不泛生，这位大师傅的武火菜就算及格啦。最后再来份鸡蛋炒饭，大手笔的厨师，要先瞧瞧冷饭的身骨如何，然后再炒，炒好了要润而不腻，透而不浮油，鸡蛋老嫩适中，葱花也要边去生葱气味，才算全部通过。虽然是一汤一菜一炒饭之微，可真能把个三脚猫的厨房师傅闹个手忙脚乱。”大家就是大家，现在的餐厅试菜，很少见到这样的水准。厨师成长往往是从打荷、案板走向炉台，成为厨师长，期间都是师傅教徒弟。不仅文化程度都停留在高中以下，更是缺乏专业的管理训练。厨师流动也是非常大，生意好的餐厅厨师会被挖墙脚，月薪加个 500 元走人是常事；不好则会被老板责怪离职。

下面是发布在网上以牛、羊为主要食材的某餐厅厨师长工作清单：

一、早上上班前

检查项目：检查厨房收检、水电等。

重点事项：①检查前一天收捡；②检查前一天水、电、安全检查员工餐。

成本控制方法：

（1）检查冰箱、菜品储藏间、调味用品等收捡与卫生情况，是否按标准执行，此举旨在促进员工良好的收捡与菜品管理意识的养成。

（2）对水、电、气的检查，是厨师长每天工作的必须环节，也是提升员工节能与安全意识最简单的方法。

（3）检查员工餐有无按计划的菜单做、有无乱用、乱加配料的情况，同时关注份量、质量与时间。

关键要点：

例行检查时，要同时关注菜品储存量、新鲜度等，会对自己一天的工作有很大的帮助。为形成一种良好的习惯，建议将上述检查项目制成专用表单，以清晰了解该工作的在一段时间内的状态，并便于查询与考评。

上述检查结果，一定要跟进与处理，否则就是查而无果。

二、领用

检查项目：物品调料领用监督。

重点事项：①余料抽检；②签字把关；③领用规范。

成本控制方法：

（1）余料抽检环节，此环节不需全部检查，但对每个部门必须能记住几个品种。

（2）厨房调料实行每日领用制，避免占用空间及不必要的损耗；厨师长在行使签字职权时，用抽问的形式来检测下单人对当天用量与余货是否清晰，以避免盲目下单现象的发生。

（3）在进行物品审批时要清晰几点：①物品购买原因；②如属损坏需查明原物品购入日期、是否属正常；③查询与验证损坏物资等。

（4）严格执行以旧换新制，并努力将各部门使用物品控制在计划内，并实施计划完成与绩效挂钩的方式。

（5）领用规范要求填定与时间规范，以便于管理，有效工作的高效开展。

关键要点：

为便于查询余料与摆放，可对各部门进行规划，并对工作用物品调料进行五常法规划，以做到清晰明了。

三、当天菜品到货

检查项目：菜品验收及收检。

重点事项：①监督购进菜品质量；②监督购进菜品数量；③同类原料的分用

量；④当天到货的储存、加工、使用。

成本控制方法：

（1）监督购进菜品质量是现场管理者的必须工作，其直接影响到质量与成本问题。管理者在实行对购进菜质量进行抽查时，可根据情况进行抽样、局部、全面复检，该环节无论企业处于何种状态下，均为必须进行的工作，不能有丝毫马虎。

（2）库管与使用部门进行数量与质量确定后，厨师长要监督整体购进数量与质量。在抽查与统计时，要手持当天下单量与验收数量，进行复查，并对照统计，然后报财务入账。

注：厨师长通过该环节可以完成对当天到货量与质量的了解，发现异常及时协调。

（3）同类菜品到货后的分放，主要由库管分解数量，由使用部门领用，厨务主管指导协调；为便于管理，部分原料如葱、大蒜、姜等，可统一存放，为避免原材料的不必要积压与方便下单，该类原料下单时仍是分部门下单，由厨师长结合存货后下单。

（4）当天购进货物，监督各部门的加工，保存、运用等要求。一定要注意菜品的先进先出的程序与要求。

关键要点：

（1）规范菜品验收的源头，关键在于下单的准确、采购、验收人员必须有一套明确的采购与验收标准，厨师长后期的复查只是起到监督的作用。

（2）规范菜品储存，厨师长要让员工清楚不同菜品的储存要求与方法，最好能制定一份“菜品储存指南”，除培训外可于显眼处张贴。

四、餐前准备

检查项目：菜品加工指导。

重点事项：①监督各部门加工程序与方法；②重点指导火锅菜品加工与保存。

成本控制方法：

（1）降低浪费，正确指导加工方法，减少边角料的产生，增加成品利用率。

（2）清晰加工人员技术能力，加强培训；对能力较差员工应实行现场指导，另应特别注意新上岗位员工与情绪员工。

关键要点：

多与加工人员探讨刀法，合理取部份不成型的原料拿来比赛刀功、成型、以及出成率。从而帮助员工在遇到不成型的菜品加工时找到更好的方法，降低边角料的产生。

五、菜品储存

检查项目：菜品保存。

重点事项：①库存菜品的保管与用法；②新到菜品的加工与保存；③冰箱菜库存管理方法；④发制品库存管理方法；⑤蔬菜、瓜果的储存。

成本控制方法：

（1）库存有“冬天”“夏天”之分。冬季的菜量可储存一天半用量，夏天的菜品必须当天进、当天出，方能提高菜品质量，减少浪费。

（2）新到菜品按使用的时限分“急加工”与“非紧急加工”类，合理利用生产时间，安排菜品分时段的加工。

（3）冰箱菜品摆放区分为“库存菜品”“回收菜品”区，严禁回收菜品与库存菜品混合保管；次日上菜时确定质量后，先上回收菜品区菜品。

（4）发制菜品，尽量分中、晚餐次发制，保证质量，也避免了不必要浪费；水发货库存菜品，夏天最好进入保鲜冰箱，冬天只需采用定期换水即可。

（5）蔬菜尽量做到当天进、当天出，瓜果类可以根据库存场地来进行库放，存放地方通风，但都不能过久。

六、重点环节

检查项目：重点控制环节。

重点事项：①肥牛、肥羊控制手段；②高价菜控制手段。

成本控制方法：

（1）肥牛、羊现场操作是非常好的一个成本控制的手段，做到需要多少、加工多少，不会因搬动、冰冻、及存放加工好的肥牛、羊所需的容器及清洗及相关费用。

（2）肥牛羊的购买等级要适合经营档次，忌进太低价位的货品，测试方法可通过成形度与煮熟后的出成率来确定。

（3）高价位菜必须保障；上菜时可采用分阶段控制法、部分满足法。

七、边角料

检查项目：边角菜品利用与处理。

重点事项：①查找边角料产生原因；②合理利用边角料的方法。

成本控制方法：

（1）边角料产生的原因：①采购质量太差；②加工处理不当。同类价格的菜品，采购时选料须认真，质量差异会很大，所以把握好采购源头，可有效降低边角料的产生。

（2）加工处理得当同样会提高出成率，这要求加工人员的责任心与技能兼备才能做到。而厨师长则需致力于如何提升员工责任感与工作技能。

（3）合理运用边角料，可用菜品开发来解决，如处理土豆边角，可新增自助菜品土豆泥等。边角料也是培训员工技能与通过高超的烹饪技术做成美味员工餐的很好的原材。

（4）重视边角料产生的原因：时常致力于研究与解决边角料产生，会从源头控制与降低浪费的产生。

八、下单前检查

检查项目：当天库存与下单前检查。

重点事项：①查看库存数量；②查看库存质量。

成本控制方法：

（1）下单前的库存数量清查是非常重要的环节，只有清楚了解库存，才能够准确下单；该环节不但下单人必须清楚当天库存量，而且审批人也要熟悉库存，并采用抽问与现场查询法进行把关。

（2）库存菜品的质量是必须检查的一个重要环节，否则纵使正确下单也会因部分菜品不过关而无法满足营运。

（3）检查当天余货量后，要求下单部门一定要同时将余货量与下单量同时写在次日下单表内，以便督促员工养成清查余货的好习惯。

九、预估

检查项目：次日生意预估。

重点事项：①了解订位；②查看天气与日期、促销。

成本控制方法：

（1）了解并结合订位，下齐次日所需菜品，避免出现漏下、少下，重复购买的现象。

（2）对天气情况、节假日、促销的了解，预估明天的用量。

（3）历史记录的查询与了解也很重要。

达成上述要求，才能是一个称职的厨师长。可以看到，厨师长一天的工作十分繁重，如果是个小餐厅，日复一日能保证工作质量。但面对一个大酒楼，如果不能科学地把工作任务分配给各个单元的话，是无法保证工作质量的。只有抓餐厅单元的 KPI 指标，才能推动管理上台阶。

单元 KPI 指标之一：毛利润。单元毛利润是指该单元销售菜品收入乘以毛利率得出的总和。

单元 KPI 指标之二：库存。单元库存是指该单元剩余的食材、调味品等物品。

管理中要把对毛利润和库存的考核与厨师长、单元负责人的绩效挂钩，进而促使后厨员工主动开展菜品分析，严格执行流程制度，不断持续改进。

3. 库存管理

库存的四种风险

很多人不明白所谓的库存持有成本，因为这个成本看不见，摸不着，很隐性，尤其是传统的会计学把库存当成一种资产，更是蒙蔽了多数人的眼睛。那么，什么是库存持有成本呢？其实，库存持有成本就是因为持有库存而产生的相关成本。那么，库存持有成本都是有哪些因素组成的呢？

第一，库存的资金成本。库存的资金成本很容易理解，餐饮行业的年投资回报率在 10%左右，如果把钱投在了库存上，所以损失的机会成本就是 10%！这是库存持有成本的重要组成部分，大约占一半左右。

第二，库存的服务成本。库存的服务成本可以简单理解为，要持有库存，就得伺候它，如盘点、进出货管理等。

第三，库存的空间成本。库存的空间成本说白了就是仓库的租金。

第四，库存的风险成本。库存的风险成本则是指库存的贬值、报废、损坏、失窃等风险成本，如餐饮行业的食物变质是比较典型的，这就是库存的风险成本。

不同行业的情况不太一样，但基本上可以简单地理解为：库存的资金成本占总库存持有成本的 50%左右，其他如服务、空间、风险成本则各占 12%～15%左右。库存持有成本是管理中的大问题，也是供应链管理的重中之重。

餐厅零库存不可取

餐厅单元的库存同样面临上述四种风险，为了改变这种局面，有些餐厅提出零库存管理方法，姑且不论这种方法是否可以坚持，零库存的管理思维就是问题。过少，会让上门的顾客没有菜可点，不能满足顾客期待，错过提高销售额的机会，进而失去顾客。试想，来一次没有菜，来两次没有菜，顾客还会来第三次么？因此，餐厅需要有一定的库存量。理想状态是，菜单上所有的菜品需要用到的食材都应该提前备好库存，但不必所有的食材的备货数量都相同。备货量的多少也要依据菜品来分析，同时考虑不同食材的保质时间。

单元每日盘存

餐厅一般采取的是定期盘存制度，如一个月或者半个月，通过对各种食材和调味品的清点，称重或其他计量办法确定存货数量，把结果和标准库存对比，找出成本差异和原因，进而采取措施控制。餐厅单元每天清点自己库存的工作，有些餐厅是单元自己完成，报厨师长汇总，有些餐厅就是厨师长自己完成。实际工作中，由于后堂物资多，往往盘存的时间长，效率不高，也极容易出错。

上面谈到的后厨管理，不仅仅是技术层面的事情，更为重要的是观念层面的问题。消费升级和技术进步，是我们反复强调的餐饮行业的时代背景，也是决定餐饮行业变化的动因。只有理解了消费升级和技术进步，才会从容应对变化。但最终落脚到餐厅的内部管理，讲到的性价比战略也好，KPI 指标也好，都是管理的思想和工具。这里，花一些篇幅讨论 OKR 管理经验。

一、什么是 OKR？

OKR 即 Objectives and Key Results，翻译过来就是“目标和关键成果”。其中，O 是目标，KR 是关键结果。

OKR 是一种目标管理方法，是一种更集中配置资源管理方法。管理学之父德鲁克 1954 年在《管理的实践》一书中提出目标管理法（MBO），是 OKR 的起源。德鲁克认为：所有企业的使命和任务，必须转化为目标。企业如果无总目标及与总目标相一致的分目标，来指导员工的生产和管理活动，那么企业越大，人员越多，发生内耗和浪费的可能性越大。1976 年左右，Intel 的 COO 安迪格鲁夫第一个实践并确定 OKR 的两个核心原则：①在精不在多。因为它就是用来明确并聚焦工作重心的；②全体公开、透明。这样所有人能更一致地对准整体目标，减少内耗。

OKR 是由 4 到 5 个目标构成的，每个目标下又会包含 3 到 6 个关键结果。

举个例子，某餐厅为了提高单月的利润，提出了这样的目标和关键结果：

O：九月份提高餐厅利润 10%。

KR1：增加老会员来店比例 20%。

KR2：推出三道高毛利菜肴，实现 580 份销售。

KR3：各档口库存总金额降低 5%。

其中，O 就由餐厅总经理负责，KR 分别由营销经理、厨师长和各档口的负责人负责。

又如关于前厅经理的 OKR：

O：五月份客流量增加 30%。

KR1：翻台率提升 20%。

KR2：优惠活动增加 2 次。

KR3：增加媒体曝光度。

二、餐厅是否需要 OKR?

OKR 在互联网公司中应用的很多，但在传统行业见之甚少，餐厅用 OKR 几乎没有。那么，餐厅就不需要应用 OKR？回答是否定的。因为，①OKR 提供了一种科学而简单的管理方法。大多数餐厅经营管理者没有系统接受管理方面的训练，尤其是新兴创业的餐厅经营管理者。或许，有人会讲经营餐厅要学什么管理理论和方法。其实，餐厅好比一家工厂，一个车间，或是一个公司，科学管理十分重要。财富不仅仅是货币或者实物，更为重要的是思想观念。科学管理方法的介入对各种体量、各种业态的公司而言都很重要。而面对流派众多的管理学非一朝一夕可以学习好，而 OKR 十分简单易用，在理解和使用上成本非常低，能够帮助餐厅快速地形成管理规范。②建立量化可评价的指标。OKR 中对于关键结果有着明确的量化要求，量化的数字可以清晰地呈现出进度并且可以评价。透明公开的数据非常有利于团队建设，比如档口的毛利、库存指标都量化可视，负责人的行动力自然增强。③实现一致的努力方向。通过沟通，基础管理单元制定关键结果 KR，始终服务服从与总目标 O，这样可有效避免执行过程和目标愿景的背离，形成上下一致的方向与合力。

三、餐厅 OKR 的落地工具

OKR 怎么做，对餐厅来讲，不仅仅是沟通和目标的分解量化工作，由于餐厅数据的复杂性，需要有科学准确的统计系统。否则，基础数据不精准，则所有的目标都无基础。因此，餐厅要使用管理系统，没有系统则 OKR 无法落地。现在收银系统软件大都比较完善也无大的差别，会员营销系统软件也常见，但菜品精算和后厨单元管理模块则很少见到。如果缺少这两个模块，餐厅的任何管理目标都缺乏关键结果的支撑。比如前文所列出的提高利润，离不开菜品，离不开后厨单元。又如前厅提高客流量，仍然是离不开菜品和后厨单元。我们知道，餐厅是以菜品为媒介的社交场所，顾客来餐厅消费不能没有菜品，而菜品又是后厨单元制作出来的。

厨师的武功

上面的篇幅是从餐厅管理的角度去讨论如何更好地调动厨师的积极性，进而加强餐厅的管理。随着消费升级，越来越多的人关注美食喜爱做菜，也涌现很多家庭煮夫煮妇，美食家，食评家，还有很多美食综艺节目，可以说他们是不是厨师的厨师。那么，职业厨师和业余厨师的区别在哪里呢？笔者认为在于经验，而经验来自积累和实践。做菜并不困难，我们看蓝翔和新东方每年培训那么多厨师，可见做菜并不高深。做菜有天分，有人上手快，有人上手慢，但是只要给一个人足够的时间和金钱，都可以有所成就。厨师和其他行业的工作一样，只是培训的时间和成本不同，但本质上都是一个工作而已。例如家常菜西红柿炒鸡蛋，职业的厨师知道鸡蛋打多久，搁什么酒，搁多少酒，搁多少盐，搅打到泡沫多高多密，西红柿切块切多大，炒汁的时候加多少热水多热的水，翻炒多少下。如果火急了，煮的时间短，西红柿就太酸，汤无味；火慢了，汤太酸，西红柿没味道。而业余的厨师往往不能掌握这些，但是通过实践花一些时间也是可以做到的。

一道菜品的三要素公认为食材、口味和火候。优秀的厨师在于对火候和调味的精准掌握。火候的掌握就是对温度和时间的掌握，苏轼《猪肉颂》中有句“待他自熟莫催他，火候足时他自美”。实践中火候取决于食材的性质、形状、烹调方法和菜品要求，需要司厨者在实践中不断地总结经验，掌握其规律。例如行业中把油的温度分为温油、热油、旺油三个温度段。温油俗称三四成熟，油的温度在90℃～130℃，其油面状态是无青烟，无响声，油面较为平静，烹饪原料入油后在其周围出现少量气泡。热油俗称五六成热，油的温度在130℃～170℃，其油面微有轻烟，油从四周向中间翻动，烹饪原料入油后周围出现大量气泡。旺油俗称七八成热，油的温度在170℃～230℃，其油面状态是有青烟，用炒勺搅动时有响声，烹饪原料入油后周围出现大量气泡，并伴有轻微的油爆声。又如动物性烹饪原料是根据其血红素的变化来确定火候的，当油温在60℃以下时肉色几乎无变化，在65℃～75℃时肉呈现粉红色，在75℃以上时完全变成灰白色，如猪肉丝如果烹调后变成灰白色则其基本断生。而调味的掌握在于对调味品和调味技艺的掌握。我们知道，再好的食材如果没有好的味道，则无法被食用和销售。

例如名菜“爆三样”的烹制，按照王希富大师的讲解，热油里做出烧燎味，是为爆。“爆三样”主料为猪腰、猪肝、猪肚，很多厨师为了防止成菜有腥味，会提前在初加工时使出杀手锏，冲泡、焯水、拉油，但效果都不尽如人意。

正确的做法是将锅内油烧至 280℃，先下腰花，再下猪肝、猪肚，缭炸十多秒后迅速出锅，在这个过程中，主料表面组织迅速凝固，锁住肉里的水分，之后要迅速将锅内热油及原料倒出并只留少许底油，烹入芡汁，倒入三种原料。刚从280℃的油中出来，又遇到 30℃左右的芡汁，冷热交替，腰花猪肝猪肚等原料因迅速吸水而微微震动，传递到大厨的手臂上，感受到这一信号后需迅速翻匀，水汽蒸发，淀粉糊化，浓浓的裹在主料上，即可出锅，这就是所谓的“立汁爆芡”。如果感受不到腰花的微微颤动，那就是说过油湿度太低，主料自然带有腥味，而且根本出不来烧缭的香气。

比“爆三样”油温更高的菜只有一道，那就是“火缭鸭心”，需要烧至 330℃，油面上升腾蓝火苗时下腌好的鸭心爆炸 10 秒，捞出控油后装入垫香菜和葱丝的盘中即成。

芡汁：用高汤、盐、胡椒粉、米醋、酱油、豆瓣、葱、蒜片以及浓姜汁调匀即成。所谓豆瓣葱是将葱白切成蚕豆瓣大小的片。姜榨成汁，起到吃姜不见姜的效果。

厨师在餐厅有着举足轻重的位置。但为什么民间流传：十个厨师开店九个不成。当老板是每一个厨师的心中梦想，不成功的原因在于餐厅经营是复杂的系统，是个短板系统。短板，就是讲只要有一个方面让顾客不满意，这个餐厅就不行。厨师行业实践的是师父带徒弟的做法，一个厨师的成长是从打荷开始，没有更多的时间来学习和掌握经营方面的知识，因而驾驭餐厅失败率就高。不少餐厅投资者或者管理者有错误的观念，总认为要找个非常优秀的厨师做出非常有特色的菜品，从而宾客满朋。殊不知，符合这个标准的厨师百里难挑一。不排除没有特例，但用这种思维来经营餐厅，绝对是高风险。

很多餐厅也在探索去厨师化道路。采用去厨师的模式，是店面租金和人工成本越来越高的情况倒逼出来的。压缩后厨空间，改进厨房模式，减少厨房人力是降低成本的重要方式，也是餐饮业发展的趋势，大董旗下品牌“大小董”的菜品基本采取配送的方式，只有烤、蒸、煮三种加热方式，保证没有明火，完全不需要厨师上灶炒菜。“大小董”自己研发的万能蒸烤箱每小时可以蒸烤 12 只鸭子，味道比人工烤制的还要稳定还要好。未来，机器人会代替厨师的工作么？今年流行的前沿理论说，未来 98%的人类都会没有工作，岗位将被机器人所代替，人类需要的就是研发和管理这些机器人。会实现么？现在机器人餐厅已经出现，迎宾、点餐、运送机器人都得到应用。

延伸阅读

餐饮老板新对手：你的供应商正在抢占下游！

很多餐饮老板都持这样的观点：餐饮竞争，到最后拼的不过是供应链。谁掌握了优质原材的议价能力，谁就立于不败之地。

于是，我们看到“海底捞”部署蜀海，“新辣道”十年自建供应链，“冰城串吧”也在燕郊置地建工厂……

然而，当你在力争上游时，供应商却纷纷来下游抢滩开餐厅了！餐饮产业链条正在发生怎样的变化？

这些供应商都来开餐厅了！

先来看看，供应商跑到下游来，都是怎么玩的。

案例 1

放大供应链价值，树立消费者口碑

正大作为国内知名的供应商，有着目前全球食品行业单体规模最大、最先进、最现代化的食品工厂。

而这个“幕后巨头”也正在布局终端餐饮，选择“从幕后走到台前”，提出要“打造百万餐饮终端”的目标。

正大集团餐饮板块推出了“可喜可禾”“面小蛮”“鸡酱法”“好时煎饺”等快餐品牌，涉足早中晚三餐。

目前主要是在重庆、天津这类二三线城市稳步布局。

谈到原因，正大餐饮（北京）有限公司运营总监马骏笑着说：“简单来说，我们想把集团在供应链上的产能和价值发挥到最大，让更多消费者能够方便享受到正大安全美味的食品，也为中国食品安全做好表率，让食品安全随时在我们身边保护着每一位消费者。”

不过马骏也同样表示，希望专业的人干专业的事，“前端餐厅希望经营交给懂得餐饮的专业团队和公司进行市场布局。我们在一个城市寻找一个专业运营商，我们提供标准化产品和配送，运营商负责开店、加盟、品牌推广等经营事宜。”

案例 2

凭借强大原料优势，“碾压”同品类餐厅

H 总，家族是做冻肉批发的，后来开始建厂加工生产鱼丸、牛肉丸等半成品，至今有 25 年的历史。

4 年前，H 总开始加入自家工厂，喝过洋墨水的他总想做点不一样的。他深知自家有强大的价格优势，比如一些原材料的出厂价是 10 元，而餐企卖给消费者就是 20 元。而且，越是小地方采购成本越高，为什么不开一家小吃饮品店？

于是两年前，在一个五线城市，他一口气开了 4 家门店，80～160 平米不等，其中 80%的原材料由自己的工厂提供。

“我知道正新鸡排的一块鸡排成本价是 4 元多，但我的最多两元”。H 总靠着强大的价格优势，采取薄利多销策略，所有产品皆比同行低 20%以上。生意很不错，4 家店日均流水 2 万元。

因为物美价廉，对周围同类品牌也有一定的冲击。“跟我们定位差不多的，像鸡排小吃类品牌冲击很大，有些直接关掉了。”H 总说，“从上游到下游，是不同的量级在竞争，对于同品类的餐厅基本是碾压。”

案例 3

根据 C 端需求，优化升级产能

马达飞是创意农业较早的从业者，之前是做创意农业品牌推广咨询的。自农业部在 2013 年开始推动马铃薯主粮化后，马达飞觉得这是个战略机遇。

“因为历史原因，土豆作为主食的比较少，一般是作为蔬菜。为了提供更多的饮食方式，就开了‘艺薯家’，跟消费者有更多的互动，找到更合适的推广马铃薯主粮化的方式。”

“现已和乌兰察布 3 万亩、黑龙江几千亩产地的农民合作生产”，马达飞表示自己会选择优质品种进入到他们的菜系里，产量自足后，再供应给其他合作餐企。

马达飞其实还有一个更大的梦想——改善农耕现状。他认为中国农业太落后了，生产和供给很多时候是不匹配的。

“我原来是做互联网的，有这种思维。将来我们要做一个系统——土豆云，会分别管理供应商、加盟合作伙伴、生产地。要做到从 C 端的反馈来决定产地的产能，种什么品种土豆，种多少，在系统上会体现在生产、加工、销售每个流程的数据。”

案例 4

把餐厅做为“展示窗口”，推广食材

程德金在 2012 年开始接触有机食材，瞬间被其征服，接下来的几年就一直在做有机食材的推广销售。

但他表示在这过程中一直有很大挫败感，因为“价格比普通食材要高 2 到 5 倍，让我们很难做。”

推广艰难的现状刺激程德金，要做个能接受有机食材的餐厅。“我想尝试更加商业化的形式，做成餐厅门槛就小很多。用餐饮的方式让大家更容易接触体验有机食材。”

他说，“现在的顾客只有一小部分是原本就知道有机食材的，我们相当于找到一个可以放大 10 倍 20 倍的渠道来推广食材。”

而对于开餐厅能否赚钱，他坦言：“没有太多考虑盈利问题，更多是想把有机食材推出去。不过后来发现还能盈利。”

案例 5

变身餐厅合伙人，抢滩餐饮市场

日本“吉野家”旗下子公司“京樽”，近日在大连开设首家海外店。值得注意的是，这家寿司店的落地，是与供应商獐子岛集团合作。

獐子岛集团是以海珍品种、海水增养殖、海洋食品为主业的综合型海洋企业。“京樽”进入中国市场，獐子岛集团的角色从供应商变成了合作股东，占 30%的股份。

此外，今年“深海八百米”推出的深海优选美食体验中心项目也是遵循同一逻辑。

“深海八百米”与“餐猫”供应链平台合作，在其门店增设海鲜超市。深海餐饮集团董事长孙志刚表示，线下主要做展示和体验，线上渠道将作为另一个平台，已经初步完成。

还有“南沙渔港”。据了解，“南沙渔港”在海南自建渔场并与沿海渔民签订包销协议，公司同时经营餐厅和海鲜卖场已有两年之久。一楼既是海鲜大卖场，同时也是餐厅日常经营食材的暂时储存地。

对手 or 朋友？

看到这些上游的供应商来势汹汹、势不可挡的样子，难道下游就要被他们攻占了？

其实，还真不至于。

仔细梳理，他们有的的确成了厉害的“隔壁老王”；有的只是为了树立消费者口碑；还有的甚至不为盈利，仅仅是为了解消费需求，做大自己的主业强项。

不管何种初衷，不管上游还是下游，我们看到，越来越多的餐饮主体，开始玩起了全产业链。

而在餐饮这个长链条上，基于各自专业的分工，合作显然大于竞争。比如，正大集团餐饮“希望专业的人干专业的事”。比如，“味蜀吾”创始人范勤耘想要做日料品牌“池田屋”的时候，就找了个供应商做合伙伙伴，“做日料最重要的是原材，所以直接找了最厉害的供应商做我的合伙人。”

正如中国食品产业评论员朱丹蓬所说：“首先是产业链，其次是价值链，再次是企业的生态链，如果能够成功做到全产业链的布局，事实上对企业来说，是三倍的价值。”

有业内人士提醒，全产业链出发点很好，但是产业链当中的游戏参与者能否在利益的分配和平衡上有一个共识，每一个关键点怎么运作，独立运作时利润能否支撑驱动，都是需要思考的。

摘自微信自媒体《餐饮老板内参》

第八章
餐厅营销分析

得人心得天下，营销绝不仅仅只是一门收集数据研究用户喜好的科学，它更是一门操控人心的艺术。因此，最高级的广告绝对不仅仅是介绍产品或服务，更多的是点燃情绪，将用户从理性消费者变成感性消费者。

——摘自网络

古时“三碗不过岗”的彩旗招牌，今日的LED显示屏招牌，都是餐厅店铺名称营销。餐厅经营管理者寄希望在车水马龙的商圈里，通过将招牌设计得更有魅力，从而让更多的顾客关注识别自己。为解决午餐时间人气不足的问题，很多餐厅都会推出特价菜活动。例如西贝就曾连续四周的时间，在网络公众平台上推出“一元菜”抢拍活动，只要顾客在每周一早上十点参与活动，只需要花费1块钱的价格就能抢购一道菜。活动发布两小时，点击率超过两万。还有诸如短信问候，消费送券等策划，餐厅大都会使用，由此可见餐厅对营销并不陌生。七分商品、三分营销，说起餐厅营销，没有管理者不知道。但随着消费升级和技术进步，用户变得越来越精明，注意力被吸引的时间越来越短，对营销信息越来越免疫，口味变化速度越来越快，顾客更加信赖熟人推荐的餐厅，如何做好餐厅的营销，愈发成为让餐厅管理者劳心费力的事情。

一、营销的本质

营销是什么，其定义非常之多。聊一个有意思的定义，历史上有这么一段对话：

阎锡山问名士幕僚赵承绶：“什么是政治？”

赵引经据典，滔滔不绝。

阎笑：“没那么复杂！所谓政治，就是让对手下来，咱们上去！”

阎又问赵：“什么是宣传？”

赵又口若悬河，说古论今。

阎更加不屑："没那么复杂！所谓宣传，就是让大家都认为咱们好，别人不好！"

中国人最为聪明，既可以把简单的问题复杂化，也可以把复杂的问题简单化。套用阎锡山的思维，营销就是让顾客相信自己的好。我们来看看理论界、学术界和企业家关于营销的定义与理论发展。

1. 定义

哈佛教授迈克尔·波特对营销的定义："你为得到或者保持一个客户所做的一切都是营销。"

营销学之父菲利普·科特勒对营销的定义："市场营销是通过创造和交换产品及价值，从而使个人或群体满足欲望和需要的社会过程和管理过程。"

美国营销协会的定义："营销就是对思想、产品及劳务进行设计、定价、促销及分销的计划和实施的过程，从而产生满足个人和组织目标的交换。"

任正非认为："营销的本质实际上是种庄稼，多种庄稼才有可能多打粮食。"

2. 理论

在美国是20世纪50至70年代，在中国是1990至2000年前后，社会经济环境处于刚开始供过于求的状态，手上有好货，大体上都能卖得出去。生意由好做慢慢转向不太好做，对营销的需求就应运而生，营销理论也开始有长足的发展。

4P 理论

4P即产品（Product）、价格（Price）、促销（Promotion）、渠道（Place）四要素。

4c 理论

4c 分别是：消费者（Consumer）、成本（Cost）、便利（Convenience）、沟通（Communication）。

4s 理论

4s分别是：满意（Satisfaction），服务（Service），速度（Speed），诚意（Sincerity）。

4R 理论

4R分别指代关联（Relevance）、反应（Reaction）、关系（Relationship）和回报（Reward）。

4V 理论

4V是指差异化（Variation）、功能化（Versatility）、附加价值（Value）、共鸣

（Vibration）的营销理论。

4I 理论

4I 原则：Interesting（趣味原则）、Interests（利益原则）、Interaction（互动原则）、Individuality（个性原则）。

看到这些理论的介绍，很多餐厅管理者或许比较厌烦。其实，营销的理论远远不止这些，只有学习概念定义，才可以化繁为简找到营销的本质，运营中找到简单有效的方法。只有对事物本质有深刻的认知，才会应用自如。好比用片树叶就可以当把剑，吹一口气就可以杀敌，这样的武功人人都想有，但是不苦练内功不打通任督二脉，可以做到么？功夫在诗外，学习这些理论，有助于我们对营销本质的理解，其关键点在于：

（1）营销是企业组织运营的核心。企业的管理目标不在企业内部，而是在企业之外；企业的目的是发现顾客并创造顾客。营销是一根线，把企业的各个部分都串起来，实现组织目标目的。形象的说，营销就像一部电影，而产品就是电影中的主角。电影中的每个人、每件事都是在讲述一个故事。这个故事就是要告诉人们为什么我的产品与众不同，为什么你应该购买我的产品而不是其他产品。在餐厅组织运营中，管理者往往不能把营销贯穿于餐厅管理的各个方面，也就是说营销不是一个独立的过程，是和其他过程紧密结合在一起的。比如菜品营销、菜单营销、感恩节营销，都是具体到餐厅一个或几个产品的营销活动，就营销而营销的思维和行为都是错误的。

（2）营销的核心是交换。营销是要为自己的顾客创造价值，这是付出，收获的是利润。简单的讲，营销是把产品卖到人的心里，促销是把产品卖到人的手上。营销和企业的目标目的是高度统一，都是发现、稳定和创造顾客。在一个产品泛滥而顾客短缺的市场里，以顾客为中心是成功的关键。餐厅营销，时刻要问自己：目标顾客是谁？顾客上门消费的核心理由是什么？餐厅和顾客之间传播、沟通、联系的渠道在哪里？交换，听起来会让人不舒服，但人类的饮食，又何尝不是和自然界的交换呢！烹饪科学的核心内容就是人体与自然界的物质交换。

二、提高餐厅销售额能力

菲利普·科特勒把产品划分为五个层次，分别为核心产品、形式产品、附加产品、心理产品、延伸产品，所谓核心产品也就是一个产品为顾客提供的核心功能与效用。餐厅的核心产品就是菜品，对餐厅来讲，把菜品卖出去，实现从商品到货币的惊险跳跃，才是硬道理。因此，提高餐厅销售能力，是每一个餐厅经营管理者都日思夜想的事情。餐厅营销的一个基本目标，也是提高餐厅销售能力。德鲁克曾经说过，企业必须集中资源在两个领域，或技术领域，或市场领域。对餐厅而言，二者皆重要。只有好，顾客才会买帐买单。餐厅和任何组织一样，首先要弄清楚自己的顾客是谁，这些顾客的痛点是什么，给他们提供什么样的特别的价值主张。要理解顾客，特别是理解顾客的变化。我们为谁做这件事情？能给他们带来什么？这也是稻盛和夫的利他活法。我们需要把自己的顾客找出来，把顾客要的东西码出来，然后找出一个点让所有的首要顾客和支持顾客都满意。餐厅销售额即利润，利润是什么？利润是我们给顾客创造价值带来的回报。

餐厅销售能力就是餐厅给顾客创造价值的能力。通透这一点非常重要，为顾客创造价值，不仅是一种思想，更是方法论。餐厅要为用户提供符合顾客需求性价比高的产品，该产品包括餐厅的硬件和软件，不局限在菜品，也不仅仅是服务。让顾客在使用餐厅产品后，产生满意加惊喜的体验。如果不能领悟餐厅销售能力就是餐厅给用户创造价值的能力，则不能坚持餐厅的系统目标，不能理解餐厅性价比战略，不能把握差异化和匹配度，给用户创造的价值，在用户这个角度更多表现出来的是用户情绪体验，情绪体验是主体在外界刺激的作用下所产生的一种唤醒或激活状态的反馈感受。通常，顾客消费之后会说“还不错”，“这家挺实惠、下次再来”之类的话语，更好的会把自己的感受分享给自己的朋友。情绪体验是一种对多种信息源产生的复杂感受。用户和餐厅之间发生关系有以下过程：

第一阶段是需求阶段，即用户有了就餐消费的欲望或者诉求，有的是自己肚子饿了产生生理需要，有的是外地来了同学朋友乡亲产生宴请需要，有的是生意上工作上来往产生宴请需要，需求产生的原因很多种，但需求是起点。餐厅消费需求和其他的需求不一样，餐厅消费需求非常明确和具体，而顾客其他的需求还存在着不明确的情况，只是具体吃什么样的菜，具有不确定性。

第二阶段是认知阶段，顾客有了需求，就会寻求服务供应商。这时候他会有一个认知度，城市这么多都是餐馆，眼花缭乱，怎么选择？去哪一家好呢？有两个问题很是关键，“顾客是如何挑选餐厅的”，“是什么让顾客做决定的”。顾客对餐厅会有一个认知过程，这种认知可能是自己所见，比方说自己去过或者看见某个餐厅环境，吃过餐厅的菜品。顾客的认知也可能是从亲戚朋友那里获得。还可能是受外在因素的影响，比方说其他消费者的评价，第三方网站的评价以及自媒体和传统媒体的广告宣传。无论外界因素对顾客选择产生怎么样的选择，考虑自己的钱包是影响认知的重要因素。

第三阶段是接受阶段，当餐厅的产品和顾客心理期望一致时，餐厅就会获得顾客的认可。好或者是不好。印象不好的话，顾客往往不再光顾。这个心理预期，简单的讲就是好吃、便宜和有面子，也是我们反复论述的性价比。去一个大排档聚会就餐，对服务质量是不会要求的。但是去一个海鲜酒楼，服务慢了半拍，都会产生意见。

第四阶段是满意阶段，满意是超出顾客心理预期的主观体验，也是高星级酒店提倡的惊喜。顾客在餐厅消费中，出现很多自己没有想到的服务或者价格冲击，比如说顾客第三次来到某个餐厅，餐厅经理讲："先生，感谢你的第三次光临，我们餐厅赠送你一道你喜欢的虾龙糊。"顾客会想，我来几次餐厅都关注我，还免费赠送菜肴，心理就会产生惊喜，自然会满意。平时我们常讲的打动、感动顾客，都是希望让顾客产生满意的感受。余世维在讲演中提到去一家五星级酒店，餐厅服务生连他喜欢坐什么样的位置都很清楚，让他很意外更是惊喜。满意产生于细节，餐厅于微小处感动顾客，才是餐厅营销需要关注的地方。用细节感动顾客、用专业影响顾客、用真诚留住顾客。

最高阶段是忠诚阶段，很多餐厅经营者认为世上没有忠诚的顾客，持有的理由是顾客的天性是喜新厌旧、求新求变。其实，没有不忠诚的顾客，只有对顾客不忠诚的餐厅。忠诚的顾客，就是我们所说的老客户。我们必须认识到顾客对于日常用餐口味的变换需求是常态，认识到顾客的天性就是喜新厌旧，那么在营销上就要关注菜品菜式的创新、口味的变化，而不能一味的用促销和折扣等措施吸引回头客。在顾客口味变化的过程中，对于一些有特色的菜品仍然是有属于自己的记忆，口味是有记忆的。如果当顾客来餐厅用餐，我们都能记住顾客，按照顾客的喜好提供他最喜爱的老菜品，同时又让顾客品尝几款新研发的菜品，会极大的激发顾客的忠诚度。

为什么客户随着时间的推移会更有利可图

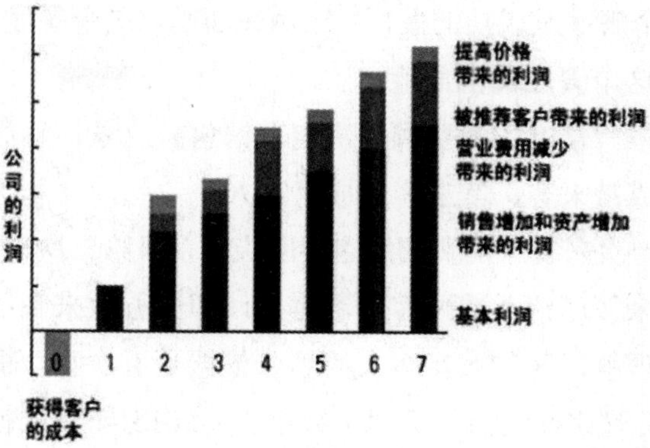

心理学家的研究表明，有意识的情绪体验由下列三方面的输入信息的整合感受而产生。第一信息源为由冲击感受系统的外部刺激到大脑的输入信息。这个信息源称为“刺激因素”。第二信息源为过去经验的记忆和对当时情境的评价产生附加的输入信息。这个信息源称为“认知因素”。第三个信息源为从内部器官和骨骼肌到大脑的输入信息。这个信息源称为“生理因素”。人的有意识的情绪体验是对这三种信息源的整合感受而产生的。

在考虑如何提高销售额的时候，有一个最基本的公式。依据销售额=顾客人数×客单价，进一步分解如下：

提高销售额的公式

销售额=顾客人数×客单价

④ 顾客口碑与介绍

=[① 新客+（② 老客×③ 回头客比率）]

×（⑤ 点菜数量×⑥ 菜品平均单价）

源自河野祐治《不懂大数据，怎么做餐饮》

从上面的公式，我们可以看到提高销售额有六个途径，通过公式细分之后很好理解：

（1）新客源。即第一次上门消费的客人，餐厅的店面标识、广告促销、媒体宣传等活动的目的都是为了让更多的潜在顾客上门消费。

（2）老客户。餐饮行业第一次上门顾客之后第二次再上门的只有 50%；第二次消费之后的比例只有初次的 20%，也就是说 80%在第三次再上门之前就流失了。很多餐厅经营管理者会责怪顾客的忠诚度，我一直认为这是个不成熟的视角，顾客是否忠诚取决于餐厅自己，而不能去怪罪顾客。餐厅管理始终要向内求，如果顾客光顾餐厅三次则会容易记住餐厅成为常客。一般认为，一个餐厅老顾客的比例占据50%，则这个餐厅是成功的餐厅；比例在30%，这个餐厅还可以生存下去；如果低于30%，则这个餐厅就很危险。

（3）回头客比率。常客的消费频次决定着销售额总量，餐厅要把头回客变成回头客，回头客变成常来客，常来客变成老客人。

头回客，即第一次来餐厅消费的顾客；回头客，即第二次来餐厅消费的顾客；常来客，即第三次来餐厅消费的顾客；老客人，即第五次来餐厅消费的顾客。一到三次的划分都好理解，为什么老客人的划分依据是五次呢？根据雅座餐饮数据研究院出版的2015餐饮行业会员管理指数报告，2015年餐饮行业会员年平均的消费次数是2.58次。如果一年里顾客选择某品牌餐厅就餐超过平均次数的2倍，也就是消费超过5次，那就是老客人了。

（4）顾客口碑与介绍。让老顾客介绍引流新的客源，是餐厅最有粘性最有效率的方式，即口碑营销熟人营销。在移动互联网时代，餐厅和顾客之间，顾客和顾客之间除了现场实景沟通之外，已经从传统媒体向数字媒体沟通转变。随着“90后”成为消费的主力人群，他们爱分享爱交流彰显自我，不仅仅是餐厅消费者，更多的也是餐饮内容的制造者和传播者。过去顾客选择餐厅的视野有限，自我认知和朋友推荐是主要渠道，如今会通过互联网选择，看评价多维度比较。

（5）点菜数量。顾客到餐厅就餐，点菜数量是相对固定，排除极端情况，一般一餐人均食物量，男性在500克，女性在400克。营销时候，不能无限制的增加顾客点菜数量。因为，不管顾客点菜的数量是多少，顾客能够吃下去的数量几乎是相同的。过多或过少，都影响顾客认知与体验。

（6）菜品平均单价。菜品平均单价相同的餐厅，顾客人群不一定相同，销售额也不会相同。有两家酒店菜品数量均为123道，平均单价都是58元，但是A餐厅20元到38元的菜品数量有61道，39元到49元的菜品数量有17道，B餐厅20元到38元的菜品数量有42道，39元到49元的菜品数量有9道。比较A、B餐厅，明显A餐厅的人均消费更低一些，实际效果来看也是A餐厅的生意更好。

用户终身价值＝重购客单价×重购次数－用户获取成本

三、餐厅营销的困境与优势

营销也是不断增进顾客对产品信任的所有努力的过程。

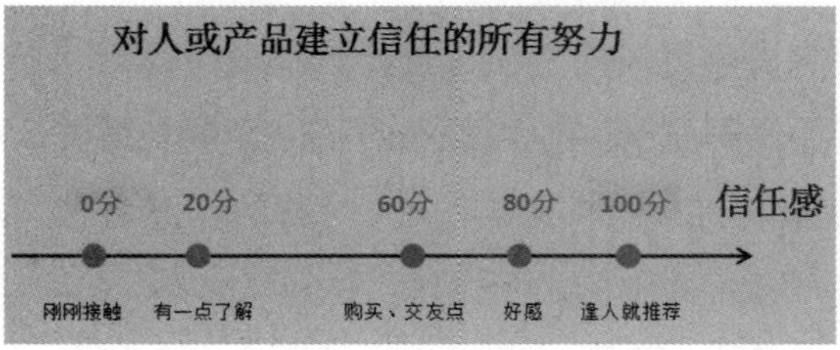

俗语讲，罗马不是一天建成的。同样，信任也不是一天可以建立的。餐厅从开业策划之初，就应把营销放在很重要的位置思考，把建立与顾客的信任落实在时时处处。但实际上，在餐厅生意好的时候，餐厅经营管理者根本关注不到店里消费的客人是谁，他们需要的是什么，有客流让餐厅盈利就足够了。和他们讲餐厅营销，感兴趣者寥寥，总认为餐厅开门做生意，只要菜品好、环境不错，服务还跟的上，就可以轻松赚钱。当餐厅生意不好的时候，许多餐饮企业会主动寻求资源做会员营销，把营销作为自己的救命稻草。殊不知，由于长期管理下滑，加之失去营销的时机，再好的办法也无回天之术。近些年，随着经济L形走势，餐饮竞争越来越激烈，餐厅管理者关注餐厅营销思想、方法、系统的越来越多。其实，餐厅对营销并不陌生，从来个熟人打个招呼送个菜，到办卡充值送券，但过去的餐厅营销技术手段侧重线下，无法做到营销的精准投放和营销效果的数字化统计，有自身的局限性。

第一，餐厅对顾客不能做到精准画像。顾客的身份仅与手机号、卡号、微信号等单号相关，能收集的只有来店次数和消费纪录。比如说十个朋友去餐厅就餐吃饭，点了一桌子菜，其中有一位顾客是这家餐厅会员，餐厅只会把来店次数和这一桌子菜的消费金额记在该会员身上。但实际上这一桌菜是由一个人点十个人吃的，所以餐厅不会知道也无法知道每一个人的餐饮偏好。这样一来我们就没有办法获得这一位会员或某几位会员对于餐饮相对偏好的数据，这是一个在餐饮营销里比较头疼的问题，就是对顾客用餐习惯的不了解。

第二，信息渠道被第三方控制，缺少和顾客直接有效的沟通。餐厅往往没有一个直接的渠道与顾客产生互动，大部分会被第三方的像一些订餐软件或点评软件所控制，在这种情况下，餐厅是完全没有办法向他的消费者直接推送更加优惠措施和更有效的一些内容，换句话讲就是餐厅没有渠道和消费者直接互动。虽然一些餐厅也会做微信公众账号或者QQ群，但囿于成本问题无法产生强粘性，效果不明显。

第三，营销内容多以促销为主。这主要是跟餐饮行业过去的历史习惯有关，餐厅在营销上一直不是很重视，他们更多的是搞一搞促销类、赠品类的活动。这个问题出在了营销意识上，所以很难产生一个好的创意内容。营销本身的内容也很枯燥，这也是餐厅营销面临的最大困境。

第四，餐厅信息化水平不高，数据意识薄弱。大家都在说大数据，但实际上长期以来，餐饮品牌的主要投入放在了店面、装修和菜品等服务领域，在信息化水平建设这方面非常薄弱。虽然我们看到很多餐厅添置了各种智能设备，但它整个的信息和 IT 建设非常落后，大都停留在使用工具的层面，因此更谈不上说未来用数据做什么，数据量非常非常地少。个别餐厅有很多的数据，但是不会用数据来解决餐厅的实际问题。餐厅经营管理者会花费很多的钱去学习一道其他餐厅的畅销菜，却往往会心痛购买使用一套信息化营销管理软件。

当然，餐饮行业也有它的优势，包括以下四个方面。

第一，餐饮是刚需，市场空间大。其实在中国文化里正餐解决的不只是温饱问题，它其实也是中国人正常的社交场所和手段，所以中国有饭局这么一个说法，所以餐饮的刚需是不会改变的。在消费升级和技术进步的时代背景下，餐饮刚性增长不容置疑。

第二，餐厅能有更长的时间与顾客面对面，与获得了顾客更多直接沟通的机会。不管是点餐、上菜、结账包括一些其他的服务，能制造很多机会使服务人员和顾客一起来沟通。而且沟通过程应该非常愉快，因为顾客吃饭的时候精神状态是不错的。这个过程中实际上是让餐厅有更多机会和顾客做一个面对面的沟通。这种沟通和线上沟通的区别很大，更加真实温暖，粘性也会更强。服务是连接顾客情感的过程，顾客的体验会转化为对品牌的记忆。

第三，餐厅经营都有自己的固定场所，所以它会是一个很强的地缘经济。在这个经济环境里很多的顾客重复率其实是非常高的，这种高重复率会让我们对有些顾客的了解会越来越多，会有固定的一些顾客群出现在你的餐厅里，这种优势就是你拥有一些相对固定的客群。同时，餐厅和其他的商业组织不同，餐厅受限于自己的地理位置和所在的商圈。餐厅顾客群主要来自于周围三公里商圈。

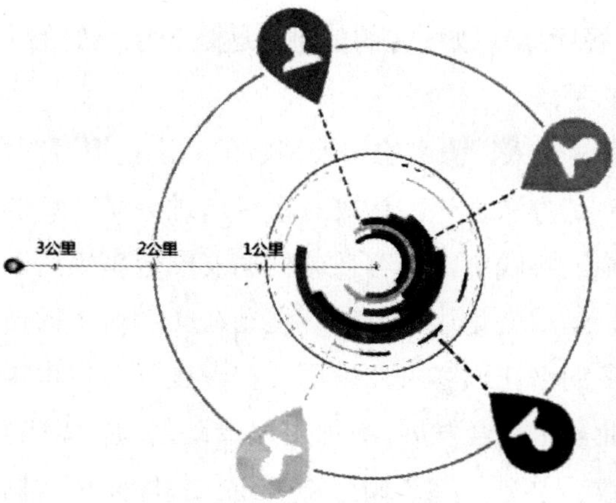

第四，其实在整个餐饮行业，产品迭代更新成本很低。比如餐厅换一个菜要比出一款新的衣服、化妆品快得多。所以在餐饮行业里产品创新更新成本要远远低于其他行业，餐饮行业中也会出现做企业式的创新服务。

四、餐厅营销解决之道

在消费升级和技术进步的大背景下，餐厅的营销怎么做？这里给出的答案是：做会员，建立餐厅会员闭环数据营销系统。吸引一个新顾客所花费的成本大约相当于维持一个现有顾客的 5 倍。

第一步，寻找目标顾客

每个餐厅都有自己的目标顾客，一个餐厅不可能把天下所有的人都成为自己的顾客。假如真是这样的话，餐厅的资源是无法满足供给的，也当然无法提供优质的产品和服务。目标顾客可以分为既有顾客和潜在顾客两种，既有顾客是指已经在餐厅产生消费有买单行为的客人，潜在顾客是指有可能来餐厅消费的客人。既有顾客很好理解，潜在顾客的画像在前面的不同章节已经阐述。如何寻找潜在顾客？能想起来的有店面招牌、广告或者散发宣传册，也有骑自行车插个小旗子满城跑做宣传的，无论用什么办法，都要有一个渠道，让顾客想起来餐厅的时候，第一时间可以找到，也就是互联网说的“连接”。不黏住顾客，仅仅是让顾客知道自己的餐厅，更为重要的是和顾客保持互动。最有效的办法就是微信，就是你找到顾客之后，要让顾客关注微信，微信是最有效率和低成本和顾客连接的渠道。通过这个渠道，既可以想实现顾客大数据的累积，建立和顾客直接连接策略，方便顾客联系餐厅，便于餐厅把最新的信息传递给顾客。因此，餐厅要建设 WiFi 基础设施，在营业场所内设置智能硬件设备，打造一个智能硬件的环境。当顾客使用 WiFi 的时候，餐厅就获取顾客的信息，这是一个很好的方法。微信点餐、扫码关注，都是很好的手段。

来餐厅消费，有两类人，请客的和被请客的。让被请客的自动关注餐厅微信，收集目标顾客资料，是方法之一。让既有顾客通过分享就餐的感受，介绍其他用户，也是具体的措施。实践中，顾客在微信朋友圈分享集满多少个赞，就能获得折扣或者增送菜品，运用就是这个方法。主动在当地城市的自媒体或者其他平台上推介餐厅，让更多的潜在顾客关注餐厅。在深度学习技术得到普遍应用之后，人脸识别技术和行业紧密结合发展，餐厅可以借助这项技术来获取既有顾客资料，识别顾客上门的次数。总之，潜在顾客群是建立餐厅闭环数据营销系统的基础，这个基础数据越大越好。

第二步，顾客分类分组

当餐厅和顾客有更进一步的互动行为时，餐厅可以采用打标签的方式为顾客画像，通过数据分析出顾客的基本属性、社交属性、兴趣属性以及与餐厅互动相关属性等等，将顾客分类分组管理。

对新开业的餐厅既有顾客是零，对已经开业的老餐厅来说，既有顾客中可以分为主力顾客、瞌睡顾客、半瞌睡顾客、沉睡顾客等四种。主力顾客，即来餐厅消费五次以上的客人，可以计算出其平均消费周期。当主力顾客超出平均消费周期没有来餐厅消费，就降为瞌睡顾客，当顾客来餐厅消费三次之后在最近一次周期之内没有再来消费的也认为是瞌睡顾客。消费二次之后没有再来消费的，同理认为是半瞌睡顾客。来餐厅消费一次后三个月都没再来消费的，视为沉睡顾客。

金百万餐饮企业就根据自己的实际情况把顾客分为九类：

（1）高价值顾客。划分标准为：年累计现金贡献排名前 15%，且 3 个月内消费次数大于等于 1 次的顾客。

（2）高忠诚顾客。划分标准为：初次发卡时间超过 6 个月，累计现金贡献排名前 50%，总消费频率小于等于 30 天，且半年内消费频率小于等于 60 天。

（3）高频率顾客。划分标准为：消费日数大于 2，且半年内消费频率小于等于 30 天。

（4）高消费能力顾客。划分标准为：半年内平均有效消费排名前 15%。

（5）高营销贡献顾客。划分标准为：营销排名收益前 15%。

（6）低营销贡献顾客。划分标准为：营销排名收益后 15%。

（7）沉睡顾客。划分标准为：半年内没有消费纪录的顾客。

（8）明显流失顾客。划分标准为：三个月内消费频率大于累计消费频率的 50%。

（9）低价值顾客。划分标准为：初次发卡时间超过三个月，一年累计现金贡献排名后 20%。

不同餐厅划分顾客类型自然是不同的，结合自己的实际最为重要。

第三步，持续跟踪转化

头回客变成回头客，回头客变成常来客，常来客变成老客人，这个过程最为核心的就是转化。没有转化，顾客只会和餐厅渐行渐远。

建立更有效的会员管理与服务体系，并非仅是技术上的突破，而是说餐饮行业对顾客、对会员、对整个服务体系的重新打磨。这种做法就是要打破传统的思维方式。比如说顾客消费了多少金额后就能成为会员，可以通过扫码关注成为会员，能快速地成为会员体系一员的这类模式，能快速增加顾客数量。虽然该关注会员不一定就是你的客人，但只要他和你互动，他就会可能成为你的顾客，就可以对他进行管理，这是起点。同时，在这个过程中还要树立餐厅服务员的数据意识，要去记录更多的关于顾客的信息。比如说要记录顾客的用餐习惯：①他习惯几点来；②他一般跟几个人来一起吃饭；③该顾客喜欢坐在哪里？有的人喜欢坐在空调旁边，有的人就喜欢坐在门口，有的人喜欢坐在角落。这些顾客特征可以尝试去记录，去了解。其实对餐厅服务员的培训很重要。将顾客的更多渠道身份信息进行整合，为将来的顾客画像做准备。我们前面说到，通过一个体系让更多的人成为我们的会员，然后让我们的服务员在服务当中记住顾客的更多信息。餐厅可以建立一个跟顾客非常直接的通道，这个通道上可以有很多的交互。通过店内所有的硬件设备搜集到很多信息，硬件设备搜集到的信息称作碎片数据。接下来就是做一个大数据的整合，形成一个顾客多视图的关联账号。比如说餐厅在顾客进场的时候可以拿到手机的设备号，顾客在微信关注的时候拿到了他的微信，顾客在玩游戏的时候他用手机号做注册登录，实际上可以把很多很多的信息做一个关联，后来知道哪一类顾客在不同渠道上做了什么，这就是整个数据的整合。

从三个维度建立更有效的数据分析模型：消费历史、交互历史、活动相应。如果餐厅把不同的数据整合之后会发现，在每一个账号后面都有一个维度的数据，比如手机号，也可能是微信账号。这些往往是绑定了会员账号，餐厅会看到顾客的消费历史，包含有很多跟餐厅活动的交互。通过内部设备或是其他通道，我们又看到顾客参加的其他营销活动。实际上这些都可以做一个整合的分析，我们会看到什么样消费水平的顾客，他在交互上的特点是什么样，活动上的特点是什么样。具体讲，参加了什么样的活动的人，他的消费行为是什么样，其实我们可以通过各种维度的东西去看到这些顾客的特征，来知道餐厅菜品和服务以及其他活动在顾客心中的变化，我们会把显性和隐形的轨迹都详实描绘出来，这就是我们讨论的餐饮行业大数据的形成和利用的思维方法。如今的数字技术能够实现这一点，它能精准地收集用户年龄、性别、地区、内容喜好等。

上海和记餐厅曾用了一个月时间对 5000 名会员展开生日营销，每人赠送 300 元的生日礼券，使用条件是桌台消费满 300 元。最终统计数据显示，60%左右的会员因为优惠活动选择了和记餐厅来开展生日活动，餐厅获得了满意的收益。金百万集团在 9 月餐厅经营淡季在 17 家门店实行充值送自行车活动，当月就回笼 1750 万现金，收到很好的效果。

金百万董事长邓超在访谈中说到：管理模式求生存，经营模式求发展，会员管理的核心在于，第一，能让企业完整地认识整个顾客生命周期，建立与顾客沟通的平台，提高企业和顾客接触的效率和客户反馈率。第二，使企业全面了解顾客需求，根据顾客交易需求进行顾客信息归类，精准掌握顾客的消费动态及行为，在企业内部做到客户信息共享。第三，对市场计划进行整体规划和评估。第四，针对不同的顾客消费需求实行精准个性营销，通过系统工具对各种营销活动进行横向跟踪。第五，通过大量积累的动态资料，对市场和销售进行全面分析，从而提高企业的市场核心竞争力。

业界有人根据自身实践，提炼出“六感式营销”。①听觉吸引。通过可视化厨房、明档加工等方法，让顾客看到餐厅加工烹饪食材的实时场面，用加工过程中物理化学反应的声音来吸引顾客。通过背景音乐、服务员报菜名的方法，营造营销氛围。厨房搬到大厅，自顾客进门就开始吆喝，敲锣打鼓上菜，都是这类的实践。②嗅觉诱发。一些已经加工好或者正在加工的大锅菜、卤菜、烧烤等，让菜品的香味来刺激用户的味觉。③视觉亮点。不仅仅是传统的店招、宣传立牌等增加菜品的曝光度，更为重要的餐厅设计更为时尚和现代，主题风格突出，满足顾客就餐的品质要求。④触觉感知。通过杯具等器皿引发顾客食欲。⑤味觉享受。⑥联想魅惑。这六个方面有些就理论而理论，操作性不强，没有涉及大数据分析和数据引发经营策略转化，但说明餐厅营销是一个系统工作，也反映了餐厅一些新的尝试和实践。

预测未来是困难的，特别是餐饮营销趋势更不好研判。但我们可以从这三个方面去看：

第一，数据将成为营销的重要驱动力。所有的餐饮企业，不要关注到菜品方面，也要在数据积累上做好储备。我们面对的是个性化顾客主导餐厅需求的时代，做营销方案需要数据分析，做营销活动也没法脱离数据，只有数据才会有说服力。

数据可以帮助我们对来餐厅消费的顾客行为习惯进行分析。很多书籍都讲到了美国塔吉特百货的案例：怀孕是件很私密的事，美国第二大超市塔吉特百货为了能够准确判断哪位顾客怀孕，建立了一个迎婴聚会登记表，对登记表中顾客的消费数据进行建模分析后，发许多孕妇在妊娠期的开始会买许多大包装的无香味护手霜；在怀孕的最初20周大量购买补充钙锌之类的保健品。塔吉特最终选出了25种典型商品的消费数据，构建了“怀孕预测指数”，通过这个指数，塔吉特能够在很小的误差范围内预测到顾客的怀孕情况，也就能早早的把孕妇用品优惠广告寄发给顾客。为了不让顾客对这些优惠广告产生反感，塔吉特聪明地把孕妇用品的优惠广告夹杂在其他一大堆与怀孕不相关的商品优惠广告中，这样顾客就不知道塔吉特知道她怀孕了。有意思的是，特技特的这种优惠广告曾间接地让一个蒙在鼓里的父亲意外发现自己还在读高中的女儿怀孕了，此事被纽约时报报道以后，塔吉特的大数据威力才为人所知。这个例子包括了三个过程：收集数据，分析数据构建模型，利用数据进行营销。个性化服务往往也有共同点，大数据分析的优势就是在冗繁的信息中洞察出消费者的个性化需求。数据的价值在于转化为信息和知识，餐厅无论大小，都需要化繁为简，依靠数据实现资源配置。比如说，一位顾客来餐厅用餐，餐厅根据数据知道这位顾客是第三次来，餐厅服务人员走上前去，表达问候并送上一道特色菜。试问，如果你是这名顾客，内心有什么样的感受？自然是温暖、感动。就算在其他细节上遇到些不快，都会一扫而尽。

第二，一定要建立与顾客有效的沟通渠道。餐饮应尽快跟客人建立一条比较有效的沟通渠道，必须高度重视社交渠道。今天，技术进步颠覆了传统餐厅顾客需要积累的过程，之前传统餐厅都是靠店铺流量积累顾客，依赖店铺的位置来自然引流，如今餐厅可以靠微信、各种社群来积攒粉丝。利用移动互联网工具创建渠道和顾客直接交流、对话，这是社交网络创造的机会。通过各种社群组织线下的活动，让粉丝、顾客与品牌，与创始人建立更加紧密的粘性关系。在传统的餐厅消费模型中，顾客充当一种被动接受的角色，因此被称为“受众”。而在今天互联网时代里，顾客不仅是餐厅消费者，而且更多地充当“体验者”和“传播者”角色。他们希望无障碍地沟通，受到关注与重视，积极参与意识很强。这种顾客行为习惯的转变，倒逼餐厅必须转变思维，重构顾客关系。从过去只懂经营产品到经营顾客，通过服务与顾客连接，并建立自己的品牌社群，让顾客与顾客之间产生连接，实现自传播。杰克·韦尔奇认为，业绩增长是所有公司长期生存能力的关键，客户满意度是第二重要的指标，建议运用客户满意度测评系统即NPS（净推荐值），NPS主要关注的问题是：“你愿意从多大程度上向自己的朋友或同事推荐我们的公司、产品或服务？”对餐厅来说，顾客自传播非常重要，也是考量餐厅的重要指标。当顾客不在自己的朋友圈介绍自己去过的餐厅，也从不推荐，那这家餐厅真是离倒闭不远了。

第三，最重要的是，我们的思维方式要发生变化。不要将服务和业务、促销搅在一起。因为现在人们对餐饮服务的要求越来越高，虽然顾客嘴上说“只在乎菜好不好吃，其他的都不在乎”。但顾客对菜的味道、环境、体验都是有要求的。所以未来餐厅营销的策略是要赢得顾客信任，实现性价比，并非仅仅追求顾客消费额。建立社交渠道，管控沟通，赢得信任，这些都是传统 CRM 客户关系管理系统不能精准实现的。我们要理解和掌握 SCRM 系统思维方式，SCRM 被称为社交化客户关系管理系统。SCRM 全称为 Social CRM，前面的“S”指的就是社交，国外喜欢叫社会化，国内习惯叫社交化。可以理解为整合了社交网络的 CRM 系统，或者理解为 CRM 系统的升级版，但是这种理解都归于片面。摘取百科上的部分解释：“随着社交化的发展，客户之间、客户与企业之间、企业员工之间都需要实现社交化，可以实现多渠道的无缝协作。”在互联网时代，餐厅经营管理者已经不能管理自己的顾客了，顾客在互联网革命中翻身做了主人，他们掌握了从信息获取到餐厅选择，到消费买单点评几乎所有方面的主动权。顾客早已腻烦了狂轰滥炸的广告，厌倦了王婆卖瓜式的叫卖，他们需要更为个性化的产品和服务，寻求更为走心的参与式体验。所以在思维层面上，我们要自觉树立经营与参与意识，邀请顾客参与到餐厅所有活动中来，将顾客作为对等的合作伙伴去看待。

关于大数据掘金或者说变现，目前整个餐饮行业还处于探索阶段，没有一个成熟的模式或案例。但餐厅利用大数据还是可以做一些事情的，虽然称不上掘金，但还是能提高效率降低成本，增加利润。第一，开放与第三方的数据交换合作。要能将自己的数据在脱敏的情况下更好的向第三方开放。有些餐厅经营管理者思想保守，认为和第三方合作或者使用了 SAAS 平台软件，自己的所谓“几招鲜”或者顾客资料就会被别人知道，且不说世界上有没有攻不破的武功秘籍，这种思维就是错误的。第二，为了增加顾客画像的完整度，要在整个设计的流程过程中，体现出更多跨界的营销体验。刚才讲到，餐厅里面其实是有很多的空间和机会去获得体验的。比如说一位顾客在餐厅里玩宠物游戏，服务员可以去问他是喜欢猫还是喜欢狗，或者问他之前有没有宠物，叫什么名字。这些信息餐厅都可以搜集回来，整理后发现养狗的人是绝对不吃狗肉的，所以说相关菜品就不要推荐给他。第三，数据触发运营。每一个统计的数据，都能直接转化得出成一个运营行动的动作，不能触发运营的数据毫无意义。

五、服务员就是营销员

餐厅营销是全员的行为，经营者、厨师、服务员都要重视。特别是服务员，直接和用户接触，直接引发营销行为，务必要加强培训和激励。

比如讲，餐厅会遇到生意好的时候或者其他原因造成用户连续点几道菜都卖光的情况，这时候极易引发用户的抱怨和不满。要解决这个问题，服务员就非常关键。①准确掌握菜品沽清情况。一般餐厅是在餐前例会由后堂报告相关情况，但这容易出现漏报、错报和遗忘的现象。现在，可以实现电子菜谱标识，只要厨师长在系统标注，前堂点菜员服务员在给用户点菜的时候就可以看见，不会出错。②假如出现这种情况，服务员首先要致歉，惯用的语言模板是：先生或者女士，称呼是根据用户具体情况的，也可以是美女帅哥的称呼。真对不住，你点的这几道菜都是我们着很有特色的菜品，刚刚卖完了，我们还推出了一些新菜，味道都很不错，请你品尝品尝！

没有服务员的参与，很多营销行为不能闭环。管理上有“成也服务员，败也服务员”的说法。选择困难症，是大多数人点菜时的通病，大多数顾客到餐厅会让服务员推荐。这时候，不少餐厅的服务员不是不知道，只是一味推荐贵的菜品。即是两个人吃饭，也会出现推荐烤全羊的现象。若是情侣二人吃饭，更是极力推销海参鲍鱼。抹不开面子，帅哥顾客则被迫点了一桌子贵菜，哑巴吃黄连，真是有苦说不出。这种服务员，是很难留住回头客的。要想留住回头客，那一定要处处替客人着想。中国人好面子，每次请客的一方都要点上几个压桌的贵菜，所谓的大菜招牌菜。若是明知道吃不了，也要故意多叫点几个菜。真正智慧的服务员的，不等您把菜点完，就抢过来说：“我看您是好朋友吃饭，咱们自己人就甭点那中看不中吃的菜了。我给您看着拾掇几个菜，包您满意。”果然最后吃下来既经济又实惠，主客双方皆大欢喜。您想想看，顾客能不念服务员的好么？一般来说，工薪阶层用户的消费能力相对较弱。他们更注重饭菜的实惠，要求菜品价廉物美。向他们推销菜品时，一定要掌握好尺度，要学会尊重，如果过分过多的推销高档菜品会使他们觉得窘迫，很没面子，甚至会极大地刺伤顾客的自尊心，容易让人产生店大欺客的心理。所以在推销高档菜品和酒水时，要采取试探性的推销方法，如果顾客坚持不接受，那么就需要服务人员转而在中、低档菜品、酒水上做文章。切记，消费水平不高的顾客同样是酒店尊贵的用户，厚此薄彼会使这些顾客永不回头。

语言是一种艺术，不同的语气，不同的表达方式会收到不同的效果。服务员在营销过程中，要多采用建议性和描述性的语言。尽量用选择问句，而不是简单的“要吗”或“要不要”等的提问句。建议性营销应多采用描述性的语言，如“新鲜的”“鲜嫩的”等，以引起顾客的兴趣和食欲。营销活动应在顾客愿意的前提下进行，不应强迫。营销时应注意，绝不允许采用命令式语言，以免损伤顾客的自尊心。还应注意，如果顾客没有主动提出，餐厅服务人员一般不应将酒类名称表主动递给客人，以免有的顾客因不知该点何种酒而感到尴尬。当我们向顾客推销饮料时，有三种不同的询问方式；一是：请问您需要来点酒水饮料吗？二是：请问您用什么酒水饮料？三是：请问您用白酒、啤酒，红酒，还是饮料？可以看出第三种问法为客人提供了几种不同的选择，顾客容易在我们的引导下选择其中一种。因此，第三种语言更有利于成功营销。在工作中灵活运用以上技巧，可大大提高效率。

餐饮行业内部一直有一句是用来形容服务的：最好的服务是顾客因为你而来这家餐厅。对服务员来说，永远不要傻傻地站在那里！眼睛要始终注意看周围！身体动起来！好的服务，应该是殷勤一份则添乱，冷淡一分则不便。大部分顾客在进入餐厅用餐时，都会抱有较高的期待。就是说，他们希望菜品好吃、分量多、价格合理、服务周到、气氛佳、环境好，由于顾客可以有许多选择，光是菜品好吃，如果服务态度差，顾客绝对不会满意。生意不好的时候，老板即使一天到晚待在店里也无济于事。大久保一彦建议：生意不好的时候，一定不要去重复之前的做法，而要去寻找如何才能让顾客感动。只有不断的提供给顾客小小的惊喜，餐饮店才能恢复活力。好顾客是一种财富，当这些财富被妥善经营和服务时，他们一生在餐饮上的花费，将像小溪一样，源源不断地流入餐厅。这可是一笔不小的数目。科特勒说过，在竞争异常激烈的市场中，公司经营的第一条原则就是通过与众不同的方式，不间断地满足客户的需要以支持他们对自己产品的忠诚。

1927 年清华大学大门小桥附近开了饭馆叫做“小桥食社”，曾经在清华的校刊上做过广告，广告词如下：

赶快！赶快！

快来吃，小桥食社的南边“小菜”。

我们有馄饨，我们有烧卖。

还有麻糕，汤包，汤面饺子等等的南边“吃局”，什么都卖！

我们办整桌儿的酒席，我们做家常儿的饭菜。

价格格外的克己，味道更是不坏。

小心“掉了眉毛”，注意豁了皮带。

少则三两毛也吃个够饱，多也何在乎花个几块？

我们对先生们特别欢迎，对学生们更加优待。

我们的招待员都是眼观四面，耳听八面，

我们的总烹调无异于易牙，Vatel 又活在现在。

“唉！我早就想来试试了，

可是还没知道食社在那块儿？”

真的么？连地方都不认得吗？

“阿要”稀奇古怪！你要是借问小桥何处？

有巡警遥指大门外。

今天我们在读起这则广告，内心仍有一溜烟跑去吃饭的冲动。反观现在餐厅的文案，不是打折减价就是促销活动。相比之下，差距显然。

延伸阅读

读懂用户运营体系：用户分层和分群

什么是用户运营？

它以最大化提升用户价值为目的，通过各类运营手段提高活跃度、留存率或者付费指标。在用户运营体系中，有一个经典的框架叫做 AARRR，即新增、留存、活跃、传播、盈利。

用户分层

然而，从用户活跃到盈利，不是两个简单的步骤。如果用户打开产品既算活跃，就一定能保证商业模式盈利？优秀的用户运营体系，应该是动态的演进。

演进是一种金字塔层级的用户群体划分，上下层呈依赖关系。

首先，用户群体的状态会不断变化。以电商为例，他们会注册、下载、使用产品，会推荐、评价、购买以及付费，也会注销、卸载和流失。从运营角度看，我们会引导用户做我们想要他做的事（这里是付费），这件事叫核心目标。

核心目标的达成当然不是一蹴而就的，用户要经历一系列的过程。

也不是所有的用户会按照我们设想完成步骤，各步骤会呈现漏斗状的转化。我们把整个环节看作用户群体的演进。

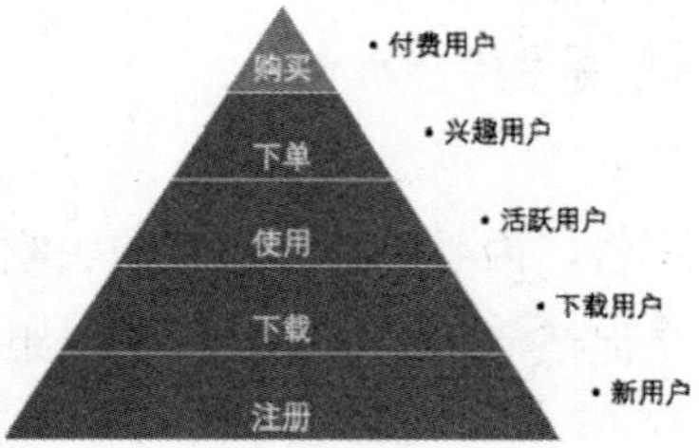

上图就是一个典型的自下而上的演进，概括了用户群体的理想行为。

既然用户群体不再是一个简单的整体，也就无法一刀切的粗暴运营了，而是需要根据不同人群针对性运营。这既叫精细化策略，也叫做用户分层。

它对运营的最大价值，就是通过分层使用不同策略。

新用户：我希望他们能下载产品，常用的策略是新用户福利。

下载用户：我希望他们能使用产品，此时应该用新手引导，让他熟悉。

活跃用户：我希望加深他们使用产品的频率，运营人员要持续的运营，固化用户的使用习惯，并且对产品内容感兴趣。

兴趣用户：我希望他们完成付费决策，购买商品，运营可以使用不同的促销和营销手段。

付费用户：这是我的目标用户，我也希望用户能一直维持这种状态。

不同的用户层级，采取的手段不同。运营同样会受资源的限制，当我们只能投入有限资源的时候，往往会选择核心群体，即付费用户。因为根据二八法则，只有核心群体能贡献最大的价值。

一个典型的例子是，在游戏公司，会有专门的人工客服甚至电话专线服务人民币玩家，声音甜美。普通玩家可能是万年不变的自动回复。

想必大家已经了解分层，那么应该怎么划分？

其实分层并没有固定的方式，只能根据产品形态设立因地制宜的体系。不过它有一个中心思想：根据指标划分，因为指标是一种可明确衡量的标准，远优于运营人员的经验直觉。

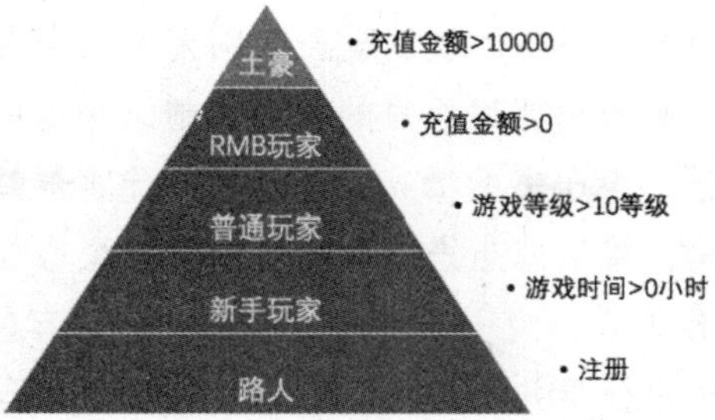

上图是一个简化的游戏用户分层，每层指标都是可量化的。为了上下层用户清晰，群体间应尽量独立，即计算 RMB 玩家时，应该把土豪玩家排除；计算普通玩家时，应该把结果中包含的上两层排除，这样运营的针对性才强。

之后运营人员可以依此构建分层报表，通过数据趋势，制定各种方式来提高数据。

日期	路人	新手玩家	普通玩家	RMB 玩家	土豪
2017-03-01	10000	5000	2000	300	50
2017-03-02	12000	6000	2500	350	55
2017-03-03	14000	7000	2700	420	60
2017-03-04	16000	8000	3000	450	65

接下来，我们想一下知乎的用户分层是什么样的形式？它的核心是大 V 生产内容，还是更多用户参与 Live 获得营收？挺难决断的，其实很多运营体系，用户分层是两层结构。

它以两个相辅相成的核心作目标，以此形成双金字塔分层。

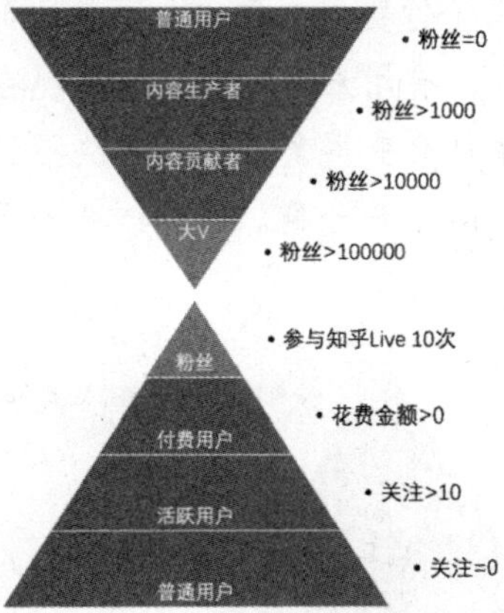

在这种结构下，它的核心用户，既有内容生产方向的大 V，又有消费方向的忠实粉丝，它们代表的是两类运营策略。

内容生产方向：早期利用邀请制获得各行业的优秀人才，通过运营人员维系关系，并且鼓励生产内容。产品的机制也会激励大V更好地创作和生产。

内容消费方向：则是找出普通用户的内容兴趣，加以引导，培养他们的付费习惯。增加Live、知乎、电子书的曝光，设计各类优惠券鼓励用户使用。

这类双金字塔结构，将内容生产者和内容消费者聚合在一起构成了整个平台的良性循环：大V创作内容，吸引普通人，普通人为内容付费，大V获得收益。

双金字塔结构的用户分层并不少见。以我们熟知的电子商务为例，即有买家，也有卖家。买家的运营方式已经耳熟能详。卖家呢？开店教程、卖家大学、店铺装修、曝光位展示、店铺后台、各类辅助产品……运营同样需要帮助卖家成长，于是卖家也可以划分成普通卖家、高级卖家、大客户、超级金主这些等级。

O2O是不是双层结构？当然是。online是用户，offline则是各类线下或者服务实体，只是这些卖家更多是销售地推和市场人员维护，但我们一样可以使用分层的思想去运营。其他还有视频直播的网红和群众，微博的大V和草根，招聘APP的企业和员工等。

不同产品的形态会有差异，同一产品的不同阶段，也可以用不同的用户分层。一款产品早期用户分层的目标是更多的用户和KOL，后期会更贴近商业方向，这就需要运营设立灵活的分层了。

用户分层，一般四五层结构就可以了，过多的分层会变得复杂，不利于运营策略的执行。

用户分群

用户运营体系是否只有用户分层？不完全是。

用户分层是上下结构，可是用户群体并不能以结构作为完全概括。简单想一下吧，我们以是否付费划出了付费用户群体，可是这部分群体也有差异，有用户一掷千金，有用户高频购买，有用户曾经购买但是现在不买了，这该怎么细分？

如果继续增加层数，条件会变得复杂，也解决不了业务需求。

于是我们使用水平结构的用户分群。将同一个分层内的群体继续切分，满足更高的精细化需要。

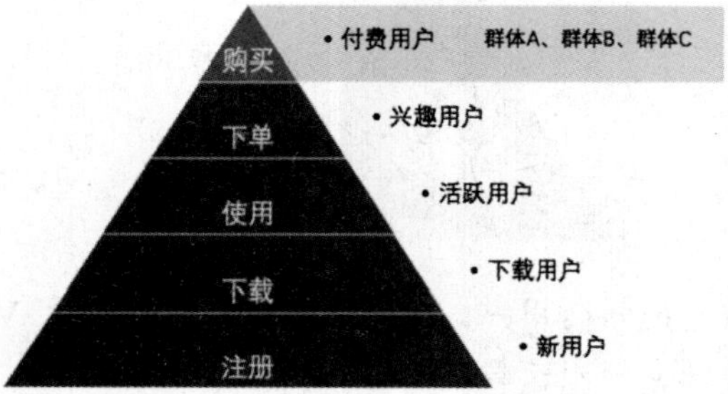

怎么理解用户分群，我们拿下面的案例说明。

用户群体	电子产品消费	化妆品消费	家具消费	汽车消费
男	130	45	85	127
女	85	170	102	48

男女性别在以消费为核心的产品中会呈现显著的区别，它就是两个相异的群体。分群的核心目标是提高运营效果，将运营策略的价值最大化，在电商产品中，区分男女很正常，但是在工具类的 APP 中，或许就没有必要了。

这也是笔者一直强调的，分层和分群，都是以产品和运营目标为依据建立体系。

接下来是分群的实际应用。

RFM 模型是客户管理中的经典方法，它用以衡量消费用户的价值和创利能力，是一个典型的分群。

它依托收费的三个核心指标：消费金额、消费频率和最近一次消费时间，以此来构建消费模型。

消费金额 Monetary：消费金额是营销的黄金指标，二八法则指出，企业 80%的收入来自 20%的用户，该指标直接反应用户对企业利润的贡献。

消费频率 Frequency：消费频率是用户在限定的期间内购买的次数，最常购买的用户，忠诚度也越高。

最近一次消费时间 Recency：衡量用户的流失，消费时间越接近当前的用户，越容易维系与其的关系。一年前消费的用户价值肯定不如一个月前才消费的用户。

通过这三项指标，我们很容易构建出一个描述用户消费水平的坐标系，以三个指标形成一个数据立方体：

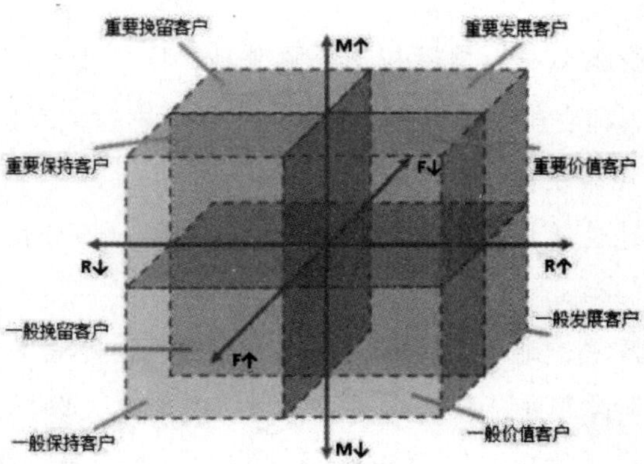

坐标系上，三个坐标轴的两端代表消费水平从低到高，用户会根据其消费水平，落到坐标系内。当有足够多的用户数据，我们就能以此划分大约八个用户群体。

比如用户在消费金额、消费频率、最近一次消费时间中都表现优秀，那么他就是重要价值用户。

如果重要价值用户最近一次消费时间距今比较久远，没有再消费，他就变成重要挽留用户。因为他曾经很有价值，我们不希望用户流失，所以运营人员和市场人员可以专门针对这一类人群的唤回。

图中不同的象限区域，都对应不同的消费人群。大家是愿意简单地视为一体去运营，还是根据人群区分对待呢？

这就是 RFM 模型，曾经在传统行业被频繁应用，而在以消费为主的运营体系中能够移植过来为我们所用，它既是 CRM 系统的核心，而是消费型用户分群的核心。

RFM 模型的主流分群方式有两种。

一种是建立指标，以指标作为划分依据，和用户分层差不多。

指标的判断和设立，需要业务专家的经验：什么样的算高消费频率，什么样的算低，消费多少金额算有价值，这些都是学问，并且需要不断修正和改进。

划分群体类型	R（最近一次消费）	F（消费频率）	M（消费金额）
重要价值用户	90 天以内	购买频率 5 次以上	消费总金额 10000 元以上
重要挽留用户	90 天以外	购买频率 5 次以上	消费总金额 10000 元以上
一般挽留用户	90 天以外	购买频率 5 次以下	消费总金额 10000 元以下
等等	……	……	……

上图是一个简化的划分，实际应用会更复杂，因为指标未必有代表性。大部分收费相关的数据，都会呈长尾分布，80%用户都集中在低频低金额的区间，20%的用户却又创造了大部分营收，这是划分的难点。

指标一般用描述性统计的分位数，以中位数、第一四分位数、第三四分位数等划分。

另外一种是用算法，通过数据挖掘建立用户分群，不需要人工划分。最常见的算法叫 KMeans 聚类算法，核心思想是“物以类聚，人以群分”。

我们以网上某公司的数据进行 Python 建模，首先无量纲化(z-score)处理，并且清洗掉异常极值。

	F	M	R
1	2.113180	4.541644	-0.143641
7	0.006955	-0.336768	-0.492972
9	-0.138302	-0.267251	-1.263087
10	-0.210931	-0.317040	-1.183694
11	-0.283559	-0.276645	0.420052

上表的三列数据是经过标准化后的用户消费数据。值越接近 0，说明离平均水平越近。r 值因为是最近一次消费时间，所以值越小，说明时间越接近，值越大，说明消费越久远。

通过 RFM 三个指标（在机器学习中叫做特征），先建立可视化的散点图。下图是最近一次收费 R 和收费金额 M 的散点图，每一个点都代表着一位用户的收费相关数据

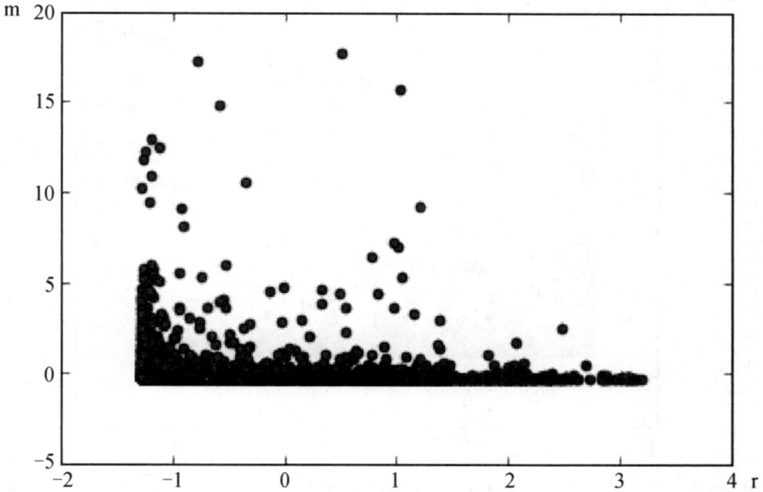

散点图上暂时看不出用户分群的规律，只能初步判断，大部分的数据呈集中趋势。

既然 KMeans 算法的核心思想是“物以类聚，人以群分”，它就是以距离作为目标函数。简而言之，在距离上越接近的两个用户，其相似的可能性也越大，于是 KMeans 就把相似的群体找出来，叫做簇。簇与簇之间的距离越大，用户群体间越独立，这叫群分；簇内的距离越紧凑，说明用户越相似，这叫类聚。

通过图表说话：

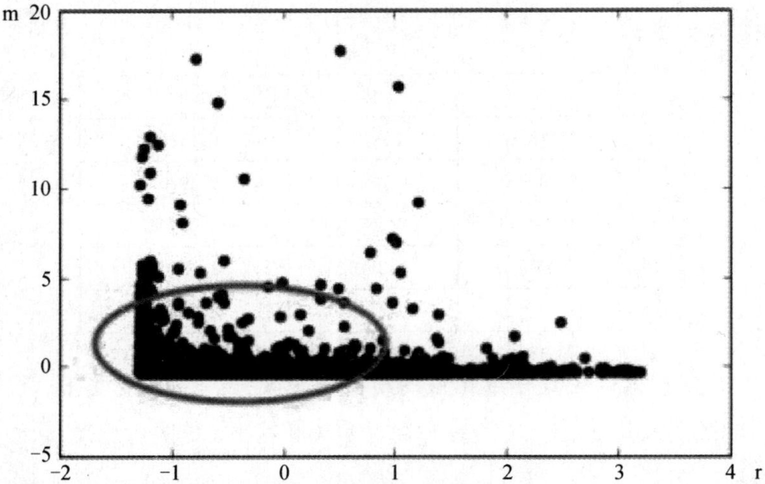

用圆圈标出的这些用户，更有可能相似，属于同一个用户群体。因为他们在R和M这两个指标上，数据接近，都处于消费金额较低，且近期有消费的人群。

至于是不是，让算法解决吧，具体的算法原理和过程就不演示了。我们假设能划分出五类用户群体，然后看看这些人群是什么样的。

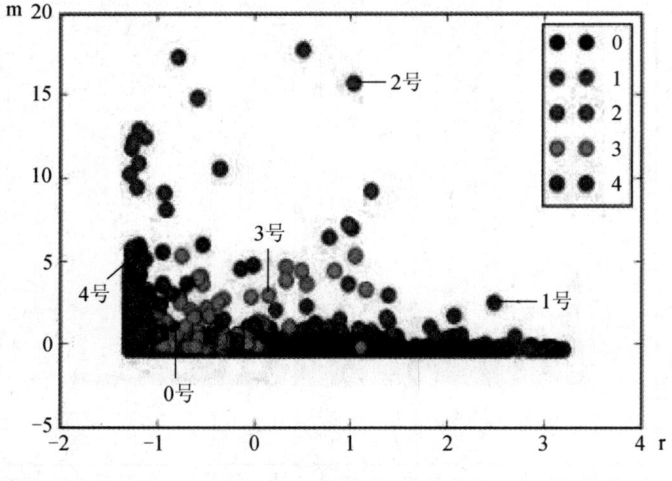

上图的颜色深浅不同（分别用0-4的数字进行标记），就是算法计算出的用户群体。

2 号用户群体：代表的是高消费金额，因为数量稀少，所以在最近一次消费时间上没有明显区分，不过并不久远。这些都是产品的爸爸和金主。

1 号用户群体：代表的是有流失倾向的用户，这些用户消费金额不太多，运营可以采取适当的挽回策略。

4 号用户群体：代表的是近期消费，消费金额较少的用户，运营需要挖掘他们的价值，去发展和培养。

3 号和 0 号似乎不能明显区分。那如果我们改一下散点图的维度呢？

改用指标R和F后，则是另外一种视角。3号用户群体比0号用户群体有过更多的消费次数，0 号用户的消费频率比较差，更需要激励。4 号用户群体拥有相当高的消费频率。

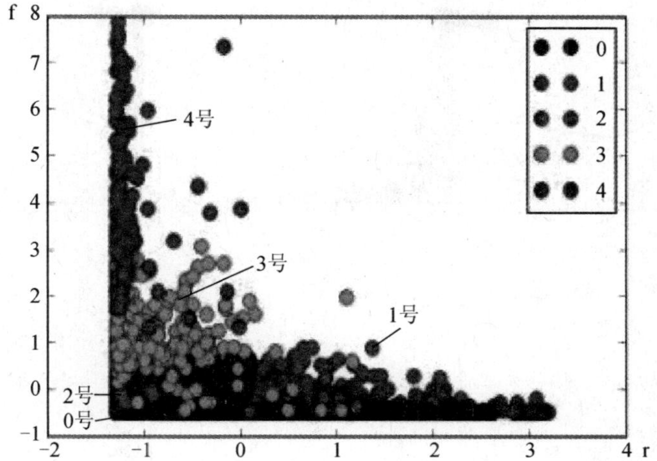

到此，用户群体已经明显区分，大家是否能准确概述这些用户的特点了呢？虽然从数据分布上，长尾形态会一定程度影响可读性，但运营还是能针对不同群体使用相应的运营手段。

通过散点图矩阵观察最终的结果：

以上就是 RFM 模型的内容。它能动态的提供用户的消费轮廓，给市场、销售、产品和运营人员提供精细化运营的依据。这也是数据挖掘在用户运营的应用之一，大家要了解。

怎么划分群体是一门学问，划分的群体少了，区分度不明显；划分的多了，则没有业务价值，二十几个群体怎么去运营？群体数量，要在数据和业务间取得平衡。

总而言之，分群的方法，一类是通过指标和属性人工划分出用户群体。另外一类是通过数据挖掘，给结果赋予业务意义。最终的目的是提高运营效果和价值。

我们可以用 RFM 模型，试着将思维更开阔一下，能不能玩出新花样？完全可以尝试。

金融：投资金额、投资频率、最近一次投资时间。

直播：观看直播时长、最近一次观看时间、打赏金额。

内容：评论次数、评论字数、评论被点赞数。

网站：登录次数、登录时长、最近一次登录时间。

游戏：等级、游戏时长、游戏充值金额。

这些是简单的列举，未必准确，作为大家参考的他山之石。不同产品的分群策略也不一样，比如酒店产品，住宿不是一个固态的需求，是否需要加入时间的维度呢？也许住宿条件会更好分群。

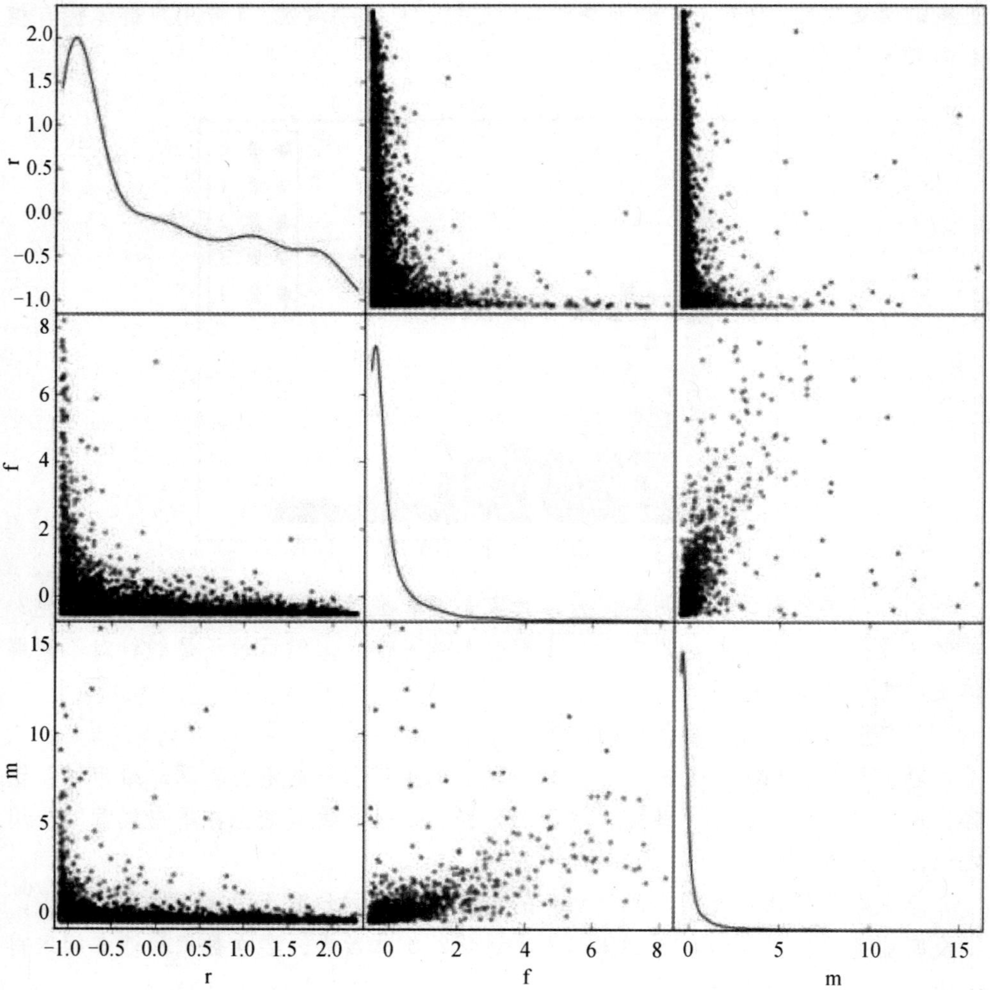

需要注意的是，群体数量并不固定，可以是两个，也可以是四个，具体就看业务需求，主要是能囊括大部分用户。只是别太多，一来复杂，二来 KMeans 聚类在多特征的表现不算好。

通过用户分层和用户分群，想必大家已经了解了用户运营体系的基石。用户分层，是基于大方向的划分，你希望用户朝什么核心目标努力。而用户分群，则是将他们切分更细的粒度提高效果，两者是相辅相成的。

如果用户大到一定量级，分层和分群就未必是好的方法，因为用户群的属性粒度特征随着产品进一步扩大，不论怎么细分都难以满足用户的复杂性，常见于各类平台型产品。这时候需要引入用户画像（UserProfile）体系，此时的用户分层和分群，都只是画像的一部分了。

摘自《智能时代》第四章：大数据与商业

第九章
性空

"所言一切法者，即非一切法，是故名一切法。"

——摘自《金刚经》

计划是去年底完成书稿，结果还是跨过农历年。鞭炮声中结尾，倒也不失一种乐趣。就像在跑步机上眼看着终点目标数字出现，脚下反倒是越跑越快。一路键盘敲来，很是辛苦。蓦然回首，全然没有灯火阑珊处的感动。心念之中愈发佩服动则百万字的大咖，换成自己，恐怕是呼吸都艰难。不存在十全十美的文章，也不存在十全十美的希望。人之一生，会和什么行业结缘，会在何处注入心血，不走到半山腰恐怕都是看不见。捏紧拳头感觉有些累，放开五指却又空空如也。看见诸多餐厅欢喜开悲伤关，难免感怀，总想为创业者奉献心得。人要有自己的手艺，手艺如果不能持续专注，就仿佛大睁着双眼却什么也看不见。又如王阳明所讲："圣贤教人如医用药，皆因病立方，酌其虚实、温凉、阴阳、内外而时时加减之，要在去病，初无定说。若拘泥一方，鲜不杀人矣。"姑且不说自己非圣贤，谈不上药到病除。何况餐厅万千个，食客千万人，各有各的不同。只是想起到引子的作用，唤起彼此建设食物和人类的美好关系之热情，通过餐厅与食物更好地理解生活。恰如钱钟书眼中的伊尹，整个人世间都是做菜的厨房。

一、人欲即天理

经济学、管理学等诸多领域都发展了成熟的学科，餐饮行业存在历史最为长久，围绕餐厅经营管理却没有一套基础创新理论。每个理论的创立都有自己的基石假设和第一性原理。按照混沌研习社李善友教授的观点，一套理论需要有自己的基石假设和第一性原理。基石假设很好理解，就是理论逻辑的基础。比如说佛教，基石假设就是因果报应和生死轮回，如果不承认这两点，那么其他的教义就不能成立。而第一性原理，简单讲就是理论的本质，即再复杂的知识体系，一定要归纳成最简单的几条不言而喻的公理。特斯拉创始人马斯克在一次访谈中这样解释第一性原理思维方式:“我们运用第一性原理思维而不是比较思维去思考问题是非常重要的。我们在生活中总是倾向于比较别人已经做过了或者正在做这件事情，我们就也去做。这样的结果是只能产生细小的迭代发展。第一原理的思考方式是用物理学的角度看待世界的方法，也就是说一层层剥开事物的表象，看到里面的本质，然后再从本质一层层往上走。这要消耗大量的脑力。”第一性原理就是找到问题最开始的起点，即“元起点”或者“元问题”。

笔者研究餐厅的经营管理或者探索餐厅学，提出以下基石假设和第一性原理：

基石假设一：餐厅是以菜品为媒介的社交场所

从流程上看，采购食材再把食材烹饪成菜品销售给顾客，是食材的点石成金过程。这是从餐厅的立场角度的思维，商业讲究用户思维，即顾客为什么来餐厅，顾客需要什么。顾客认为，顾客来餐厅最大动因是社交需要，菜品仅仅是媒介。顾客不讨论一个人去餐厅填饱肚子的现象，在样本选择上力求大多数和最优级。社交需要是消费升级的必然产物，国人的表达就是饭局。社交需要的方式多样，比如咖啡厅、茶楼、棋牌室、歌厅等，但正是菜品把餐厅和其他的社交场所区别开来。如果餐厅不是以菜品为媒介，则餐厅不称之为餐厅。定位为社交场所，就知道顾客来餐厅的真正目的是社交而不是吃饭。因此，对美味的追求根本上是面子的需要。请什么人吃饭，在什么地方请，选择什么样的消费水准，顾客自己心里或者说潜意识是十分清楚的。如三个知心同学见面，会选择本地土菜馆或者特色饭店甚至是大排档，对服务和环境不会有过多的要求。当然，顾客总是希望宴请的对象吃的很开心，被服务的很享受，进而增强彼此之间的感情，实现宴请初始的目的。

大数据分析顾客除工作餐外选择餐厅就餐的原因：

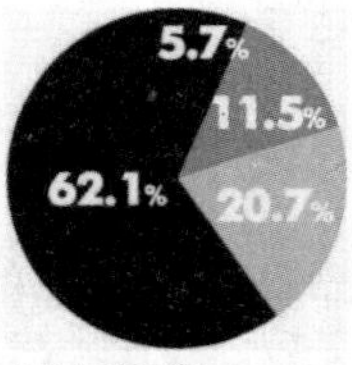

朋友聚餐 62.1%
家庭聚会 20.7%
商务活动 11.5%
不想也没时间做饭 5.7%

基石假设二，消费升级和技术进步是餐饮发展的源动力

很多老的餐饮人在新形势下，常感叹做了几十年餐饮到现在却不知道该怎么做了，老的摊子守不住新的做不了。恐慌的背后是对变化的认知障碍，就是是什么力量在推动和改变餐饮变化发展的运动轨迹？我们梳理餐饮业态的历史脉络，找到消费升级和技术进步才是餐饮发展的源动力。消费升级带来的是顾客购买力和需求变化，“80后”“90后”与“60后”“70后”的消费行为完全不同。过去讲菜肴，菜是蔬菜，肴是肉食，而现在我们一直讲菜品，所谓品，就被赋予更多的审美内涵与要求。技术进步改变了社会层次与结构，也改变了人与人，顾客与餐厅，餐厅上下游之间的关系。过去千里之外的食材，餐厅往往难于以低成本购得，而现在却不是问题。技术进步让信息极大地对称，效率进一步提升，流动性加快。作为餐饮人，我们要思考消费升级给顾客需求带来什么变化？技术进步给餐厅带来哪些挑战？自己又要如何适应和解决。

第一性原理：物美价廉

一层一层把餐厅解剖下去，失败与成功用一个标准来解说的话，就是物美价廉四个字，即餐厅经营管理的第一性原理。好比达尔文的进化论理论，其第一性原理则是适者生存。

餐厅有四类人，投资者、管理者、员工、顾客。姑且不论是马云提倡的用户第一、员工第二，还是西南航空公司实践的员工第一、用户第二，餐厅的管理经营行为都要围绕人性展开。那人性是什么？现代社会学家认为世界上只有一个人类，所以只有一种人性。这是不同民族之间能够交流、达成共识的前提。但根据对婴儿反复实验，显示人性是进化的结果，与生俱来的有：由于祖先生存的险恶环境衍生的对生存需要，对胜利的渴望，以及对与自己相似伴侣的渴望，对同类间自己地位的关心，由于始前人类的习惯和同理心还有对同类帮助的冲动。从人脑的结构来看这些都直接对前额叶造成影响，但可以被出生后的记忆和周围事物所改变。人性无非善恶，阳明心学有四句经典：无善无恶心之体，有善有恶意之动，知善知恶是良知，为善去恶是格物。总之，我们要知人欲，顺人心，理人事。

物美价廉中的物美是综合体验，是对餐厅综合因素的概括，包括环境、菜品、服务等。价廉是单体体验，集中体现为菜品价格。价廉也不是所谓价格低，而是指与物美相匹配的价格。物美和价廉二者是强相关，物美对价廉有着光环效应，当你来到一家装修档次高、服务生颜值高的餐厅就餐，如果它的菜品价格走的是亲民路线，价廉这个体验在你的心中留下深刻印象。而当你来到一个街边店，对价格定位早已有心理预期，即使它再有便宜的价格体系，仍然不会给你带来很强的冲击感受。价廉对物美有烘托效应，一盘土豆丝在普通餐厅售价12元，你没有反应，但当你在私房菜馆看到这个价格，你就会有感觉，会觉得便宜。物不美价廉的餐厅，有自己的市场份额，但物不美价不廉的餐厅一定生存不下去。

在我们通常的理解之中，物美价廉集中在菜品上，这是认知的误区。消费升级带来的是更高要求的顾客体验，无论是顾客至上还是员工之上，但餐厅的流程逻辑起点和终点都应是顾客。顾客对餐厅设计、环境、灯光、桌台、装盘甚至服饰都有更高的要求，而这种要求并不被顾客所明示，往往是在顾客的潜意识之中。业内经常讲"外婆家"创始人吴国平是玩设计的，其实餐厅设计已经是物美的重要一环了。技术进步，不仅提高餐厅管理效率，给顾客带来更多的便利，例如平板点餐、微信点餐、手机收银和外卖平台的出现。同时技术进步也让信息更为透明，传播速度更快，这就让餐厅面临的竞争更为激烈。哪家餐厅好玩好吃，哪家餐厅物不美价不廉，不用宣传介绍，顾客不出家门，一部手机就完全清楚。试想，过去一家餐厅有点缺点还可以做些过路客的生意，而现在的场景是顾客来到你餐厅门口，都会用手机查查点评回复，有很多差评的餐厅，即使走到门口也会离开。因此，物美价廉是存在于用户意识之中的认知。物美价廉是从事餐厅管理者和经营者的元认知，就是在触发经营行为时首先要思考是否物美价廉，在寻找餐厅时第一要思考也还是否物美价廉。

物美价廉是顾客认知，但顾客群体是广泛的，进一步分层分级再落实到具体餐厅，就是笔者之前大篇幅论证的性价比。顾客需求总的来说是需要物美价廉的餐厅，具体到某一次宴请消费饭局会有当时指向餐厅的性价比。对餐厅来讲，就是要根据自己的目标顾客创造出最高的性价比。去餐厅请客，人人都追求物美价廉，希望好吃、不贵、有面子。每个人在一生之中会请很多次客，具体到某次宴请，就会根据当时的宴请对象和目的来选择餐厅。一旦选择了具体餐厅，顾客都希望这家餐厅可以给自己带来最高的性价比，让钱花得物有所值，最好是物超所值。

物美价廉，性价比落地的方法，笔者提出了差异化和匹配度两个概念，是思维层面的方法。在工具层面，这里暂不讨论餐厅商圈定位系统和团队建设系统，只讨论餐厅的成本管控、菜品迭代和会员管理系统。

成本管控系统

成本管控系统是把工业企业质量管理、标准作业程序SOP思想和餐厅管理实践相结合，利用移动互联网技术在智能手机或平板上实现。中餐菜系很多，菜品和食材众多，大型餐厅更是数以万计，能不能都按照精细化管理实行？回答是一定可以。SOP会让餐厅一开始的研究成本提高，但是后期所能节省的人力、原材料采购和报废、品控成本远比研究成本划算得多。米其林餐厅和大酒店基本都搞SOP，绝不是他们的投资管理者钱多人傻，而是他们更为精明智慧，如果是不赚钱的投入，他们是坚决不会去做的。但是在中小餐厅，大都没有使用这里所讨论的成本管控系统，而是依赖厨师长或者财务的管理，问题多效率低。究其原因，一是管理者意识落后，二是厨师抵触。没有有效的成本管理，餐厅无法实现价格利润优势。更为重要的是，后堂各个档口、中厨单元的销量收入、库存和毛利不能实现透明，每日公布，无法实现厨师激励。

成本管控首先要根据餐厅流程把进销存的每一个过程管理好。其一，采购流程智能化，把“进”来的物料统计好；其二，菜品销售扣库存，根据前厅菜品销量减库存，把“销”出的食材记录好；其三，库存每日盘点，每日对当天物料进行清算，把“存”下来的材料管理好；其四，分档口管理，把后厨划分成小单元管理，提高员工工作效率与积极性。

具体操作流程：后厨员工使用手机、平板等设备进行日常的采购报单、物料验收、物料分配、库存盘点操作，厨师长等管理层通过管理端即可查看餐厅日常运营报表，哪怕是出门在外，管理层也可以使用电脑、手机及时掌握餐厅日常数据，管理餐厅事务。后厨每天需要的食材数量可由系统自动生成，后厨的库存信息、档口销售额、每日消耗的食材成本、毛利率都由系统即时展现。精准的数据统计，降低了后厨运营食材成本，从根源上减少了浪费的情况。

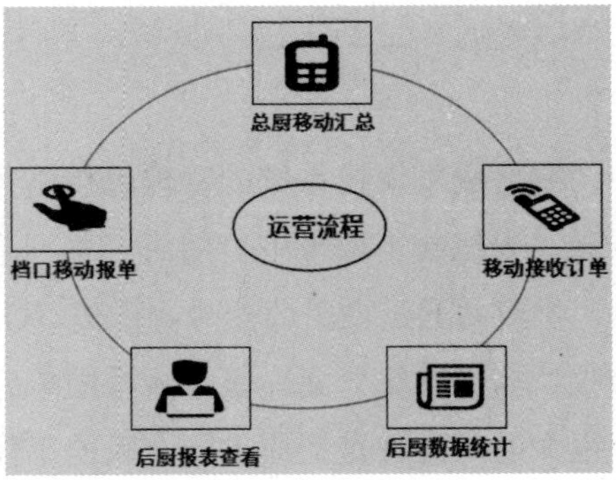

1. 智能报单

餐厅每日经营所需的食材，现阶段大部分餐厅都是由总厨一人负责，总厨根据订单情况估算次日所需的量，独自担起采购的重任，这样的方式使得采购量合不合理、是否精准完全依赖于个人能力，同时也极大地增加了总厨的工作量。餐厅成本管控系统针对这个问题，给出了解决方案。首先，在餐厅成本管控系统后台把餐厅每道菜品需要用哪些食材、用量多少按照标准菜谱的要求都记录在案。比如，酱排骨的标准用量是：排骨 500g、白糖 50g、陈醋 50g、鸡精 5g、味精 5g、生抽 5g、老抽 15g、蒜 50g、生姜 5g、色拉油 50g。其次，有了这些数据之后，总厨或档口管理员报单时只要输入第二天需要多少份酱排骨、多少份土豆肉丝，系统就能知道要买哪些物料、要买多少。把原本需要依靠人脑的复杂的、不准确的估算，交给系统处理，人为需要一个小时思考的结果，计算机一秒钟就能得出，工作效率因此极大提高了，同时也避免了人为操作时易出现的物料采购过多或过少的情况。

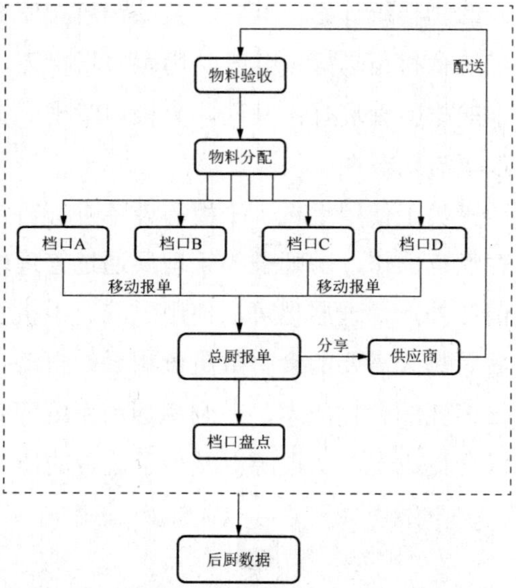

在采购报单过程中，餐厅成本管控系统的管理思想是各档口自主报单，也就是档口自己报自己的，通过手机或平板报单，然后汇总到总厨端。总厨通过手机或平板审核、增删查改，供应商通过微信公众号、微信、QQ 就能接收到采购单，供应商来货时再进行验收、档口物料分配，整个流程简单方便，实现了无纸化运作。档口自主报单一个很大的好处就是把原本一个人的工作量分解给多人，档口管理员根据第二天的订单预估大约需要多少份菜，输入后即可自动得出需采食材的数量。后厨物料采购、分配、盘存的数据，存储在云端，可以随时查看、调用。

2. 自动扣库

后厨采购来的物料怎么出库呢？当前而言，大多数餐厅食材是没有出库记录的，没有出库也就是说你不知道用了多少，换言之就算食材被浪费、被员工偷拿管理者也不会知晓，可想而知，餐厅每年在后厨方面的浪费有多么可怕！餐厅老板应该感到高兴的是这样的日子即将结束，因为这些问题已经有人为你解决。餐厅成本管控系统的模式是"菜品销售扣库存"，由于每道菜的标准用量在后台都有数据，而菜品的营销数据前厅收银也都有，把两者打通融合，系统就能根据前端的销售情况自动计算后厨的食材消耗。比如说，今天卖了 10 份酸菜鱼、20 份青菜肉丝、15 份香辣鸡公煲，那么系统就能自动统计出后厨用了多少鱼、鸡、芹菜、油盐酱醋等，如果员工浪费食材、偷拿，数据就会出现较大差错，管理者通过电脑、平板、甚至手机就可以轻松发现。

3. 档口自主运营

餐厅成本管控系统的档口管理模式就是档口责任制，总厨根据档口前一天的物料报单量按需分配，分配给你了，这个料就属于你这个档口了，浪费了算作本档口的损失。很多餐厅之所以后厨利润低下，运营成本高，都是因为粗放式的管理方式所致。目前，大部分餐厅在后厨物料管控这方便仍处于松弛状态，采购的物料验收之后随处一放，谁用谁拿没有约束。丢了、少了、浪费了，也无人知晓，积年累月这肯定是餐厅一个巨大的浪费源。这就好比吃大锅饭一样，公家的东西大家谁都不会心疼，真正是自己家的东西，谁都不舍得糟蹋。档口责任制，从源头避免了这些随意浪费问题，变"公有制"为"私有制"，分配的物料由档口自主管理，使用、浪费都计入成本考核，这样就把原来无人管的东西变成"名花有主"。

餐厅成本管控系统从物料报单开始，就对物料进行监控，采购了多少、实际验收了多少、给档口分配了多少，都有详细的记录，任何一个环节出了问题都能找到根源。各档口物料在操作中，存在着一定频次的流通，所以这些流通也要通过系统来记录下来。二级库物料的领用、库存调拨，都要有严格的操作。比如面点房向中厨借了 5 斤白菜，那么就要通过系统进行调拨，系统就会在中厨的库存里减 5 斤白菜库存，在面点房库存相应增加。档口之间各自运营，销售额、成本分开统计，食材流通严格统计把控，这样就把后厨的浪费风险降到了最低。

4. 库存盘点

档口每天贡献多少销售额，用了多少食料，毛利是多少，还剩多少库存，这些在系统中都有记录，管理人员都可以随时查看。对于消耗的物料、剩余的数量，系统每天都会对当天的数据进行一次清算，但是系统计算是一个理论值，前提是必须严格按照这个标准来执行。实际工作中，厨师在做菜的时候可能会高于或低于这个标准，所以成本、毛利、库存会与实际情况有偏差。因此，档口每天要对物料进行盘存。白菜剩多少斤、酱油剩多少克，都要录入系统，系统根据实际用了多少量，就能统计出准确的成本、毛利、库存。每日对物料进行盘点，能有效地对后厨成本进行分析调整，帮助后厨节约成本。

此外，库存盘点还能有效地规范后厨的工作流程，防止偷拿、损坏等情况。假设一个场景：如果有人偷偷地把 5 斤牛肉带回家，抑或是把酱油打碎了两瓶，目前在大多数餐厅是可以做到人不知鬼不觉的。但是餐厅成本管控系统却能把这个问题暴露出来，当出现这类问题时，系统库存与实际库存就会有较大的偏差，系统计算这个档口还剩 15 斤牛肉，结果只剩了 10 斤，其原因是要么浪费了，要么偷拿了，所以管理者看到偏差较大的库存时，就可以追查是什么原因导致这么大的差异。库存盘点也是检查厨师是否按标准做菜的一个手段，餐厅制定的标准用量，很多都成了摆设，厨师依然按自己的标准我行我素，这样导致的结果要么是做出的菜分量足，但是成本过高；要么是分量少，毛利高，但是顾客不满意。通过比较系统库存与实际库存，就能判断厨师做菜的用量是多于还是低于标准用量，刨去其他因素，系统库存大于实际库存时，说明厨师菜品食材用量较多，反之，则用量较少。库存盘点就是要把这些问题暴露出来，每日盘点可以极大地帮助餐厅减少资源浪费。

5. 绩效考核

现阶段，市场上不少餐厅厨师的工作积极性都没有被充分调动起来，“当一天和尚撞一天钟”“得过且过”是现实场景的写照，反正多干少干都是一样，这样的结果导致后厨工作效率极其低下，更不用提厨师能研究菜品口味，能定期出新菜了，能把本职的事做好就不错了。如果一家餐厅的后厨整体懒散懈怠，无所作为，不是员工素质太差，只能说这家餐厅管理水平太低。试想一下，如果每个月给你固定的工资，做事或不做事都一样，你会怎么样呢？绝大部分人都会选择后者。那么，怎样才能激发厨师的工作积极性呢？就要用规则来调动、约束，制定绩效考核办法。为了有效地进行绩效考核，餐厅成本管控系统提供了档口责任制的管理模式，即把餐厅后厨划分为单元，形成若干个档口，各档口之间相互独立、相互竞争。由档口管理员管理负责内部事务，餐厅管理者只需要直接面对各档口负责人，就可以把控后厨。餐厅成本管控系统把每个档口每条线做的菜品销售毛利与个人收入联系起来，也就是说厨师做的菜卖的越多，收入就越高。每个档口、每条线、甚至每位厨师做了多少菜、卖了多少钱、成本毛利是多少都可以在管理端查看到。员工的收入一旦与工作创造的利润联系起来，那么积极性自然就高涨起来。

此外，每个档口一段时间内销售的菜品数据都可以查看到，对于那些管理效率高、毛利率高的档口或个人，餐厅可以给予额外的奖励。比如，凉菜间毛利率达到 68%，就可以获得奖金，这样一来，厨师就会努力节约成本，提高毛利率。付出有了回报，厨师才会把心思放在如何把菜做得更好吃、如何减少浪费、如何提高毛利上面，绩效考核给予这部分人更多的奖励，厨师收入增加，其结果就是他们越努力，顾客更满意、运营成本越少、毛利更高，厨师收入更多，他们更努力，形成一个良性循环。同时，档口与档口之间，同一个档口不同产线之间都会形成竞争，做得好就有钱拿，做不好就没钱，给予员工压力与奖励，员工才会进步。

6. 供应商评分

对于供应商管理，也要有一套体系，比如供应商送货经常迟到怎么办？经常以次充好、缺斤少两怎么办？这些在餐厅成本管控系统里都有了解决，供应商送来的物料在验收结束后，店家都要给他一个评分，所有的违规行为在后台管理端都有记录，管理者可以根据情况对供应商进行处罚。通过系统管束供应商，让供应商不敢、不能违规操作，稳定了餐厅的日常运营。对于那些表现好的供应商，评分自然就很高，餐厅可以依据这些指标及时淘汰不良供应商。供应商的评分机制，也会让供应商同行之间形成竞争，因为评分低就可能被淘汰，谁都不敢掉以轻心，马虎应对，此举就可以极有效地保障物料的质量，以及避免供应商与餐厅之间易出现的问题。

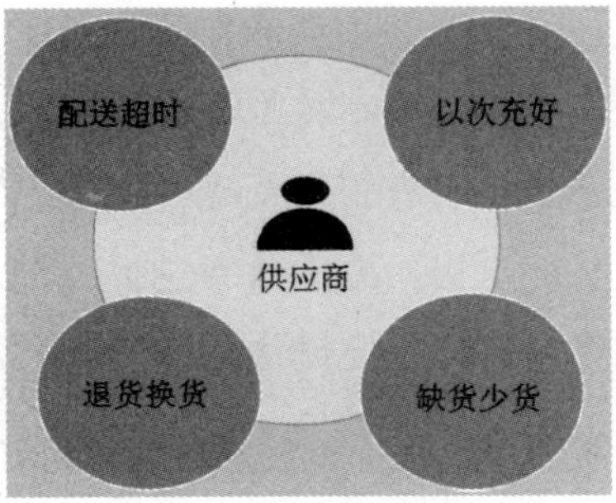

菜品迭代系统

菜品是餐厅和顾客之间的媒介，顾客来餐厅主要目的不是吃饭，但菜品质量直接影响顾客的体验选择。一是菜品价格决定着顾客钱包，往里放钱都是高兴，往外拿钱都是心痛，这就是人性。二是好吃菜品自然让人与人之间的交流更为融洽，让人惊喜更让顾客有面子。顾客对餐厅的表达，不会是这家适合宴请什么人，那家餐厅适合办什么事情，而是这家菜不错那家菜有特色。菜品是顾客的直接表达，社交需求是躲藏在对菜品的表达之下的。因此，我们不要顺着顾客的想法去做，而是要弄清楚顾客潜在的意识表达。

求新、求变、求实惠、求便宜、求档次、求情感、求味感，是顾客对菜品的要求，也是人性。餐厅菜品管理，最大的难点是迭代，如何推陈出新，赢得市场赢得顾客。

淘汰菜品，餐厅依据是按照销量和毛利两个维度。笔者此持反对态度，因为销量、毛利双低菜品不一定需要淘汰，只能是待定的菜品。例如甲餐厅的猪肉炖粉条，定价 48 元。根据数据显示是销量和毛利双低，我们在处理上要进一步分析猪肉做的菜品在价格 41 元到 49 元区间上的分布，进一步分析咸鲜味菜品在这个价格区间的分布，结果发现是猪肉为原料做成的菜品在这个区间过多，把价格调整为 58 元，观察发现提高了销量和毛利。由此可见，菜品淘汰不仅仅要考虑销量和毛利，还要结合食材、味型、价格等多种因素，需要全维度的分析。留存菜品按照诱客菜、高利菜、主力菜和招牌菜来分析。淘汰和出新互为配合，始终保持菜品的正态分布。笔者认为菜品迭代必须依赖数据分析，离开数据分析则不全面。出新的原动力在于单元厨师的积极性，这在成本管控系统中可以实现。但需要大数据分析结果提供方向性的指导，否则仅仅是把任务简单的布置给厨师，必然不精确。

在成本管控系统和菜品迭代系统中，笔者非常强调标准菜谱或者叫做标准成本卡的作用。开餐馆不是搞艺术创作。不能标准化量化的菜，再好也不能推。很多餐厅对标准成本卡的认识有，但往往就放在厨师长的脑子里，没有一以贯之的落实，更没有作为数据分析的基础来对待。究其原因，还是怕麻烦，管理者也被这种错误思想牵着走。殊不知，只有管理基础夯实了，管理才可能上台阶。万事开头难，只要开头做好，坚持下去，总的效率是提升的。而且，移动互联网技术的快速应用，让所有工作更为简单化便捷化。

会员管理系统

会员管理，各行各业应用的非常多。但具体到应用，餐厅管理者往往不知道所以然。笔者给出的建议是和专业公司合作，告知自己的需求，毕竟每家餐厅的实际情况不一样，定制开发使用。专业的事情让专业的人做，重要的是餐厅管理者要有与时俱进的思维，勇于接受新事物使用新技术。

会员要玩微信。微信用户基数大，且使用微信来分享自己的生活已是年轻人的常态。餐厅开通微信，使用虚拟微信会员卡可以数字化自己的顾客，不仅节省实体卡制卡费用，还可以通过顾客间的推荐、餐厅及其他场所二维码、各种广告等渠道来增加发卡渠道，提高用户体验度，实现更多交互场景，用户查积分、领优惠券都十分方便。可以说，没有开通微信功能的餐厅会员系统餐厅管理者就不要选择。

会员要玩数据。积累会员数据之后，需要实现自动统计分类，并从活跃度、忠诚度、价值度等维度进行分析，进而触发管理行为实现精准营销。对餐厅来讲，利润隐藏在数据里，也就是大数据提高餐厅利润。餐厅管理者要重视餐厅的数据，就好比对一个人来说，你要重视自己的血压、心跳等指标数据一样。但是，在实际管理中，餐厅管理者大都没有养成分析数据的习惯，只关注营业收入和利润等结果性数据，对活跃用户多少，流失用户是多少，营销活动转化率是多少等过程类数据不关注不关心。殊不知，没有好的过程哪来的好结果，所有的结果类数据都是过程类数据演化而来。

会员要玩温度。每一次管理行为的触发，我们一定要走心，留住人远远不如留住心。餐厅服务人员对老顾客的热情招呼，都会让顾客感动。很多餐厅做美食节，往往就是派送优惠券，而没有针对具体顾客开展营销，因此效果了了。在安徽省池州有家葡萄园大酒店，酒店章总很是用心，在生日宴上下了很多功夫，如果是老人的生日宴，就会策划安排老人的儿子穿上厨师服，现场给老人下长寿面。这种活动的策划安排，真正体现满意加惊喜，和顾客之间是走心交互。餐厅和会员之间的沟通，需要技术手段的支持，但更需要温度，不能是简单的推送和冷冰冰的优惠券派送。

餐厅的经营管理十分复杂，在走访调研近万家中餐厅时发现，大概级、粗放型管理是通病，绝大多数问题都是出在定位、团队、成本、菜品和会员五大块上。这五个方面都各成系统，且互为关联。一家餐厅的好与坏，一定是系统共力的结果。因此，经营餐厅首先需要的是思维的改变，认知的调整，自觉适应消费升级和技术进步带来的变化和冲击，坚持精细化管理，狠抓基础工作。只有这样，才能化茧成蝶。

在餐厅的管理之中，还有个重要的问题。那就是经营管理者一定要有“求甚解”的态度与精神。这其中自然会有很多辛苦，但是如果不花心血不努力，又如何可以做好餐饮呢。

二、专注在当下

开餐厅实现财富的逻辑都是用高额的体力消耗和低额的脑力消耗换取通用的货币。个中辛苦如鱼饮水，冷暖自知。为什么开餐厅做饮食这门生意？或生存所逼或兴趣使然。开餐厅又为的是什么？或财富自由或幸福快乐。如此反复追问，则是哲学层面的思考。不问，又无法获得思维的自由。

这里，笔者想讨论一点哲学或者心灵层面的话题，寄希望于在纷繁复杂、竞争激烈的商业环境中，保持定力，开悟智慧，开心常在。

有一篇常引用的鸡汤文：

一个美国商人坐在墨西哥海边一个小渔村的码头上，看到一个渔夫划着一艘小船靠岸，小船上有好几尾大黄鳍鲔鱼。这个美国商人问渔夫要多少时间才能捕这么多鱼？

渔夫说，一会儿功夫就捕到了这么多。美国商人再问，你为什么不待久一点，好多捕一些鱼？渔夫觉得不以为然，因这些鱼已经足够他一家人吃的啦。

美国人又问：那么你一天剩下那么多时间都在干什么？

渔夫回答："我每天睡到自然醒，出海捕几条鱼，回来后跟孩子们玩玩；再睡个午觉，黄昏时晃到村子里喝点酒，跟哥儿们玩玩吉他。我的日子过得充实又忙碌呢！"

美国人帮他出主意，说：我是美国哈佛大学企管硕士，我建议你每天多花一些时间去捕鱼，到时候你就有钱去买条大一点的船，你就可以捕更多的鱼，再买更多的渔船，有了自己的渔船队。到时候你就不必把鱼卖给鱼贩子了，而是直接卖给加工厂。然后你可以自己开一家罐头工厂，这样你就可以控制整个生产、加工和营销。然后你可以离开这个小渔村，搬到墨西哥城，再搬到洛杉矶，最后到纽约，在那里经营你不断扩充的企业。

渔夫问：这要花多少时间？ 美国人回答：十五到二十年。

渔夫问：然后呢？

美国人大笑着说：然后你就可以在家当皇帝啦！时机一到，你可以通过股票上市，把你公司股份卖给大众；到时候你就发啦！你可以几亿几亿地赚！

渔夫问：然后呢？

美国人说：到那个时候你就可以退休啦！你可以搬到海边的小渔村去住。每天睡到自然醒，出海捕几条鱼，回来后跟孩子们玩玩；再睡个午觉，黄昏时晃到村子里喝点小酒，跟哥儿们玩玩吉他。

渔夫疑惑地说：我现在不就是这样了吗？

说的是国外的故事，道理是相通的。从一个排挡到连锁店，实现财富自由，实现社会地位，恐怕是每一个餐饮人的梦想。实现之后呢？起点和终点之间的距离又是多少？财富的有与无，失去与得到，都会引发人对自己的一生究竟要什么的反复拷问。

我们说，唯有专注在当下，才能解决所有心智问题。

每一个人都会讲到当下这个概念，可是当下又是一个什么样的东西呢？佛经里的概念是：一个小时有60分钟，一分钟有60秒，一秒钟有60个刹那，一个刹那有六十个当下。所以一秒钟有三千六百个当下，可见这是一个非常小的时间单位。

有个修行的师父，一天徒弟问他说："师父，请问你都怎么样修行？"

他说："我吃饭的时候吃饭，睡觉的时候睡觉，我都是这样修行。"

弟子就说："一般人不也是一样吗？有什么不同？"

师父说："一般人吃饭的时候百般需索，睡觉的时候千般计较，所以不同。吃饭的时候不专心吃眼前这一餐饭，都会想昨天那一餐比较好吃，或者前天那一餐更好吃，所以这一餐永远不是最好吃的。睡觉的时候想明天再去赚更多的钱，还有很多的工作要做，因此睡觉不安稳。"

专注当下，就要身心相合不分离。我们既然选择了投身餐饮业，就要勇敢的接受和精进。但在实际管理中，很多餐厅管理者杂念太多，且不说无效社交问题，看着菜品就是想着这盘菜可以给自己赚多少钱，而不能在味型的确定、食材的采购、菜品的烹制过程身心合一，融入自己对顾客的关注。甚至停留在酒桌、牌桌上，不能全心全意地认真地去悦纳、品味、投入和体验餐厅管理带来的一切。

生命的意义在于提升内在意识的自由度。人为什么开始追求终极意义？人在孤独和安静的时刻，都会容易产生强烈的幻灭感。当我们意识到生命只是一场空之后，如何安身立命就是个问题，意识到是"空"的那一刻，我们对所有有形有相的事物，妄想执著，就都消失了。名利，爱情，华服，美食，这些原本把我们牢牢捆住的事物，刹那间失去了捆绑的能力。了悟"空"性，你会刹那明白，什么叫"自性圆满，本自具足"。我们活着就是活着，就已经很圆满了，什么都不需要。我们由此获得一种自由，一种不再为"外物所劳逸"的自由。这时候，"人"重新拿回来人之为人的主体性，而不再是自己欲望的工具和奴隶，他重新拿回了对自己生命的主导权。

当人拿回自己的生命主导权后，是否就是什么都不做？就是可以只管打坐，只管修行，不问世间事？如果你没有了解到真正的“空”，你很大程度上只能以“人作为一种工具”的视角来看问题，所以，你会认为，一切行动必须指向某种目的，人的存在本身也要完成某种目的。我们会被牢牢地捆绑在这种工具逻辑之中：读书是为了找工作，谈恋爱是为了结婚，生活是为了吃饭，修行是为了成就无上正等正觉。只有当一个人完全了解了生命的“空”之后，他刹那意识到，这些目标和工具，都是“自我设定”，都是我们头脑中虚构出来的幻象和念相：你觉得它是真的，它就是真的。你相信它的那一刻，你便成为它的奴隶。说到底，了悟空性，不过是让我们从各种社会建构，各种想象的意义、概念、框架、捆绑中，解脱出来。需要很多很多的勇气，也需要很多很多的智慧，我们才能明白目标工具理性是多么狭隘的观念，而生命本身，既不是目标，也不是工具，它只是它自己。

当我们的意识获得如此的自由度之后，我们日常生活该干什么呢？难道，我们就不吃饭了？难道，我们就不上班了？难道，我们就回家做菩萨了吗？恰恰相反，当你获得内在意识的更大自由度之后，你还是该吃饭吃饭，该睡觉睡觉，该上班上班。从外在行为上来看，几乎没有分别。然而从内在感受，和内在状态上来看，你在生命的每时每刻，都是修行。在每一个当下，你都认认真真活在当下。在每一个事情上，你都带着清醒的意识，来把这件事情完成。你开始意识到，生命本身就是这个样子的，你不再用各种各样的念头、执着，去扭曲你和生命的关系。你不再自寻烦恼，不再追求“某种境界”，你只是认认真真地把自己意识，把自己的念头，收回到自己心中，自己的生命之上。行住坐卧都是禅。西方人的表达是，对生命说是，对一切说是，把小我空掉，让生命来活你。《金刚经》的表达是：“应如是住，如实降伏其心。”鸠摩罗什的表达，是三个字：“善护念”。无论你在做什么，抑或是不做什么，你都认认真真地护持着自己的心念，单纯，专注，一丝不乱，月映千江。

一个人能完完全全地进入当下，他就会体会到制心一处的快乐。积极心理学把这种状态叫做“心流”，当我们进入高度专注的心流状态时，时间仿佛停止了，他人和自我都完全消融进了当下的时空之中，存在的烦恼和虚无感也荡然无存。在这样的时刻，我们和生命共同谱写着一种极为和谐的旋律。

所有的意义，都在“当下”。三维空间中最大的执着，是“时间是一种常量”，而我们常常可以感悟到，时间事实上是不存在的。所谓“过去心不可得，未来心不可得，现在心不可得”。所以，我们真正活在的，都只是此时，此刻，此地，此心的当下。活在当下，这四个字，从时间角度，就已经解释了全部。

也许你看完这个答案，你就突然明白了。也许你在某天一呼一吸中，你就突然明白了。所有理解，其实都产生于一时一刻的顿悟。

好好生活，好好做餐厅，好好为顾客服务，就是一颗金刚心。

广泛阅读一切书籍，保持自己的好奇心和旺盛的求知欲，钻研餐厅管理经营需要的技能，把所有的时间精力花在为顾客的服务和创造上。

爱是开餐厅、做菜最重要的秘诀。《大长今》：“每次做菜的时候我都有一个小小的愿望，希望吃到这道菜的人能露出幸福的笑容”。假如我们的管理者，我们的厨师，我们的服务人员每天都烦恼不断，试想还会有爱传递给顾客么？恐怕传递的只能是烦恼。

正如克里希拉穆提所言：活在当下，就是在刹那间领会其中的美与喜悦，而不眷恋它所带来的快感。

三、时间做朋友

餐饮业新的发展力量将是“80 后”“90 后”，无论是投资者、管理者还是从业人员，老一代将逐渐淡出江湖，笔者给出的最后建议就是和时间做朋友。

罗振宇 2016 年跨年演讲的主题就叫做“时间的朋友”，李笑来有本书叫做《把时间当作朋友》。时间，确实奇妙。物理学上认为不同的时间变量，决定着不同的空间存在。生活中，最经不起的就是时间的考验。生命、青春、容颜在时间面前就像个易碎的鸡蛋。餐厅在时间面前更是弱不禁风，生生死死、关关停停。眼见他餐厅开了，眼见他宴请宾客了，眼见他倒闭了。活过三年的餐厅，就是好餐厅。在这样的竞争态势下，唯有专注在当下，和时间做朋友，才有跨过餐饮失败魔咒。怎么样和时间做朋友？搜狗公司创始人王小川回到清华大学演讲时谈到和时间做朋友，他认为和时间做朋友，意味着坚持、找到自身价值，不断追求进步，从优秀走向卓越；意味着不怕犯错，去好奇和追寻世界运行的规律和本质；意味着坦然面对成长中的成功与失败，让生命变得更有意义。这三个“意味着”，对餐饮行业同样有积极的借鉴作用。

坚持，不是说餐厅亏损的实在不行了，还要再硬干下去。坚持，是指不放弃对自己从事行业的热爱。开餐厅，进入餐饮行业，就要花时间去积累。而不是开了几个月，不行就放弃，换个行业再干，东一榔头西一棒。之所以出现这种现象，就是自身在创业中在工作中没有找到自身价值。缺少了定位点，脚跟立不住，人自然就发飘。餐饮行业不乏从失败走向成功的例子，自己清楚自己的方向，自己清楚自己的价值，就不会轻言放弃。

不怕犯错，不是蛮干乱干，而是要积极学习餐饮行业的知识体系，掌握餐厅的经营管理知识，在此基础上，勇于应对新形势新挑战，找寻更好的工具与方法。不怕犯错，代表的就是勇于实践，敢于行动。餐饮行业中成功之后快速失败的案例更是比比皆是，为什么守不住原来的老摊子，就是在新的变化面前怕犯错，不敢尝试新的办法来解决新问题。结果，老办法不灵，新办法怕出错。

坦然，说的是心态。开餐厅赚了多少钱，赔了多少钱，只是现象，而不是根本，重要的是你有没有找到生命的意义，在这个过程中是否因为顾客服务而感到喜悦。如果拘泥于赚与赔的表象，就无法实现真正意义上的成功。

在准备创作此书的近八个月时间里，笔者走访了很多餐厅，也结识了很多餐饮业的朋友。在和他们的交流中，我经常问几个同样的问题：

*说出你餐厅十种食材的具体特点

*说出你餐厅十道菜品的标准菜谱

*说出你餐厅十个老用户的信息

*说出你餐厅十个味型的烹制特点

*说出你餐厅十个竞争对手的人均消费

能准确答出这五个问题的比较少，说明什么呢？说明很多餐厅管理者并没有真正的和时间做朋友，没有掌握自己餐厅的情况，不熟悉食材、味型，不熟悉自己的产品，不和自己的用户交流，不知晓自己的竞争对手在专注什么，这样的情况属于典型两张皮不融合，是无法做好餐饮的。

延伸阅读

傅盛认知三部曲之一：所谓成长就是认知升级

我一直在思索，怎么才能让一家公司更快地成长？一个人怎么才能从一群人的竞争当中脱颖而出？

1. 人的四种认知状态

最近我看了一幅图，我在其上加了一个数字注脚。

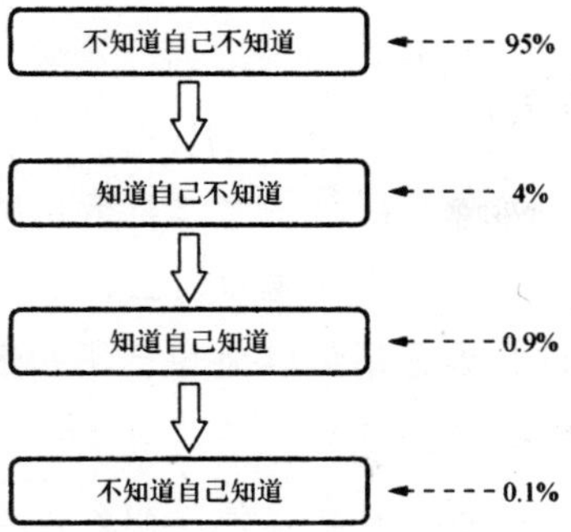

这是一个人认知的四种状态——“不知道自己不知道”“知道自己不知道”“知道自己知道”和“不知道自己知道”，也是人的四种境界。我将其简单翻译为：

不知道自己不知道——以为自己什么都知道，自以为是的认知状态。

知道自己不知道——有敬畏之心，开始空杯心态，准备丰富自己的认知。

知道自己知道——抓住了事情的规律，提升了自己的认知。

不知道自己知道——永远保持空杯心态，认知的最高境界。

现在我终于意识到，人和人根本的区别就在于这四种状态。更可怕的是，95%的人都处在第一个状态，甚至更多。这也就是为什么碌碌无为的人是大多数。视而不见，只会失去升级的可能性。只有自我否定，保持空杯心态，一个人才有可能真正成长，实现跨越。

今天，我们处在一个大转折的时代，每一个行业的认知都在迅速叠加，跨界越来越普遍。如果不保持这种“自我否定”的认知状态，很难完成对快速变化的行业的认知。

2. 人和人最大的差别是认知

认知，几乎是人和人之间唯一的本质差别。技能的差别是可量化的，技能再多累加，也就是熟练工种。而认知的差别是本质的，是不可量化的。

记得在香港和马云喝过一次茶，他几乎不用电子邮件，当时我就琢磨，他为什么能指挥那么大一个商业帝国？后来发现，他在不断观察行业变化，从变化里找关键切入点，找资源和人配合。

人和人比拼的，是对一件事情的理解和对行业的洞察。执行很重要，但执行本质是为了实践认知。

有时候，我也会鉴古通今地去琢磨，为什么鸦片战争时期，大清帝国输那么惨？简单说，一群怀揣现代物理学认知的人，打败了另一群信奉四书五经认知的人。其实就是两种不同认知的较量。

3. 认知升级的两个误区

真正的认知需要通过行动展现，行动一旦缺失，认知容易陷入误区。我总结了两个可能遇到的误区，未必全面，仅抛砖引玉：

误区一：以为自己知道，远远不如以为自己不知道

自以为是，是自我认知升级的死敌。回想奇虎当年搜索没干过百度，老周一度总结为不小心把公司卖了，百度没卖。他没想到，当时李彦宏对搜索的认知远高于他。老周不愿打硬仗，不愿打重型战役，不愿搞大研发，不相信算法。那时候卖，本质上是打不下去了。可他不这么认为。

自我否定，就是假设自己无知，是自我认知升级的唯一路径。不做痛苦的自我否定，认知上不了一个新台阶。即使正确信息摆在面前，你也会视而不见。这基本是区别英雄和凡人唯一的机会了。

误区二：以为自己认为重要和真的重要，往往不是一回事

有一个词叫自我迷惑。自认为觉得很重要，但根本没把它转化成真正的行动。

我最大的反思就是对头条的理解。两年多前，我说头条就是移动端的搜索。我的反思是什么？我当时认为挺重要的，一直到 2015 年四季度，我才开始召集人马，着手海外头条的业务。

这是认知里经常出现的一个误区：以为自己认为很重要和真的很重要，往往不是一回事。

不行动的认知，就是伪认知。炫耀自己知道，有什么用？一个浪头打过来，认知就没了，如同没有一样。真正的认知，必须知行结合。

4. 认知升级的三剂解药

把一件事情转化成行动，难度极大。认知到行动，中间有巨大损耗。我给认知升级开了三剂解药。

解药一：坚信大趋势

想法要立刻转为行动。坚信大趋势，坚信这家公司的各种认知决定。不要简单的批判，你一定要相信那些行业领头人。他们拿到的信息肯定比你多，处理信息的能力比你强，他们的认知不是现阶段的你所能赶得上的。不理解，就执行，在执行中理解。

盲目坚信，立即行动，在行动中形成认知。不要怕死，早死早超生。去年，我作出了做机器人的决定，几乎没人认为可行。我就想，先去找人，坚信趋势，立即行动。那种情况，不做，更没有机会，只能是大量时间的损耗。

不行动，是最糟糕的。行动，才有可能证伪。坐而论道，没有意义。

解药二：对外求教，不做井底之蛙

有一个对外求教的心态，非常重要。对外求教，是为了扩展你的视野。要找到带路党，吃过猪肉和没吃过猪肉的不一样。他们比你强不是他们聪明，而是有着你不知道的认知。

当年我和徐鸣做可牛影像，我们的口号是我们来了。我们的技术水平，做过的客户端体验，见啥灭啥。我们来这个行业了，谁还活得下去？结果，美图秀秀把我们打得内心都快崩溃了。

这是我们特别容易陷入的一种状态：以自我为中心，不向外看。面对新事物，很多人甚至连尝试和对外沟通的欲望都没有，完全不知道外面发生什么。

强调一点：认知理解与聪明度无关。只有从认知角度，去理解这个世界，理解所在行业，你才会有更多不一样的认知，才能看到更多别人看不到以及顽固不愿去理解的机会。

越是处在绝境的团队，越是往外看得多。

解药三：活在当下，面向未来

活在当下，恐惧时，想想错了又如何？多错才有机会对，这是我给自己的一个思维训练。当你面对一些事情，想想最坏的结果是什么？想完你会发现，最坏的结果与你内心的恐惧，根本不在一个量级。

我们恐惧的就是恐惧本身。不肯尝试的本质是不敢面对所谓失败。但，这个失败的后果是什么？很少有人认真思考过。其实绝大部分失败是没有后果的。

再就是面向未来，纠结时，想想五年后会怎样？会不会被淘汰掉？如果五年后，你跟这个时代已形同陌路，这才是最可怕的。行业变化之快，超出我们想象。

5. 所谓成长就是认知升级

所谓成长，并不来自于所谓的位高权重，不来自于所谓的财富积累，也不来自于你掌握的某一个单项技能。

行业里有很多这样的人，比如史玉柱。最惨时，欠了一屁股债，什么都没有。靠一个脑白金，重新崛起。因为他在整个营销上的认知水平，领先了一个时代。即便失去所有财富，甚至所有队伍，就凭他对营销的理解，也是那个时代无人可望其项背的。只要他活着，随时可翻身。

绝境当中，他真正拥有的核心武器，不是资源，而是认知。

想想腾讯这些年的发展。3Q 大战前，腾讯讲花瓣策略——我的花朵上长出很多花瓣，每个花瓣都能干掉你。这种态势，使得腾讯在每个领域都不得不与当时各个领域最先进的认知打，非常困难；3Q 大战后，腾讯的策略改为生态链。第一个投资的就是猎豹，接着又投了一批公司。

结果如何呢？腾讯市值从 300 亿美金涨到了今天的 2000 多亿美金。《福布斯》杂志曾经做了一个年龄在四十岁以下的四十位中国商业精英年度排行榜“40 Under 40”，第一位是刘强东，其次是王小川、我、姚劲波。马化腾当时留言说，前五个当中，四个都跟我有关系，很荣幸。

此后，我一直思考，其实马化腾通过投资形成的生态系，帮助他建立了足够的行业认知。因为，当他投资了这些公司之后，他就不是在跟一个普通的产品经理聊了，而是跟刘强东聊电商，跟王小川聊搜索，跟猎豹聊国际化。

所以，腾讯用这样一种开放的生态策略，根本上拿到的不是投资挣来的钱，而是投资挣来的认知。它和大家建立友好的关系，怎么会不知道出行市场的规模、方向和目标呢？怎么会不知道国际化有哪些机会呢？核心就在于行业认知。

回顾 360 崛起给我带来了什么？简单说，就是让我拿到行业最一手的认知——一种对于安全行业，对于客户端软件，对于互联网怎么颠覆一个行业的认知。

离开 360 时，我的前东家只给了我 1 块钱，但朋友安慰说，没关系，你积累的认知，别人都拿不走，将来所有东西都会还给你。我就带着一个认知，走上了茫茫创业人海。

就因为这么一个小小的认知。我才能那么坚决做 Clean Master，就因为有那样的认知。

因为我就信一点——360 单点撬动一个行业的事情，在我面前真真切切发生过，而我就是亲历者。

所谓成长，就来自于认知。

有时候，想起这个时代，我脑海常浮现一个历史典故——煮酒论英雄。两人坐在那儿，一个指点群雄，一个一味谦恭。问天下英雄是谁？曹操说唯使君与操耳，刘备吓得筷子都掉了。纵然天下大人物拥有千军万马，但曹操真正顾忌的却是这个正在种菜的刘备。虽然刘备寄人篱下，内心却是匡扶汉室的认知。

后面的历史走向也正如同以上的认知讨论一样。天下大势，何其复杂；即便如此，也能简化到最关键的点，即关键人的关键认知。

而认知的本质就是做决定。人和人一旦产生认知差别，就会做出完全不一样的决定。而这些决定，就是你和这些人最大的区别。你拥有的资源、兵力，都不重要，核心是你脑海里的大略和你认知的能力。

单点也好，势能也好，猎豹能有一点成绩，本质是在移动互联网巨大红利增长之下，做了一个未必那么关键但很正确的决定。那个时候，我们开了先河。但这个认知，不足以支撑我们变成一家卓越而伟大的公司。我们依然需要认知升级。而猎豹和我在过去一年获得的最大财富，就是开始了认知升级。

我开始思考一句话：一个人卓越，造就不了一家卓越的公司；一群人卓越，才能造就一家卓越的公司。而卓越的核心是一家公司和一群人的认知升级，否则不可能真的上新台阶。

只会陷入死循环：认知不统一，事情推不动。推不动的本质是大家没有建立对这件事重要性的认知。看不见也罢，顽固拒绝也罢，都不可怕。最可怕的是，我们不知道“我们不知道”。

如果一个人，不断想学习，想了解，去反思；空杯心态，放下恐惧，不拒绝改变。认知升级，其实也就是捅破那层窗户纸。成长如是。